司馬光全集

王水照——主編

易説
書儀
中庸大學廣義
古文孝經指解

（宋）司馬光——撰
鄧秉元　陳　凱　張九思
趙四方　井良俊——點校

上海人民出版社

國家古籍整理出版專項經費資助項目
上海市文教結合「高校服務國家重大戰略出版工程」項目

前言

十一世紀的北宋是中國歷史上人才井噴的時代，以歐陽修、司馬光、王安石、蘇軾爲代表的一批「百科全書式」的人物紛紛湧現。他們都是集官僚、學者、文人於一身的科舉士大夫，在政治、思想、文學諸方面都展現出前所未有的恢弘格局，取得了令人矚目的成就。這批新型的科舉士大夫既具時代共性，兼綜「文章之美，經術之富，政事之敏」（蘇軾《送章子平詩敘》），與前代單向性士人很不相同；同時又頗具鮮明個性，從稟賦性格、行事作派到政治理念、文化建樹都展現出豐富多姿的樣態，在中國歷史上留下了各自獨特的貢獻和形象。其中司馬光就更多地以政治家和史學家而爲人所熟知，他是「舊黨」領袖，是史學名著《資治通鑑》的作者；此外，他在思想文化和文學藝術方面的創造也絕不遜色於同儕，同樣稱得上是出色的經學家、音韻學家、古文家、詩人、詩論家。他留下各類著作近二十種，廣涉四部，牢籠百氏；各類文章九百餘篇，詩歌一千二百多首，風格醇雅，卓然成家。他全方位的超邁貢獻，冠絕一代，彪炳史冊，堪稱十一世紀中國的文化巨人。

司馬光（一〇一九—一〇八六），字君實，號迂夫，晚號迂叟，陝州夏縣（今屬山西）涑水鄉人，世稱涑水先生。司馬光的祖父炫、父親池都以進士入仕，司馬池甚至累官至尚書吏部郎中充天章閣待制。司馬光就是出身於這樣的仕宦之家，這對他的文化習得和性格養成，産生了重要影響。從人生履歷來看，他的一生大致可分爲三個階段。第一階段是宋仁宗寶元元年（一〇三八）入仕前的學習期，主要是隨父遊宦光州、壽州、遂州、耀州、利州、京城各地，鑽研典籍，積累學養。受家庭的影響，司馬光養成了不喜華靡的生活作風、沉潛執著的處世性格，青少年時期所爲文章「文辭醇深，有西漢風」（蘇軾《司馬温公行狀》），已初露崢嶸。第二階段是入仕（一〇三八）後到宋神宗熙寧二年（一〇六九）王安石變法前，這是作爲官員的司馬光的成長和成熟期。仁宗朝初仕簽書平江軍節度判官公事，後歷大理評事、大理寺丞、國子監直講、館閣校勘，累遷并州通判、開封府推官，爲天章閣待制、起居舍人、知諫院。英宗朝進龍圖閣直學士，判吏部流内銓。神宗即位，擢爲翰林學士，除御史中丞，權知審官院。這樣的經歷，雖與其他高級官僚的成長歷程没有太大不同，但因爲際遇了歷史上著名的「王安石變法」，司馬光作爲反對派領袖的形象開始凸顯。第三階段是熙寧三年（一〇七〇）到元祐復出爲相卒於任上，這是司馬光長期遠離政治中心的時期，是他政治思想上的沉澱期和文化創造上的豐收期。先是以端明殿學士兼翰林侍讀學士、集賢殿修撰知永興軍，後又權判西京留司御史臺，長達十五年之久，這一時期他的主要精力即在編纂《資治通鑑》，該書凝聚了他畢生心血，也是其爲政思想和史學造詣的主要載體，奠定了他傑出史家的地位。

司馬光生前最讓人矚目的身份即是「舊黨」領袖。在對待王安石變法的態度上，他充分展現出「司馬牛」的堅韌與果決，「自議新法，始終言可行者，曾布也；言不可行者，司馬光也。餘皆前叛後附，或出或入」（《類苑》卷八），王安石的這一斷語斬截明瞭，基本符合事實。對於朝政利弊、時局消息，司馬光早已有自己的判斷。嘉祐六年（一〇六一）八月，他即以諫官身份向仁宗皇帝呈進了《保業》、《惜時》、《遠謀》、《重微》、《務實》五篇文章，合稱「五規」，並撰《進五規狀》，認爲這五者「皆守邦之要道，當世之切務」，較爲系統地表達了對政局的看法。司馬光指出：「祖宗開業之艱難，國家致治之光美，難得而易失，不可以不慎，故作《保業》。隆平之基，因而安之者易爲功；頹壞之勢，從而救之者難爲力，故作《惜時》。道前定則不窮，事前定則不困。人無遠慮，必有近憂，故作《遠謀》。燎原之火，生於熒熒；懷山之冰，漏於涓涓，故作《重微》。象龍不足以致雨，畫餅不足以療飢。華而不實，無益於治，故作《務實》。」此五者層層遞進，既指出當前國家面臨的問題，又提出了自己對這些問題解決之道的認識。尤其是在《惜時》篇談道：「凡守太平之業者，其術無它，如守巨室而已。……夫民者，國之堂基也；禮法者，柱石也；公卿者，棟梁也；百吏者，茨蓋也；將帥者，垣墉也；甲兵者，關鍵也。是六者，不可不朝念而夕思也。夫繼體之君，謹守祖宗之成法，苟不隳之以逸欲，敗之以讒諂，則世世相承，無有窮期。」這篇文章的關鍵字即是「守」。面對北宋建國八十餘年的基業，如何能坐穩守成，是司馬光的用心所在。在他看來，當下雖時局太平，然危機潛隱，重在謹慎地守好規矩，「禮法」是國家柱石，守住「祖宗之成法」纔能「世世相承，無有窮期」，獲得長治久安。他的這一治國思路與其思想底色密切相關。司馬光服膺儒學，推崇中和之道，維護傳統禮制，爲人爲政都很强調「誠」字，陳瓘所言「温公之學，主之以誠」（《宋元學案》卷八《涑水學案下》）總結得很到位。這就讓他在對待國家禮法制度上表現得謹小慎微，與王安石「天變不足畏，祖宗不足法，人言不足恤」的豪邁宣言形成鮮明對比。他希望所進「五規」，能提醒皇帝在「守成」的基礎上有所作爲。

當然，這也並不是説司馬光完全反對革新舊弊。他在解析《易・繫辭》時即言：「法久必弊，爲民厭倦。變而民莫之知。聖人守道不守法，故能通變。」也就是説，只要守住儒家先王之「道」，具體的「法」是可以變的，而且也是必須變的。「法」隨時而動，要符合實際，得其所宜，所謂「事無常時，務在得宜；知宜而通，惟誼之功」（《潛虚・宜》）。司馬光認可這樣的因革觀，「因而能革，天道乃得；革而能因，天下乃馴。……因革乎因革，國家之矩笵也。矩笵之動，成敗之效也」（《法言集注・問道篇》），將繼承和革新的相輔相成看作國家治理的「矩範」。他的這些觀點都不只是停留在思想觀念層面，而是付諸言行的。比如對於北宋愈演愈烈的冗官冗費問題，司馬光就曾多次向皇帝進諫。嘉祐八年（一〇六三）七月，司馬光因對朝廷不問官職高下、親疏遠近，一例推恩的做法不滿，上奏：「此蓋國初承五代姑息藩鎮之弊，故有此例。後來人主嗣位之初，大臣因循故事，不能革正。然以理推之，國家爵禄，本待賢才及有功效之人。今使此等無故受官，誠爲太濫。」（文集卷二六《論進賀表恩澤劄子》）熙寧元年（一〇六八）七月又上劄子云：「方今國用所以不足者，在於用度太奢，賞賜不節，宗室繁多，官職冗濫，軍旅不精。此五者，必須陛下與兩府大臣及三司官吏深思其患，力救其弊，積以歲月，庶幾有效。」（文集卷三九《辭免裁減國用劄子》）對當時國家潛藏的危機，都分析得非常清楚，希望皇帝能够改變這一造成大量財物浪費的做法，並救濫官之失。諸如此類的革新建議，時見其文。因此，我們並不能簡單、籠統地給司馬光貼上「守舊派」或「頑固派」的標籤。誠如蒙文通所言：「宋之法不可以不變，而荆公之變尚未爲得，温公、蘇軾、韓、吕之流亦莫不主於變，乃計議之無當與荆公等，未可以遽爲優劣也。」（《北宋變法論稿》）當時各家都有一套自己的政治理念，都有要求變革的呼聲，只是在變什麽、變多少、如何變、誰來變等問題上取捨側重不同而已。而從變更舊制的幅度來看，與其説司馬光爲「保守派」，不如説王安石爲「激進派」更準確。

王安石在宋神宗熙寧元年對皇帝之問，呈上了《本朝百年無事劄子》。這篇文章在肯定仁宗政治的前提下，以卓越的膽識敏鋭地條陳了當時宋王朝所面臨的經濟、政治、社會諸多方面的問題，甚至認爲「天下無事，過於百年，雖曰人事，亦天助也」，把偶然性視爲宋朝百年無事的重要因素，而將制度人事之努力置於次要位置，這一看法實則體現出他對現實政治制度的否定。若與司馬光的「五規」相較，王安石的系統性改革無疑極爲迫切和徹底。王安石變法以「理財」和「整軍」爲兩大目標，全面重新擘畫了國家治理框架，並設制置三司條例司以執行落實。他的經濟思想，重在「因天下之力以生天下之財，取天下之財以供天下之費」（《上仁宗皇帝言事書》），也就是調動人們的勞動創造力，向自然界開發資源，創造財富，以達到「善理財者，民不加賦而國用饒」，將開源和節流相結合。司馬光則以爲「天地所生財貨百物，止有此數，不在民間，則在公家」（司馬光《温公手録·邇英奏對録》），認爲財富總量是不變的常數，更聚焦於財富的分配問題。這些根本性的思想矛盾，加劇了兩個人對時局判斷的分歧。在司馬光看來，王安石的變法「大抵所利不能補其所傷，所得不能償其所亡，徒欲别出新意，以自爲功名耳」（文集卷六十《與王介甫書》），顯然已不是簡單的「變法」，而是「棄道」，而「棄先聖之道，違天下人之心，將以致治，不亦難乎」（同上）？這種棄道式的「變法」，司馬光自然是不能接受的。即使皇帝支持，他也無法接受。正是在王安石激進的作派刺激下，司馬光对待變法的態度也變得愈來愈堅定，愈來愈不容其異。

將司馬光、王安石和蘇軾對待「新法」的態度作一對比，適能見出三人各自爲政、爲人的思想特性。司馬光和王安石的政治態度都是一以貫之而不肯退讓的，這就造成了他們在特定的時代背景下逐漸偏向意氣用事的一端，反倒是未曾位極人臣的蘇軾更能與時俱進、取其所宜。蘇軾早年在他的進策中針對「財之不豐，兵之不强，吏之不擇」等社會政治積弊，也嘗試提出了改革主張。等到王安石推行新政，他連續上呈了「萬言書」與《再論時政書》，公開提出反新法的政治綱領，即「結人心，厚風俗，存紀綱」。他把新法比爲「毒藥」，説「今日之政，小用則小敗，大用則大敗，若力行而不已，則亂亡隨之」，要求皇帝不要「求治太速，進人太鋭，聽言太廣」。及至元祐時期，司馬光等全面廢除新法，蘇軾又從某些新法的實際積極效果出發，反對司馬光所爲，成爲維護免役法陣營的代表。蘇軾態度的前後變化是他堅守「危言危行，獨立不回」的政治操守的結果，自然也有其思想的根源。荆公、温公、東坡三人都是以儒家思想爲基礎，從而形成了自己的政治理念的，但蘇軾顯然雜有縱横家的色彩，善於因時因勢而變，以求其所適；王安石偏於法家，他希望通過改變制度來達到實現政治理想的目的；司馬光則不然，他更看重人的因素，認爲「治在得人，不在變法」，「苟得其人，則無患法之不善；不得其人，雖有善法，失先後之施矣。故當急於求人，而緩於立法也」（《温公手録・邇英讀資治通鑑録》），只有得其人，纔可能有善法，也纔能行善法，强調人的關鍵作用，這一點堪稱堅守了儒家本色。總的來説，他們三人的政治主張和實踐，是個人稟賦才性在具體歷史語境下的結晶，其實際效果也各有所得、各有所失，難以截然軒輊；但三人都非謀一己私利，都具君子之德行操守，則是可以肯定的。

司馬光的政治思想直接影響了《資治通鑑》的編纂。這部二百九十四卷的史學巨製，將戰國至五代（公元前四〇三年—公元九五九年）一千三百六十餘年的歷史加以剪裁潤色、考訂編年，「博而得其要，簡而周其事」（《資治通鑑序》），達到了極高的造詣，乃我國編年體史書的不朽典範。此書是在「敘國家之興衰，著生民之休戚，使觀者自擇其善惡得失，以爲勸戒」（《資治通鑑》「魏文帝皇初二年」）的編纂思想指導下完成的，其現實政治意義不容忽視。《通鑑》以三家分晉開篇，司馬光議論道：「天子之職莫大於禮，禮莫大於分，分莫大於名。何謂禮？紀綱是也。何謂分？君臣是也。何謂名？公、侯、卿、大夫是也。」這一論述顯然蘊含了作者對當時政局的判斷，尤其是對國家禮制綱紀的維護之意。在此後大量「臣光曰」中，對國家綱紀亦可謂三致意焉，與他在現實中的反變法姿態是相呼應的。我們當然没必要將此書的體例及其對史料的着墨剪裁，處處都看作具有現實的政治指向，但將其放置於司馬光因「新舊黨爭」而退居洛陽、遠離政治中心的歷史語境中去審視，仍是理解此書意涵不可或缺的維度。他的另一些史部著作，如《稽古録》、《涑水記聞》在史識史斷之外，也具有特別的史料價值，呈現出司馬光史學體系的重要一隅。作爲一個傑出的史學家，司馬光能以「無所抑揚，庶幾不誣事實，近於至公」（《資治通鑑》「魏文帝皇初二年」）作爲他編書記事的準繩，秉筆直書，略無忌諱，顯示出可貴的良史精神。

司馬光在經子方面多有著述，這些書中所包藴的學術思想也達到了很高的水準。《易説》以義理解經，不襲成辭，雖非體大思精之作，且今本多有散佚，但該書「於古今事務之情狀，無不貫徹疏通，推闡深至」（《四庫全書總目·易説提要》），其中對一些根本性哲學命題的探討，影響了後來道學的發展。與此相貫通的是《潛虚》一書，這部象數之作開篇就表達了司馬光對世界本質的看法，提出了「虚」與「氣」兩個範疇，其易學宇宙觀頗有時代特性。在《法言集注》和《太玄集注》中，司馬光藉助注釋揚雄兩書，較爲系統地闡述了自己的思想。司馬光非常推重揚雄，認爲：「孔子既没，知聖人之道者，非子雲而誰？孟與荀殆不足擬，況其餘乎？」（《説玄》）將揚雄置於孟子和荀子之上，在儒家諸子脈絡中地位崇高。這一認知取向，也在他的思想和實踐中留下了强烈的印痕。揚雄指斥「申韓之術，不仁之至」，司馬光即加以發揮：「禮樂可以安固萬世，所用者大；刑名可以輸劫一時，所用者小。其自然之道則同，其爲姦、正則異矣。」（《法言集注·問道篇》）對以申、韓爲代表的刑名法術多加否定，而特别重視禮樂之於國家秩序的奠基性。司馬光藉助注疏之體，對經子諸説加以釋疑祛惑，融會貫通，既注重字詞之辨析，更善於掘發其意義，甚至藉注諷時，表達思考，這些經子注疏中的議論構成了司馬光學術思想的重要組成部分，也與其政治主張密切相關。他的《家範》和《書儀》以日常倫理規範爲旨歸，折射出的正是司馬光建立穩定的人倫道德秩序的努力，是其禮治思想在日常生活中的另一種實現形式。

總的來説，司馬光的經子著述雖未呈現出結構完整、邏輯嚴密的哲學體系，但其脈絡理路儼然自具特色而獨成一派。

司馬光不以文學名家，他自己曾言「至於屬文，實非所長」（文集卷十七《辭修注第三狀》），然客觀來看其文學造詣堪稱超邁，推爲一大作手毫無愧色。僅《資治通鑑》作爲敘事之文所達到的藝術高度就不容小覷，或可媲美《史記》，而與司馬遷並稱「兩司馬」，更勿説其别集所載詩文。明人馬巒在《司馬温公年譜》中説「温公之文不在六家之下，而不與並稱者，德業掩之耳」，將其文名不著歸因於德業太盛，是有一定道理的。他的散文尤其是大量的政論文，説理論事，精深透徹，不激不隨，風格醇茂，和平正肅，洵有西漢文章之風。他主張文有益於世，推崇「辭達而已矣」的爲文旨趣，認爲「明其足以通意斯止矣，無事於華藻宏辯也」（文集卷六十《答孔文仲司户書》），蘇軾論其作文「如金玉穀帛藥石也，必有適於用。無益之文，未嘗一語及之」（《司馬温公行狀》），想必可獲其首肯。他雖然自謙「光素無文，於詩尤拙」（文集卷六十《答齊州司法張秘校正彦書》），實則詩歌創作衆體兼備，文質相焕，或精工閒澹，或寄興悠遠，頗顯君子之風，時有憂時之慨，而洛陽時期諸作，寫景書懷，情態摇曳，允得騷人之旨。司馬光有感於歐陽修《詩話》之趣，因撰《續詩話》補其未備，所重仍與《六一詩話》相近，乃在詩之本事，偶有談藝妙解，可窺温公詩學卓識。至於存詞數篇，胥得小詞本色，亦一時風氣使然。

今將司馬光除《資治通鑑》外的所有作品匯聚於一編，庶幾可讓大家全面立體地瞭解這位文化巨人的貢獻和地位。諸書版本與整理情況，見附各書之前，兹不贅述。

王水照

二〇二三年暮春

本册目録

易説

鄧秉元 —— 點校

整理説明

《易説》六卷，原本宋後便已失傳，清乾隆朝修《四庫全書》，始由《永樂大典》重新輯出，並依《宋史》原目，定爲六卷。《四庫全書總目》有言：

考蘇軾撰光行狀，載所作《易説》三卷，《注繫辭》二卷。《宋史·藝文志》作《易説》一卷，又三卷，又《繫辭説》二卷。晁公武《讀書志》云：「《易説》雜解《易》義，無詮次，未成書。」《朱子語類》又云：「嘗得温公《易説》于洛范仲彪，盡隨卦六二，其後缺焉。後數年，好事者于北方互市得板本，喜其復全。」是其書在宋時，所傳本已往往多寡互異。其後乃並失傳，故朱彝尊《經義考》亦注爲「已佚」。今獨《永樂大典》中有之，而所列實不止于隨卦，似即朱子所稱後得之本。其釋本卦，或三四爻，或一二爻，且有全無説者，惟《繫辭》差完備。而《説卦》以下，僅得二條，與晁公武之言相合。又以陳友文《集傳精義》、馮椅《易學》、胡一桂《會通》諸書所引光説核之，一一具在，知爲宋代原本無疑。其解義多闕者，蓋光本撰次未成，如所著《潛虚》，轉以不完者爲真本，並非有所殘佚也。

《易説》既經輯出，除收入《四庫全書》以外，與他書一百三十餘種陸續由武英殿以木活字印行，號聚珍版。此版旋頒行於东南五省，流傳甚廣，所刻书籍亦各有不同。其中《易说》一书，福建布政使署自乾隆至光緒年間曾多次印行，廣東廣雅書局光緒二十五年（一八九九）亦續有刊刻。另據《中國叢書綜録》，其流衍民間者大約有三。其一，清道光間錢儀吉主講河南大梁書院，蒐集宋元明經說，匯爲《經苑》，以《易說》爲第一種刻印。此本二〇一三年經國家國書館出版社影印，收入《中國易學文獻集成》。同治中及民國續有刊本。其二，清同治中張丙炎輯爲《榕園叢書》甲集第二種，民國二年（一九一三）曾予重印。其三，清同治中李光廷輯爲《反約篇》第六種，現有鈔本存世。

《四庫》與聚珍本之前皆附有《四庫全書總目提要》，内容全同，其稍異者：一，聚珍本進呈於乾隆四十七年二月，《四庫》本爲乾隆四十九年十月；二，聚珍本進呈者署名「總纂官内閣學士紀昀、光禄寺卿陸錫熊、纂修官翰林院編修周永年」，《四庫》本則爲「總纂官紀昀、陸錫熊、孫士毅；總校官陸費墀」。蓋《四庫全書》既成，分纂皆不署名，自是體例所關；然既以聚珍本行世，則當表出纂修官名氏，以示不没其人。另據《四庫全書》經部《易說》書首所記校録名氏，總校官爲進士程嘉謨，校對官爲學録謝登雋，謄録者爲監生汪國均。今以二本對校，乃知聚珍本差勝，詳二本之所以致異，或因《永樂大典》所録已誤，爲聚珍本所校正；或原本不誤，及汪、謝二氏謄録、校對之時，或讎校未審，或擅有所更。今亦難得其詳矣。然亦有聚珍本誤而《四庫》

本不誤者，如需六四《小象》「順以聽」，聚珍本作「順以德」，即是顯例。

今《易説》一書，除經文及司馬氏撰説之外，另有按語數條，蓋纂修官周永年所加。周字書昌，號林汲山人，山東歷城（今濟南）人，乾隆三十六年進士，特授翰林院庶吉士，散館授編修，充文淵閣校理。卒年六十有二。平生與邵晉涵、章學誠交好，據章學誠《周書昌先生別傳》：

> 宋元遺書，歲久湮没，畸篇賸簡，多見采於明成祖時所輯《永樂大典》。時議轉從《大典》采綴，以還舊貌，而館臣多（次）擇其易爲功者，遂謂搜取無遺逸矣。書昌固執以爭，謂其中多可録。同列無如之何，則盡舉而委諸書昌。書昌無間風雨寒暑，目盡九千鉅冊，計卷一萬八千有餘，丹鉛標識，摘抉編摩，於是永新劉氏兄弟《公是》、《公非》諸集以下，又得十有餘家，皆前人所未見者，咸著於録。

此雖未明言温公《易説》之輯自周氏，然以四庫館臣之分工，周氏既分任子部，亦同時爲經部《易説》之纂修官，則該書即當爲其所輯。以是觀之，按語、提要蓋亦周氏所撰無疑。

民國以前，聚珍本《易説》流傳較廣，及今人影印《四庫全書》，後者反易得見。以版本而言，二本皆可寶重，不必太分軒輊。故此次整理，即以《文淵閣四庫全書》本爲底本，而以復旦大學所藏光緒二十五年廣雅書局本對校。廣雅書局本校勘原極精良，惜卷二同人卦《彖傳》説自「異之至也然則」以下，直至「欲治而惡亂」之前，誤植《文言》説之文，遂缺一頁。故以國家圖書館影印經苑本參校。其諸本經文或有脱漏，則以阮元校《十三經註疏》本補足，另出校勘記。至於經文文字與通行本之異同則一概置之，學者不妨由此上窺温公所據之本也。餘同《全集》凡例。

鄧秉元

二〇一九年八月一日

易説目録

易説卷六

四庫全書總目提要

臣等謹案：《易説》六卷，宋司馬光撰。光事蹟見《宋史》本傳。攷蘇軾撰光行狀，載所作《易説》三卷，《注繫辭》二卷。《宋史·藝文志》作《易説》一卷，又三卷，又《繫辭説》二卷。晁公武《讀書志》云：「《易説》雜解《易》義，無詮次，未成書。」《朱子語類》又云：「嘗得温公《易説》于洛人范仲彪，盡隨卦六二，其後缺焉。後數年，好事者于北方互市得板本，喜其復全。」是其書在宋時，所傳本已往往多寡互異，其後乃并失傳。故朱彝尊《經義考》亦注爲「已佚」。今獨《永樂大典》中有之，而所列實不止于隨卦，似即朱子所稱後得之本。其釋本卦，或三四爻，或一二爻，且有全無説者，惟《繫辭》差完備。而《説卦》以下僅得二條，亦與晁公武之言相合。又以陳友文《集傳精義》、馮椅《易學》、胡一桂《會通》諸書所引光説核之，一一具在，知爲宋代原本無疑。其解義多闕者，蓋光本撰次未成，如所著《潛虚》，轉以不完者爲真本，並非有所殘佚也。光《傳家集》中有《答韓秉國書》，謂王輔嗣以《老》、《莊》解《易》，非《易》之本旨，不足爲據。蓋其意在深闢虚無玄渺之説，故于古今事物之情狀，無不貫徹疏通，推闡深至。如解同人之《象》曰：「君子樂與人同，小人樂與人異。君子同其遠，小人同其近。」坎之《大象》曰：「水之流也，習而不止，以成大川；人之學也，習而不止，以成大賢。」咸之九四曰：「心苟傾焉，則物以其類應之。故喜則不見其所可怒，怒則不見其所可喜，愛則不見其所可惡，惡則不見其所可愛。」大都不襲先儒舊説而有得之言，要如布帛菽粟之切于日用，惜其沈湮滋久，説《易》家竟不獲覩其書。今幸際聖朝表章典籍，復得搜羅故簡，裒次成編，亦可知名賢著述，其精意所在，有不終泯于來世者矣。謹校勘釐訂，略倣《宋史》原目，定爲六卷，著于録。乾隆四十九年十月恭校上。

總纂官臣紀昀、臣陸錫熊、臣孫士毅

總校官臣陸費墀

原序

九師興而易道微，《易》之微，豈專九師咎哉。《彖》、《翼》而下，旁薄深廣，留七分者亡幾。田、丁、施、費，脈脈師授，俾勿墜。龍龜《圖》《書》，或左用之而不悟，京房守緯數，其失也浮。二千年間，易道倀倀，如蒙霧行，述而不論，河汾猶難之。歷越五閏，真人御宇，玉澤萃鍾，異人間世。希夷抉羲畫而成于邵，濂溪泄周經而融于程。以至匯爲漢上而尚變，演爲考亭而尚占，支析爲合沙而尚象。三聖玄藴，剖抉靡遺，而讀者瞭然如生三代之世。晚得温公《易説》一編，視諸老尤最通暢。今流傳人間世，稿雖未完，其論太極陰陽之道，乾坤律吕之交，正而不頗，明而不鑿，玁玁與濂洛貫穿。中間分剛柔中正配四時，微疑未安，學者直心會爾。《易》之作，聖人「吉凶與民同患」之書也，非隱奥艱深而難見也〔一〕。談《易》而病其隱且艱，非深于《易》者也。參習是編，易道庶其明乎！時丙申臘月朔，茶陵後學古迂陳仁子同俌序。

〔一〕「艱」，原作「難」，經苑本同，今據聚珍本改。

易總論

或曰：「易者，聖人之所作乎？」曰：「易者，先天而生，後天而終；細無不該，大無不容；遠無不臻，廣無不充。惟聖人能索而知之，逆而推之，使民識其所來，而知其所歸。夫易者，自然之道也，子以爲伏羲出而後易乃生乎？」或曰：「敢問易者，天事歟，抑人事歟？」曰：「易者，道也；道者，萬物所由之塗也。孰爲天，孰爲人？故易者，陰陽之變也，五行之化也。出於天，施於人，被於物，莫不有陰陽五行之道焉。故陽者，君也，父也，樂也，德也；陰者，臣也，子也，禮也，刑也；五行者，五事也，五常也，五官也。推而廣之，凡宇宙之間皆易也，烏在其專於天、專於人？二者之論皆蔽也。且子以聖人爲取諸胸臆而爲仁義禮樂乎？蓋有所本之矣。」

或曰：「易道其有亡乎？」「天地可敝則易可亡。孔子曰：『乾坤毁，則無以見易，易不可見，則乾坤或幾乎息矣。』是故人雖甚愚，而易未嘗亡也。推而上之邃古之前，而易已生；抑而下之億世之後，而易無窮。是故易之書或可亡也，若其道，則未嘗一日而去物之左右也。萬物蚩蚩，若魚蝦蠃蚌之處於海，食焉，游焉，死焉，而終莫之知也。」

或曰：「聖人之作《易》也，爲數乎，爲義乎？」曰：「皆爲之。」「二者孰急？」曰：「義急，數亦急。」「何爲乎數急？」曰：「義出於數也。」「義何爲出於數？」曰：「禮樂、刑德，陰陽也；仁義禮智信，五行也。義不出於數乎？故君子知義而不知數，雖善無所統之。夫水無源則竭，木無本則蹶，是以聖人抉其本源以示人，使人識其所來，則益固矣。《易》曰『君子居則觀其象而玩其辭，動則觀其變而玩其占』，明二者之不可偏廢也。」

易説卷一

上經

☰ 乾下乾上

乾：元，亨，利，貞。

初九，潛龍勿用。

初九，陽之始也，于律爲黄鍾，于歷爲建子之月。陽氣方萌于黄泉，太陰始盛，萬物未被其澤，故曰「潛龍」。龍者何？陽也。陽則曷謂之龍？龍者神獸，變化無常，升降有時，故象陽也。其言「勿用」何？聖人觀象而爲之戒也。潛龍之時伏于泉，不可用也。是故冬華而雷，爲妖爲災；人躁而狂，爲凶爲殃，皆時不可用而用之也。

九二，見龍在田，利見大人。

九二者，陽之見也，于律爲太蔟，于歷爲建寅之月。陽氣蔟達，發而在田，萬物忻忻，生意昭蘇，故曰「見龍在田」。其言「利見大人」者何？通之于人也。君子修德行義，始聞于人，人莫不悦，莫不歸焉。雖未有功，善之端也，治之本也，故曰「利見大人」。

九三，君子終日乾乾，夕惕若厲，无咎。

九三，陽之進也，于律爲姑洗，于歷爲建辰之月。萬物畢生，而趨于繁茂之時也，故君子進德修業，自强不息也。其言「夕惕若厲，无咎」者何？聖人爲之戒也。九三在下體之上，居上體之下，勤則進乎上，怠則退乎下，故夕惕若厲，然後得无咎也。

九四，或躍，在淵无咎。

九四，陽之盛也，于律爲蕤賓，于歷爲建午之月。萬物誠茂矣，而未及于大成；德業誠盛矣，而未至于大亨；安居則不能，欲進而自疑，故躍以試之也。夫言「在淵无咎」者何？失于進不若失于止之愈也。

九五，飛龍在天，利見大人。

九五，陽之成也，于律爲夷則，于歷爲建申之月。黍稷既實，功德成矣；德業普施，大人亨矣；萬物熙熙，道大行矣〔二〕。故曰「利見大人」。

〔二〕「大」，原作「力」，今據聚珍本、經苑本改。

上九，亢龍有悔。

乾上九，或曰：「物之盛，則蕤賓不若林鍾也；物之成，則夷則不若仲吕也。舉其微而舍其彰，何也？」曰：「君倡而臣和，陽生而陰成，故陰者佐陽而代有終也，陽者倡陰而尸其功也，是君臣之道也，又何疑矣。案：光解乾坤六爻，本于「景王將鑄無射」篇。韋昭注云：「十一月曰黄鍾，乾初九；正月曰太蔟，乾九二；三月曰姑洗，乾九三；五月曰蕤賓，乾九四；七月曰夷則，乾九五；九月曰無射〔一〕，乾上九。」據此則此爻注于律應爲無射，爲建戌之月。乃此條復論蕤賓、林鍾、夷則、仲吕，不及無射，疑上有脱文。

用九，見羣龍无首吉。

龍者神獸，能隱能見，有變化之象。陽氣能生能成，聖賢能出能處，故《易》皆謂之龍。惟聖知聖，惟賢知賢，聖賢見己之類，當推而下之，勿爲之首，爲之首則亢矣。

《彖》曰：大哉乾元，萬物資始，乃統天。雲行雨施，品物流形。大明終始，六位時成，時乘六龍以御天。乾道變化，各正性命，保合大和，乃利貞。首出庶物，萬國咸寧。

《象》曰：天行，健。君子以自彊不息。

〔一〕「無射」，原作「黄鍾」，今據聚珍本、經苑本改。

「潛龍勿用」，陽在下也。「見龍在田」，德施普也。「終日乾乾」，反復道也。

「反復道也」，君子進德修業，反復以求先王之道而力行之。

「或躍在淵」，進无咎也。

「進无咎也」，言進亦无咎，而君子寧在淵也。

「飛龍在天」，大人造也。

「大人造也」，大人之所宜爲也。

「亢龍有悔」，盈不可久也。「用九」，天德不可爲首也。

《文言》曰：「元」者，善之長也；「亨」者，嘉之會也；「利」者，義之和也；「貞」者，事之幹也。君子體仁足以長人，嘉會足以合禮，利物足以和義，貞固足以幹事。

「元者善之長也」，「體仁足以長人」：長猶首也，仁者愛人，人皆歸之，可爲之首。「亨者嘉之會也」，「嘉會足以合禮」：君明臣忠，父慈子孝，兄友弟恭，夫義婦順，上下皆美，際會交通，然後成禮。「利者義之和也」，「利物足以和義」：仁者，聖人不裁之義，則事失其宜，人喪其利，故君子以義制仁，政然後和。「貞者事之幹也」，「貞固足以幹事」：「《詩》三百，一言以蔽之，曰『思無邪』。」故貞者事之幹也，君子固守其正，以禎幹萬事，使不散亂也。

君子行此四德者，故曰：「乾，元，亨，利，貞。」

初九曰「潛龍勿用」，何謂也？子曰：「龍德而隱者也。不易乎世，不成乎名，遯世无悶，不見是而无悶。樂則行之，憂則違之，確乎其不可拔，潛龍也。」

「不見是而無悶」，舉世非之亦無悶也。樂行憂違，君子遇有道，得行其志，則樂；遇無道，不得行其志，則憂。

九二曰「見龍在田，利見大人」，何謂也？子曰：「龍德而正中者也。庸言之信，庸行之謹，閑邪存其誠，善世而不伐，德博而化。《易》曰『見龍在田，利見大人』，君德也。」

正中、信、謹以下，皆所以修身也。君子有君德而無其位，修己以俟時，德己及人也。

九三曰「君子終日乾乾，夕惕若厲，无咎」，何謂也？子曰：「君子進德脩業。忠信，所以進德也〔一〕。脩辭立其誠，所以居業也。知至至之，可與幾也。知終終之，可與存義也。是故居上位而不驕，在下位而不憂，故乾乾因其時而惕，雖危无咎矣。

「修辭立其誠」，所以居業也。君子外修言辭，内推至誠，内外相應，令無不行，事業所以日新也。

九四曰「或躍，在淵无咎」，何謂也？子曰：「上下无常，非爲邪也。進退无恒，非離羣也。君子

〔一〕「所」，原作「可」，今據聚珍本、經苑本改。

進德脩業，欲及時也，故无咎。」

君子時行則上進，時止則下退，非爲邪以求利，非違衆以干名也，恐失時而已。

九五曰「飛龍在天，利見大人」，何謂也？子曰：「同聲相應，同氣相求。水流濕，火就燥，雲從龍，風從虎，聖人作而萬物覩。本乎天者親上，本乎地者親下，則各從其類也。」

聖人在位，萬物無不知之，故聖賢畢集，亦從其類也。

上九曰「亢龍有悔」，何謂也？子曰：「貴而無位，高而无民，賢人在下位而无輔，是以動而有悔也。」

既亢驕自賢，則賢人在下位，莫肯輔其顛危也。

「潛龍勿用」，下也。「見龍在田」，時舍也。

爲時所捨，故有君德而無其位。

「終日乾乾」，行事也。「或躍在淵」，自試也。「飛龍在天」，上治也。「亢龍有悔」，窮之災也。乾元「用九」，天下治也。

「潛龍勿用」，陽氣潛藏。「見龍在田」，天下文明。「終日乾乾」，與時偕行。「或躍在淵」，乾道乃革。「飛龍在天」，乃位乎天德。「亢龍有悔」，與時偕極。乾元「用九」，乃見天則。

乾元者，始而亨者也。利貞者，性情也。乾始能以美利利天下，不言所利，大矣哉！

大哉乾乎！剛健中正，純粹精也。六爻發揮，旁通情也。「時乘六龍」，以御天也。「雲行雨施」，天下平也。

君子以成德爲行，日可見之行也。「潛」之爲言也，隱而未見，行而未成，是以君子「弗用」也。

君子學以聚之，問以辨之，寬以居之，仁以行之。《易》曰「見龍在田，利見大人」，君德也。

九三重剛而不中，上不在天，下不在田，故「乾乾」因其時而惕，雖危无咎矣。

九四重剛而不中，上不在天，下不在田，中不在人，故或之。或之者，疑之也，故无咎。

夫大人者，與天地合其德，與日月合其明，與四時合其序，與鬼神合其吉凶，先天而天弗違，後天而奉天時。天且弗違，而況于人乎？況于鬼神乎？

「亢」之爲言也，知進而不知退，知存而不知亡，知得而不知喪。其惟聖人乎！知進退存亡而不失其正者，其惟聖人乎！

䷁ 坤下坤上

坤：元亨，利牝馬之貞。君子有攸往，先迷，後得主，利。西南得朋，東北喪朋，安貞吉。

《彖》曰：至哉坤元，萬物資生，乃順承天。坤厚載物，德合无疆。含弘光大，品物咸亨。牝馬地類，行地无疆。柔順利貞，君子攸行。先迷失道，後順得常。「西南得朋」，乃與類行。「東北喪朋」，乃終有慶。安貞之吉，應地无疆。

《象》曰：地勢，坤。君子以厚德載物。

乾之象曰「自强不息」，坤之象曰「厚德載物」，何也？曰：强者，勉之謂也；載者，安濟之謂也。君子「自强」法天，「厚德」法地，德不厚則物不得而濟也。是故「自强不息」，則道無不臻；厚德而載，則物無不濟。夫乾坤者，《易》之門户；二象者，道德之關樞也。

初六，履霜，堅冰至。

《象》曰：「履霜堅冰」，陰始凝也，馴致其道，至堅冰也。

初六者陰之始也，于律爲林鍾，于歷爲建未之月。陽氣方盛，陰生而物未之知也，是故君子謹之。其曰「履霜，堅冰至」，霜者寒之先也，冰者寒之盛也，君子見微而知彰，原始而知終，攘惡于未芽，杜禍于未萌，是以身禔而國家乂寧也。

六二，直、方、大，不習无不利。

《象》曰：六二之動，直以方也。「不習无不利」，地道光也。

六二者，于律爲南吕，于歷爲建酉之月。草木黄落，暑去而寒至也。其曰「直方大」何？直方而大，地之德也。六二何爲擅地之德？坤之主也。六二何爲坤之主？夫陰陽雖殊，皆主中正者也。故乾九五陽之主也，坤六二陰之主也。地之得其爲「直方大」者何？直者言其氣，方者言其形也，大者兼形與氣而言之也。

六三，含章，可貞，或從王事，无成有終。

《象》曰：「含章，可貞」，以時發也。「或從王事」，知光大也。

乾坤之爻，得位未必吉，失位未必凶，其故何也？曰：陽非陰則不成，陰非陽則不生，陰陽之道，表裏相承。陰勝則消，陽勝則亢，是故乾坤以陰居陽，以陽居陰，不皆爲咎也。乾之九三，以陽居陽而不中，故曰「夕惕若厲，無咎」；坤之六四，以陰居陰而不中，故曰「括囊，无咎无譽」。皆剛柔太過，故須畏慎而後免咎也。然未失其正，故不凶也。九五、六二，居中履正，其德最美。九二、六五，不失其中，德美次之。九三、六四，不失其正，雖危無疑。九四、六三，雖無中正之德，九四以陽處下，剛克而沈潛者也，故曰「在淵无咎」；六三以陰處上，柔克而高明者也，故曰「含章可貞」。

六三者，于律爲應鍾，于歷爲建亥之月。百穀斂藏，萬物備成，陰功小終。體執乎柔，而志存乎剛，故曰「含章」；柔不泥于下，剛不疑乎上，故曰「可貞」。王者，尊之極也；爲臣之榮，從王役也；不敢專成，下之職也；承事之終，臣之力也。物以陽生，得陰而成；令由君出，得臣而行。故陽而不陰，則萬物傷矣；君而不臣，則百職曠矣。陰陽同功，君臣同體，天之經也，人之紀也。《虞書》曰「予欲左右有民，汝翼；予欲宣力四方，汝爲」，此之謂也。

六四，括囊，无咎无譽。

《象》曰：「括囊无咎」，慎不害也。

六四者，于律爲大吕，于歷爲建丑之月。日窮于次，月窮于紀，天唫地閉，萬物伏死。陰氣大盛，陽將更始，履卑體順，以陰居陰，處不得中，而潛伏乎其深。是以幽晦否塞而不通，雖无咎亦无譽也。

六五，黄裳，元吉。

《象》曰：「黄裳元吉」，文在中也。

六五者，于律爲夾鍾，于歷爲建卯之月。天地始闢，和氣融明，莩甲發散，庶物滋榮。體柔而志剛，乘陰而佐陽，中美能黄，上美則元，下美則裳，是以吉也。

上六，龍戰于野，其血玄黄。

《象》曰：「龍戰于野」，其道窮也。

上六者陰之窮也，于律爲仲吕，于歷爲建巳之月。純陰用事，陽道已窮，冒進不已，不能守中，是以戰也。夫下不能自重，重之者上也；臣不能自大，大之者君也。重而不已，上必危；大而不已，君必虧。既危且虧，能無戰乎？故君子執臣之樞，守臣之機，謹其樞，固其機，禍無從來。樞機之失，僮僕爲災，雖得而勝之，猶有傷也。故曰「其血玄黃〔二〕」。《文言》曰：「臣弑其君，子弑其父，非一朝一夕之故，其所由來者漸矣。由辨之不早辨也。」嗚呼！聖人之戒爲人上者，如此其深乎！

用六，利永貞。

《象》曰：用六「永貞」，以大終也。

《文言》曰：坤至柔而動也剛，至静而德方，後得主而有常，含萬物而化光。坤道其順乎，承天而時行。

積善之家必有餘慶，積不善之家必有餘殃。臣弑其君，子弑其父，非一朝一夕之故，其所由來者漸矣。由辨之不早辨也。《易》曰「履霜，堅冰至」，蓋言順也。

「直」其正也，「方」其義也。君子敬以直内，義以方外，敬義立而德不孤。「直、方、大，不習无不利」，則不疑其所行也。

君子法地之直方，則「敬以直内，義以方外」。「敬義立而德不孤」，則大也。何謂「敬以直内，義以方外」？敬則所受不陷于敗也，義則所適不失其宜也，直且方者，守諸己而無待于

〔二〕「玄黄」，原作「黄玄」，今據聚珍本改。經苑本避康熙諱，作「元黄」。

外也。君子居則不陷于敗，動則不爽其宜，施于身而身正，施于國而國治，夫又何習而何不利焉，可以斷然無疑矣。

陰雖有美，含之以從王事，弗敢成也。地道也，妻道也，臣道也，地道无成而代有終也。

天地變化，草木蕃。天地閉，賢人隱。《易》曰「括囊，无咎无譽」，蓋言謹也。

君子黄中通理，正位居體，美在其中而暢于四支，發于事業，美之至也。

陰疑于陽必戰，爲其嫌于无陽也，故稱「龍」焉。猶未離其類也，故稱「血」焉。夫玄黄者，天地之雜也，天玄而地黄。

䷂ 震下坎上

屯：元，亨，利，貞。勿用有攸往，利建侯。

《彖》曰：屯，剛柔始交而難生。動乎險中，大亨貞。雷雨之動滿盈，天造草昧，宜建侯而不寧。

《象》曰：雲雷，屯。君子以經綸。

「屯」者何？草木之始生也，貫地而出，屯然其難也。《象》曰「君子以經綸」，「經綸」者何？猶云綱紀也。屯者，結之不解者也。結而不解則亂，亂而不緝則窮，是以君子設綱布紀，以緝其亂，解其結，然後物得其分，事得其序，治屯之道也。

初九，磐桓，利居貞。利建侯。

《象》曰：雖磐桓，志行正也。以貴下賤，大得民也。

屯初九「磐桓」者何？治屯之道，不可遽也。「利居貞」者何？治之不正，愈以亂之也。「利建侯」者何？建侯所以治其綱也。治其綱，百目張，夫又何亂之不緝，何結之不解乎？此之謂經綸之道也。

六二，屯如邅如，乘馬班如。匪寇婚媾。女子貞不字，十年乃字。

《象》曰：六二之難，乘剛也。「十年乃字」，反常也。

人臣之道，患不正也，患不一也。苟一而正，通可必也。十年之屯，猶一日也。

六三，即鹿无虞，惟入于林中，君子幾不如舍，往吝。

《象》曰：「即鹿无虞」，以從禽也。君子舍之，往吝窮也。

六四，乘馬班如，求婚媾，往吉，无不利。

《象》曰：求而往，明也。

九五，屯其膏。小貞吉，大貞凶。

《象》曰：「屯其膏」，施未光也。

上六，乘馬班如，泣血漣如。

《象》曰：「泣血漣如」，何可長也。

䷃ 坎下艮上

蒙：亨。匪我求童蒙，童蒙求我。初筮告，再三瀆，瀆則不告。利貞。

《彖》曰：蒙，山下有險，險而止，蒙。「蒙，亨」，以亨行，時中也。「匪我求童蒙，童蒙求我」，志應也。「初筮告」，以剛中也。「再三瀆，瀆則不告」，瀆蒙也。蒙以養正，聖功也。

「蒙」者何？百姓蚩蚩，莫知所之，聖人教之以道，然後曉然識其是非，故夫蒙者，教人之象也。「匪我求童蒙，童蒙求我。」孔子曰：「不憤不啓，不悱不發。」夫人不求我，而强教之，則志不應而言不從矣。故君子之教，道而弗牽，强而弗抑，開而弗達也。「初筮告，再三瀆，瀆則不告。」孔子曰：「學而不思則罔。」又曰：「舉一隅不以三隅反，則不復也。」陸希聲曰：「『初筮告』，啓其宗也；『再三瀆』，以塞聰也；『瀆則不告』，告乃成蒙也。」夫鍛礪者工也，犀利者金也，植藝者圃也，堅實者木也。則工雖巧，不能持土以爲兵；圃雖良，不能植穀而生梓也。故才者天也，不教則棄；教者人也，不才則悖。故人者受才于天，而受教于師，師者決其滯，發其蔽，抑其過，引其不及，以養進其天才而已。《繫辭》曰「苟非其人，道不虛行」，此之謂也。

《象》曰：山下出泉，蒙。君子以果行育德。

果行者，言其動也。育德者，言其靜也。君子動果而靜專，内明而外晦，此之謂「蒙以養正」也。

初六，發蒙，利用刑人，用説桎梏，以往吝。

《象》曰：「利用刑人」，以正法也。

九二，包蒙，吉。納婦吉，子克家。

《象》曰：「子克家」，剛柔接也。

六三，勿用取女，見金夫，不有躬。无攸利。

《象》曰：「勿用取女」，行不順也。

六四，困蒙，吝。

《象》曰：「困蒙」之吝，獨遠實也。

六四，「困蒙，吝」。孔子曰：「困而不學，民斯爲下矣。」聖人于是爻也，將以戒夫不學者也。

六五，童蒙，吉。

《象》曰：「童蒙」之吉，順以巽也。

童蒙者何以吉也？得人而信使之也。昔齊桓公、衛靈公之行，犬彘之所不爲也，然而大則霸諸侯，小則有一國，其故何哉？有管仲、仲叔圉、祝鮀、王孫賈爲之輔也。二君者，天下之不肖君也，得賢人而信使之，猶且安其身而收其功，况明哲之君，用忠良之臣者乎！

上九，擊蒙，不利爲寇，利禦寇。

《象》曰：利用禦寇，上下順也。

䷄ 乾下坎上

需：有孚，光亨，貞吉，利涉大川。

「需」者何？待時而行之謂也。孚者，見信于人之謂也。夫信者，己之所爲也；孚者，待人而後成者也。故夫需之道，利安而不利躁，修己以待人者也。非夫信義著明，道德光大，則不能以亨也。居正待時，然後吉也；用邪求益，宜其凶也。需以涉難，難可濟也；躁以涉川，沈可必也。

《象》曰：需，須也。險在前也，剛健而不陷，其義不困窮也。「需，有孚，光亨，貞吉」，位乎天位，以正中也。「利涉大川」，往有功也。

坎，陷也，其云「不陷」何？需然後進，故不陷也。又曰「位乎天位，以正中者」何？「有孚，光亨，貞吉」者，人君所以待天下之道也。

《象》曰：雲上于天，需。君子以飲食宴樂。

需之爲「飲食」，何也？雲上于天，萬物蔭之。滂沱下施，萬物飲之。以豐以肥，以榮以滋。飲食燕樂，及下之道也。

初九，需于郊，利用恒，无咎。

《象》曰：「需于郊」，不犯難行也。「利用恒，无咎」，未失常也。

九二，需于沙，小有言，終吉。

《象》曰：「需于沙」，衍在中也。雖「小有言」，以吉終也。

九三，需于泥，致寇至。

《象》曰：「需于泥」，災在外也。自我「致寇」，敬慎不敗也。

寇雖邇，不犯不至，故曰「自我致寇」也。能用需道，故曰「敬慎不敗也」。

六四，需于血，出自穴。

《象》曰：「需于血」，順以聽也。

「需于血」者，入險而傷也。出于險者，不競乃善也。以需，血者非需之地也。子曰「繫辭焉以盡其言，變而通之以盡利」，此之謂也。

九五，需于酒食，貞吉。

《象》曰：「酒食貞吉」，以中正也。

需九五「需于酒食，貞吉」。「酒食」者何？福禄之謂也。九五以中正而受尊位，天之所佑，人之所助也。然則福禄既充矣，而又何需焉？曰：中正者，所以待天下之治也。《書》曰：「允執其中。」又曰：「以萬民惟正之供。」夫中正者，足以盡天下之治也，舍乎中正，而能享天之福禄者，寡矣。

上六，入于穴。有不速之客三人來，敬之終吉。

《象》曰：「不速之客來，敬之終吉」，雖不當位，未大失也。

䷅ 坎下乾上

訟：有孚窒，惕中吉，終凶。利見大人，不利涉大川。

《象》曰：訟上剛下險，險而健，訟。「訟，有孚窒，惕中吉」，剛來而得中也。「終凶」，訟不可成也。「利見大人」，尚中正也。「不利涉大川」，入于淵也。
《象》曰：天與水違行，訟。君子以作事謀始。
初六，不永所事，小有言，終吉。
《象》曰：「不永所事」，訟不可長也。雖「小有言」，其辯明也。
九二，不克訟，歸而逋。其邑人三百户，无眚。
《象》曰：「不克訟」，歸逋竄也。自下訟上，患至掇也。
六三，食舊德，貞厲，終吉。或從王事，无成。
《象》曰：「食舊德」，從上吉也。
九四，不克訟，復即命，渝。安貞吉。
《象》曰：「復即命，渝」，安貞不失也。
九五，訟，元吉。
《象》曰：「訟，元吉」，以中正也。
上九，或錫之鞶帶，終朝三褫之。
《象》曰：以訟受服，亦不足敬也。案：訟卦説原本缺。

䷆ 坎下坤上

師：貞，丈人吉，无咎。

「師：貞，丈人吉，无咎」，何也？曰：難之也。夫治衆，天下之大事也，非聖人則不能。夫衆之所服者，武也；所從者，智也；所親者，仁也。三者不備，而能用其衆，未之有也。然或得之小，或得之大，或用之邪，或用之正，邪正、大小之道，其得失、吉凶相去遠矣。彼小人者，以矯矯爲武，⿰目喬⿰目喬爲智，呴呴爲仁，衆人亦有悦而從之者，所謂小也。聖人者，以正人爲武，安人爲智，利人爲仁，天下皆悦而從之，所謂大也。夫小人之得衆也，以爲上則暴，以爲下則亂，故謂之邪。聖人之得衆也，所以禁暴而止亂也，故謂之正。夫衆，非小人之所用也，小人用之以爲不正，咎孰大焉。子罕曰：兵者「所以威不軌而昭文德也，聖人以興，亂人以廢」，此之謂也。

《彖》曰：師，衆也。貞，正也。能以衆正，可以王矣。剛中而應，行險而順，以此毒天下，而民從之，吉又何咎矣。

「王」者何？大人之謂也。「剛中而應，行險而順」者，治衆而不以剛，則慢而不振；用剛而不獲中，則暴而無親；上無應于君，下無應于民，則身危而功不成；所施不在于順，則衆怒而民不從。四者非所以吉而无咎也，吉而无咎則惟「剛中而應，行險而順」者乎！夫兵者危事也，故曰「行險」。財用之蠹，而民之殘也，故曰「毒天下」。毒之者，其志將以安之也，若鍼砭之所以已疾也，是以民從而无咎也。

《象》曰：地中有水，師。君子以容民畜衆。

師之所以爲「容民畜衆」者，非特施于治兵之謂也。故天子用之以治天下，諸侯用之以治其國，卿大夫用之以治其家，其道一也。

初六，師出以律，否臧凶。

《象》曰：「師出以律」，失律凶也。

九二，在師中，吉，无咎。王三錫命。

《象》曰：「在師中，吉」，承天寵也。「王三錫命」，懷萬邦也。

六三，師或輿尸，凶。

《象》曰：「師或輿尸」，大无功也。

六四，師左次，无咎。

《象》曰：「左次，无咎」，未失常也。

六五，田有禽，利執言，无咎。長子帥師，弟子輿尸，貞凶。

《象》曰：「長子帥師」，以中行也。「弟子輿尸」，使不當也。

師六五柔也，其爲師之主，奈何？古者人君之遣將也，跪而推轂曰：「閫以内寡人制之，閫以外將軍制之。」進止之制，賞罰之權，皆決于外，不從中覆也。委任責成功而已矣。六五以柔居尊，下應于二，二以剛中，能任其事，是以動則有功，若田狩而獲禽也。「師出無名，事故不成」，故曰「利執言」。「執」者何？奉辭伐罪之謂也。舉國家之衆，而委之一人，此安危之機、存亡之端，不可以不謹。謹擇其人，是人君之事守也，故曰「長子帥師，弟子輿尸」。「貞凶」者，雖正猶凶也。

上六，大君有命，開國承家，小人勿用。

《象》曰：「大君有命」，以正功也。「小人勿用」，必亂邦也。

䷇ 坤下 坎上

比：吉。原筮，元永貞，无咎。不寧方來，後夫凶。

《彖》曰：「比，吉」也，比，輔也，下順從也。「原筮，元永貞，无咎」，以剛中也。「不寧方來」，上下應也。「後夫凶」，其道窮也。

「比，吉」，比之所以「吉」者何？《雜卦》曰：「比樂師憂。」凡物孤則危，羣則强，比者上下相親，他不能間，外不能侵者也，故「吉」。「原筮」者何？比者不可苟合也，是故初六曰「有孚比之，无咎」。夫初六比之始也，始謀相親者不可不謹擇其人。人之誠信未孚而親愛之，取禍之道也，故曰「有孚比之，无咎」。《繫辭》曰「君子易其心而後語，定其交而後求」，此之謂也。「原筮，元永貞，无咎」者何？凡比之道，不可以不善也，不可以不長也，不可以不正也，故曰「原筮，元永貞，无咎」。夫物比而不以剛中，則柔邪也，故《彖》曰：「『原筮，元永貞，无咎』，以剛中也。」

《象》曰：地上有水，比。先王以建萬國，親諸侯。

初六，有孚比之，无咎。有孚盈缶，終來有他吉。

《象》曰：比之初六，有他吉也。

六二，比之自内，貞吉。

《象》曰：「比之自内」，不自失也。

六三，比之匪人。

《象》曰：「比之匪人」，不亦傷乎？

六四，外比之，貞吉。

《象》曰：外比于賢，以從上也。

「外比」者何？棄親而從疎也。棄親而從疎者，非親賢而從上則不可也。親賢而從上者，苟不出乎正，猶不免乎凶也。夫比非大公之道也，子曰「君子周而不比，小人比而不周」，故比而不中正者，皆非君子之道也。

九五，顯比，王用三驅，失前禽，邑人不誡，吉。

《象》曰：「顯比」之吉，位正中也。舍逆取順，「失前禽」也。「邑人不誡」，上使中也。

九五「顯比，吉」，何也？九五履至貴之位，爲衆陰所歸，暢其中正，以懷海内，從命者賞，違命者誅，善善惡惡而不在于私，用中正以求比者也。故曰「顯比，吉」。顯者，光顯盛大之謂也。「王用三驅，失前禽」，「前禽」者何？背去之禽也。「失」者何？求與之相親而不可得者也。

上六，比之无首，凶。

《象》曰：「比之无首」，无所終也。

☰☴ 乾下巽上

小畜：亨。密雲不雨，自我西郊。

《彖》曰：小畜，柔得位而上下應之，曰小畜。健而巽，剛中而志行，乃亨。「密雲不雨」，尚往也。「自我西郊」，施未行也。

《象》曰：風行天上，小畜。君子以懿文德。

初九，復自道，何其咎？吉。

《象》曰：「復自道」，其義「吉」也。

九二，牽復，吉。

《象》曰：「牽復」在中，亦不自失也。

九三，輿說輻，夫妻反目。

《象》曰：「夫妻反目」，不能正室也。

六四，有孚，血去惕出，无咎。

《象》曰：「有孚惕出」，上合志也。

九五，有孚攣如，富以其鄰。

《象》曰：「有孚攣如」，不獨富也。

上九，既雨既處，尚德載。婦貞厲，月幾望，君子征凶。

《象》曰：「既雨既處」，德積載也。「君子征凶」，有所疑也。案：小畜卦説原本缺。

䷉ 兑下乾上

履虎尾，不咥人，亨。

《彖》曰：履，柔履剛也。説而應乎乾，是以「履虎尾，不咥人，亨」。剛中正，履帝位而不疚，光明也。

《象》曰：上天下澤，履。君子以辨上下，定民志。

「履」者何？人之所履也。人之所履者何？禮之謂也。人有禮則生，無禮則死，禮者人所履之常也。其曰「辨上下，定民志」者何？夫民，生有欲，喜進務得，而不可厭者也。不以禮節之，則貪淫侈溢而無窮也。是故先王作爲禮以治之，使尊卑有等，長幼有倫，内外有别，親疏有序，然後上下各安其分，而無覬覦之心。此先王制世御民之方也。

初九，素履，往无咎。

《象》曰：「素履之往」，獨行願也。

九二，履道坦坦，幽人貞吉。

《象》曰：「幽人貞吉」，中不自亂也。

六三，眇能視，跛能履，履虎尾，咥人，凶。武人爲于大君。

《象》曰：「眇能視」，不足以有明也。「跛能履」，不足以與行也。「咥人之凶」，位不當也。「武人爲于大君」，志剛也。

九四，履虎尾，愬愬，終吉。

《象》曰：「愬愬，終吉」，志行也。

九五，夬履，貞厲。

《象》曰：「夬履，貞厲」，位正當也。

「夬」者何？決也。「履」者何？人之所履也。人之所履有得有失，爲人君者決而正之，得則有賞，失則有法，勸賞畏刑，然後人莫敢不慎其履，而天下國家可得而治也。五以剛健爲履之主，乘其中正以決得失，任斯重也，可不戒乎？故曰「貞厲」。

上九，視履考祥，其旋元吉。

《象》曰：「元吉」在上，大有慶也。

易説卷二

上經

☷☰ 乾下坤上

泰：小往大來，吉，亨。

《彖》曰：「泰，小往大來，吉，亨」，則是天地交而萬物通也，上下交而其志同也。内陽而外陰，内健而外順，内君子而外小人，君子道長、小人道消也。

《象》曰：天地交，泰。后以財成天地之道，輔相天地之宜，以左右民。

《象》曰「后以財成天地之道，輔相天地之宜」，何也？夫萬物，生之者天也，成之者地也。天地能生成之，而不能治也，君者所以治人，而成天地之功也。非后則天地何以得通乎？《太玄》曰：「天之所貴曰生，物之所尊曰人，人之大倫曰治，治之所因曰辟。崇天普地，分羣偶物，使不失其統者，莫若乎辟。天辟乎上，地辟乎下，君辟乎中。」此之謂也。

初九，拔茅，茹以其彙。征吉。

《象》曰：「拔茅征吉」，志在外也。

九二，包荒，用馮河，不遐遺，朋亡，得尚于中行。

《象》曰：「包荒，得尚于中行」，以光大也。

九三，无平不陂，无往不復。艱貞无咎。勿恤其孚，于食有福。

《象》曰：「无往不復」，天地際也。

物極則反，天地之常也。是故治者亂之原也，通者塞之端也。三居天地之際，剛德將退，柔德將進，故曰「无平不陂，无往不復」。君子于是時也，何爲而可哉？必也執節守道，而獨行其志乎！故曰「艱貞無咎」。君子之道也，患志之不篤，不患人之不信。「譬如農夫，是穮是蓘，雖有飢饉，必有豐年」，故「勿恤其孚」。君子之干禄也〔一〕，修其性俟其命而已矣，然後能永享安榮也，故曰「于食有福」。《詩》云「愷悌君子，求福不回」，此之謂也。

六四，翩翩，不富以其鄰，不戒以孚。

《象》曰：「翩翩不富」，皆失實也。「不戒以孚」，中心願也。

〔一〕「干」，經苑本同，聚珍本作「于」，義長。

六五，帝乙歸妹，以祉元吉。
《象》曰：「以祉元吉」，中以行願也。
上六，城復于隍，勿用師，自邑告命，貞吝。
《象》曰：「城復于隍」，其命亂也。

䷋ 坤下乾上

否之匪人，不利君子貞，大往小來。
《彖》曰：「否之匪人，不利君子貞，大往小來」，則是天地不交而萬物不通也，上下不交而天下无邦也。內陰而外陽，內柔而外剛，內小人而外君子，小人道長、君子道消也。
「否之匪人」，何也？凡君子、小人更爲否泰也。故君子泰則小人否，君子否則天下亂，小人否則天下治。今「大往小來」，則君子之道否也，故曰「否之匪人」，否之所施非其人也。否者，壅塞、使之不進之謂也。
《象》曰：天地不交，否。君子以儉德辟難，不可榮以禄。
初六，拔茅，茹以其彙。貞吉，亨。

《象》曰：「拔茅貞吉」，志在君也。

六二，包承，小人吉，大人否，亨。

《象》曰：「大人否，亨」，不亂羣也。

否而得位，以柔應君，「包承」者也。故小人居之則爲吉，大人居之則爲否也。然大人者體順履正，和而不同，否不能久，久而必通，故曰「亨」也。

六三，包羞。

《象》曰：「包羞」，位不當也。

君子之不得其時也，失位而居于下，則爲小人之所侮；居于上，則爲君子之所恥。故六三不當其位而進退，包羞也。

九四，有命，无咎，疇離祉。

《象》曰：「有命，无咎」，志行也。

四者，陰退而陽進之時也。命者，上之所以施于下也。四以陽居上，變否爲泰，命之所施，必施于賢者，賢人進則泰之端見矣，故「有命，无咎」。疇者，羣陽之謂也，陽德將亨，故曰「疇離祉」。

九五，休否，大人吉。其亡其亡，繫于苞桑。

《象》曰：大人之吉，位正當也。

上九，傾否，先否後喜。

《象》曰：否終則傾，何可長也。

䷌ 離下乾上

同人于野，亨。利涉大川。利君子貞。

《彖》曰：同人，柔得位得中，而應乎乾，曰同人。《同人》曰：「同人于野，亨。利涉大川」，乾行也。文明以健，中正而應，君子正也。惟君子爲能通天下之志。

「同人」者何？同于人之謂也。君子樂與人同，小人樂與人異。與人同者，人亦同之；與人異者，人亦異之。同則相愛，異則相惡，愛則相利，惡則相害，相利則交安，相害則交危，利害、安危之端，在于同人，不可不察也。何謂君子樂與人同？請借魯事以言之。夫季、孟異室而皆出于桓，魯、衛異國而皆出于姬，姬、姜異姓而皆爲中國，夷、夏異俗而皆列于會，此君子之樂與人同也。是以近者悅，遠者來，同人之利，豈不大哉！何謂小人樂與人異？小人曰：季、孟異室也，吾何與哉？又曰：彼此異民也，吾何與哉？又曰：爾汝異身也，吾何與哉?此樂與人異也。是以民有災而君弗恤,父有疾而子弗憂,兄有禍而弟弗救也,異之爲害,豈不大哉!《詩》曰「自西自東,自南自北,無思不服」,同之至也。又曰「翕翕訿訿,亦孔之哀」,又曰「噂沓背憎,職競由人」,異之至也。然則同而已矣。其曰「同人」者何?同之道極于人也,草木禽獸,不可同也。「同人于野,亨。利涉大川。利君子貞」,何也?曰:野則言其遠也〔一〕。君子同其遠,小人同其近,遠故無不同也,近故迭相攻也。迭相攻,非同人之道也。然則聖人其有私乎?曰:有。聖人之私大,衆人之私小。聖人者,以天下爲私者也。藝穀樹蔬而食之,犕牛乘馬而畜使之,皆所以役物而養人也,所私不亦大乎!夫惟聖人爲能愛其身,愛其身故愛其親,愛其親故愛其國,愛其國故愛其道。道者,所以保天下而兼利之也。未有危人之親而人不危其親者也,害人之身而人不害其身者也,天下交害之而身不亡者,未之有也。然則危人適所以自危,害人適所以自害也,烏在其能私哉!夫君子、小人,其爲愛身一也。君子之愛身也遠,小人之愛身也近,遠故大,近故小,小者非他也,智不及也。是故識其大者爲大人,識其小者爲小人,非其志之異也,識之蔽也。君子同于正,故其同大;小人同于邪,故其同小。邪正者,小大之分也。何謂「君子能通天下之

〔一〕「則」,聚珍本、經苑本皆作「者」,義長。

志」？天下之志莫不欲利而惡害，欲安而惡危，欲治而惡亂，君子能安之、利之、治之，使天下猶一人也，此之謂「能通天下之志」。

《象》曰：天與火，同人。君子以類族辨物。

初九，同人于門，无咎。

《象》曰：出門同人，又誰咎也。

初者，動之始也。夫向于左者必背于右，附于前者必離于後，故同者必有所異也。初九「出門同人，无咎」，言未有係也。

六二，同人于宗，吝。

《象》曰：同人于宗，吝道也。

宗，類也。類之中又有類焉，同其類者所同狹也，故吝。

九三，伏戎于莽，升其高陵，三歲不興。

《象》曰：「伏戎于莽」，敵剛也。「三歲不興」，安行也。

九四，乘其墉，弗克攻，吉。

《象》曰：「乘其墉」，義「弗克」也。其「吉」，則困而反則也。

九三「伏戎于莽」，九四「乘其墉，弗克攻，吉」，何也？三、四者，上下之際，同異之分也，故迭爭而交不勝也。「伏戎于莽」者，下襲上；「乘其墉」者，上陵下。上可變，下不可變，逆順之勢也。

九五，同人，先號咷而後笑，大師克相遇。

《象》曰：同人之先，以中直也。「大師相遇」，言相「克」也。

九五，君也，以中正而施同人者也。夫君子好同，小人好異，德之未充，信之未孚，近者不服，遠者不懷，故「號咷」也。中則不阿，正則不私，不阿不私，天下歸之，始于憂勤，終于逸樂，故「後笑」也。同者之與多，異者之與寡，寡不足以勝衆，故聖人在上，天下大同者，化于衆也。子曰「君子之道，或出或處，或默或語」，言迹之異也；「二人同心，其利斷金」，言道之同也。二人，言其寡也；金，物之難斷者也。二人同心，猶可以斷，況于衆乎！「同心之言，其臭如蘭」，蘭，芬物也，言猶如是，況其道乎！美之至也。

上九，同人于郊，无悔。

《象》曰：「同人于郊」，志未得也。

郊者，外也，不同于人而亦不異于人，是以「无悔」而「志未得」也。按《序卦》之義，否者，物不相交之卦也。不相交則異，異則爭，爭則窮，故受之以同人。同人者，所以通之也，物通則大有矣。

䷍ 乾下離上

大有：元亨。

《彖》曰：大有，柔得尊位，大中而上下應之，曰大有。其德剛健而文明，應乎天而時行，是以「元亨」。

「大有」者何？富有之謂也。天子富有天下，諸侯富有其國，大夫富有其家，非得大有之道，烏能得其下乎！然則大有何故以柔爲主？夫爲人上者，言而人莫敢違也，動而人莫敢逆也，故戒之在剛也。夫上之所以能有下者，得其心也；得其心者，能以恩信結之也。故大有以柔中爲主也，柔而不明，則前有讒而弗見，後有賊而不知；明而不健，則知善而不能舉，知惡而不能去。二者皆亂亡之端也。明以燭之，健以決之，居不失中，行不失時，然後能保有其衆而「元亨」也。然則大有何以上明而下健？曰：明勝于健，則賞不失功，罰不失罪；健勝于明，則反之，此大有所以當明也。

《象》曰：火在天上，大有。君子以遏惡揚善，順天休命。

「火在天上」，明之至也。至明則善惡無所遺矣。善則舉之，惡則抑之，上之職也。明而能健，慶賞刑威得其當，然後能保有四方，所以順天美命也。

初九，无交害，匪咎。艱則无咎。

《象》曰：大有初九，「无交害」也。

九二，大車以載，有攸往，无咎。

《象》曰：「大車以載」，積中不敗也。

九三，公用亨于天子，小人弗克。

《象》曰：「公用亨于天子」，小人害也。

九四，匪其彭，无咎。

《象》曰：「匪其彭，无咎」，明辨晳也。

六五，厥孚交如，威如，吉。

《象》曰：「厥孚交如」，信以發志也。「威如之吉」，易而无備也。

六五柔得尊位，大中而上下應之，故曰「厥孚交如」，言孚發于中，而應之者交至也。夫以柔德而主衆剛，推誠任物，易而无備，所可戒者，在于無威，故曰「威如，吉」。此聖人所以儆戒人君優游不斷、柔而不立者也。爲人君者，剛而不暴，柔而不可犯，此所以爲皇極之道。

上九，自天祐之，吉，无不利。

《象》曰：大有上吉，「自天祐」也。

䷎ 艮下坤上

謙：亨。君子有終。

《彖》曰：「謙，亨」，天道下濟而光明，地道卑而上行。天道虧盈而益謙，地道變盈而流謙，鬼神害盈而福謙，人道惡盈而好謙。謙，尊而光，卑而不可踰，君子之終也。

人之將有行也，將有爲也，施之以謙，則無不通也。君子之德誠盛矣，業誠大矣，不謙以持之，則無以保其終也。故夫謙者，君子之終也。

《象》曰：地中有山，謙。君子以裒多益寡，稱物平施。

初六，謙謙君子，用涉大川，吉。

《象》曰：「謙謙君子」，卑以自牧也。

六二，鳴謙，貞吉。

《象》曰：「鳴謙，貞吉」，中心得也。

九三，勞謙君子，有終吉。

《象》曰：「勞謙君子」，萬民服也。

勞謙，有勞而謙者也。

六四，无不利，撝謙。

《象》曰：「无不利，撝謙」，不違則也。

六五，不富以其鄰，利用侵伐，无不利。

《象》曰：「利用侵伐」，征不服也。

上六，鳴謙，利用行師，征邑國。

《象》曰：「鳴謙」，志未得也。「可用行師」，征邑國也。

䷏ 坤下震上

豫：利建侯行師。

《彖》曰：豫，剛應而志行，順以動，豫。豫順以動，故天地如之，而況建侯行師乎？天地以順動，故日月不過，而四時不忒。聖人以順動，則刑罰清而民服。豫之時義大矣哉！

《象》曰：雷出地奮，豫。先王以作樂崇德，殷薦之上帝，以配祖考。

雷出地者，春分候也。春分之時，雷迅出地，以動萬物，萬物莫不奮迅悦豫而從之也。豫，喜意也，作樂所以飾喜也。薦之上帝，以配祖考，用樂之盛者。

初六，鳴豫，凶。

《象》曰：「初六鳴豫」，志窮凶也。

六二，介于石，不終日，貞吉。

《象》曰：「不終日，貞吉」，以中正也。

六三，盱豫，悔，遲有悔。

《象》曰：「盱豫有悔」，位不當也。

九四，由豫，大有得。勿疑，朋盍簪。

《象》曰：「由豫，大有得」，志大行也。

六五，貞疾，恒不死。

《象》曰：「六五貞疾」，乘剛也。「恒不死」，中未亡也。

上六，冥豫，成有渝，无咎。

《象》曰：「冥豫」在上，何可長也？

䷐ 震下兌上

隨：元，亨，利，貞，无咎。

《彖》曰：隨，剛來而下柔，動而說，隨。大亨貞无咎，而天下隨時，隨時之義大矣哉！

《象》曰：澤中有雷，隨。君子以嚮晦入宴息。

初九，官有渝，貞吉，出門交有功。

《象》曰：「官有渝」，從正吉也。「出門交有功」，不失也。

六二，係小子，失丈夫。

《象》曰：「係小子」，弗兼與也。

六三，係丈夫，失小子。隨有求，得。利居貞。

《象》曰：「係丈夫」，志舍下也。

九四，隨有獲，貞凶。有孚，在道以明，何咎？

《象》曰：「隨有獲」，其義凶也。「有孚在道」，明功也。

九五，孚于嘉，吉。

《象》曰：「孚于嘉，吉」，位正中也。

上六，拘係之，乃從維之，王用亨于西山。

《象》曰：「拘係之」，上窮也。案：隨卦説原本缺。

䷑ 巽下艮上

蠱：元亨。利涉大川，先甲三日，後甲三日。

《彖》曰：蠱，剛上而柔下，巽而止，蠱。「蠱，元亨」，而天下治也。「利涉大川」，往有事也。「先甲三日，後甲三日」，終則有始，天行也。

蠱者，物有蠹敝而事之也。事之者，治之也。除蠹補敝，故大通也。剛上而柔下，善登而惡降也，巽而止之，利以濟難也。甲者，生之始，爲仁、爲德；庚者，殺之終〔二〕，爲義、爲刑。先之三日，以謹其始；後之三日，以慎其終。蠱以少陽在上而行令〔三〕，故主仁；巽以少陰在上而行令，故主義。天以陰陽終始萬物，君子以仁義修身，以德刑治國，各有其事也。

《象》曰：山下有風，蠱。君子以振民育德。

〔二〕「終」，聚珍本、經苑本皆作「始」，義長。

〔三〕「蠱」，諸本同。依文義，當作「艮」。

艮爲丘，爲山；巽爲風，爲號令。君子洗濯其心，一以待人，以育德于上，山之象也；發號施令，革弊除蠹，以振民于下，風之象也。

初六，幹父之蠱，有子，考无咎。厲終吉。

《象》曰：「幹父之蠱」，意承考也。

子者，所以承父之事而成之；臣者，所以成君之事而終之。天下之事大矣，多矣，自非聖人，不能無過。故子能蓋父之愆，臣能掩君之惡，然後爲幹蠱也。以秦始、漢武之奢汰驕暴，相遠也無幾耳，始皇得胡亥以爲子，李斯以爲臣，不旋踵而亡矣，天下後世之言惡者必歸焉；武帝得昭帝以爲子，霍光以爲臣，而國家乂寧，後世稱之爲明君。隋唐之祖亦然。夫事有故必有賢子，然後考得无咎也。幹事之始，敢自安乎？故戰戰兢兢，乃得終吉也。蠱敝，不可不更，臣子之心，非以高君父而自名也，欲以掩惡而全美，故曰「意承考也」。

九二，幹母之蠱，不可貞。

《象》曰：「幹母之蠱」，得中道也。

九三，幹父之蠱，小有悔，无大咎。

《象》曰：「幹父之蠱」，終无咎也。

親有過，下氣怡聲以諫，禮也。三以重剛幹之，故「小有悔」也，然不失其正，故「无大咎」也。

六四，裕父之蠱，往見吝。

《象》曰：「裕父之蠱」，往未得也。

「六四，裕父之蠱。」楚屈到嗜芰。有疾，屬之曰：「祭我必以芰。」及祥，宗老將薦芰，屈建命去之，曰：「國君有牛享，大夫有羊饋，士有豚豕之奠，庶人有魚炙之薦，不羞珍異，不陳庶侈，夫子不以其私欲干國之典。」遂不用。《易》曰「裕父之蠱，往見吝」，裕之爲言饒也、益也，父不義而順之，是裕之也。往而不變，斯可醜也。

六五，幹父之蠱，用譽。

《象》曰：「幹父用譽」，承以德也。

五居盛位，以柔承剛，又有中和之德，故有譽也。

上九，不事王侯，高尚其志。

《象》曰：不事王侯，志可則也。

陽者君子之象，致仕而無位，年高而德尊，雖不能以力幹事，而智慮深遠，志可法也。故先王養老乞言焉。非夫矯亢以驚俗，虛驕而無用者也。

䷒ 兑下坤上

臨：元，亨，利，貞。至于八月有凶。

《彖》曰：臨，剛浸而長，説而順，剛中而應。大亨以正，天之道也。「至于八月有凶」，消不久也。

八月者，周之八月也。陽生于復，長于臨；陰生于姤，長于遯。遯與臨反者也。聖人防微杜漸，故于陽長之初，而著陰之戒也。

《象》曰：澤上有地，臨。君子以教思无窮，容保民无疆。

「教思无窮，容保民无疆」，功之所以大也。

初九，咸臨，貞吉。

《象》曰：「咸臨，貞吉」，志行正也。

君子之所以能自大者，學于道也。學充于内，則志氣夷懌矣；浸長于外，則人化而順之矣。人化而順之，所以大也。有應于外，化順之象也。夫道以正心爲本，初九所以能感物而大，志行正也。孔子曰：「學而時習之，不亦悦乎？有朋自遠方來，不亦樂乎？」《傳》曰：「大學之本，心正然後身修。」

九二，咸臨，吉，无不利。

《象》曰：「咸臨，吉，无不利」，未順命也。

二在下體，而不當位，故小人未肯盡受命也。

六三，甘臨，无攸利。既憂之，无咎。

《象》曰：「甘臨」，位不當也。「既憂之」，咎不長也。

六四，至臨，无咎。

《象》曰：「至臨，无咎」，位當也。

六四進升上體，至大之境，已得其位，故无咎也。

六五，知臨，大君之宜，吉。

《象》曰：「大君之宜」，行中之謂也。

上六，敦臨，吉，无咎。

《象》曰：「敦臨之吉」，志在内也。

䷓ 坤下巽上

觀：盥而不薦，有孚顒若。

《彖》曰：大觀在上，順而巽，中正以觀天下。「觀，盥而不薦，有孚顒若」，下觀而化也。觀天之神道，而四時不忒，聖人以神道設教，而天下服矣。

觀者，上以德示人，使人觀而化之也。盥，圭潔其德也；薦，豐備其物也；顒，人君有德之容也。夫德由内出，物自外至，苟内德不充，雖外物豐備，不能化人也。故「黍稷非馨，明德惟馨」，「苟有明信，澗溪沼沚之毛，蘋蘩藴藻之菜」，「可薦于鬼神，可羞于王公」，而況下民乎！故曰「盥而不薦」。君人者能隆内殺外，勤本畧末，德潔誠著，物皆信之，然後可以不爲而成，不言而化，恭己南面，顒然而已，所謂「神道設教而天下服」也。故曰「有孚顒若」。

《象》曰：風行地上，觀。先王以省方觀民設教。

「先王省方」，考禮樂，協時日，飭法度，以示人，爲觀之象。

初六，童觀，小人无咎，君子吝。

《象》曰：「初六童觀」，小人道也。

六二，闚觀，利女貞。

《象》曰：「闚觀女貞」，亦可醜也。

六三，觀我生，進退。

《象》曰：「觀我生，進退」，未失道也。

六四，觀國之光，利用賓于王。

《象》曰：「觀國之光」，尚賓也。

九五，觀我生，君子无咎。

《象》曰：「觀我生」，觀民也。

上九，觀其生，君子无咎。

《象》曰：「觀其生」，志未平也。

䷔ 震下離上

噬嗑：亨。利用獄。

《彖》曰：頤中有物曰噬嗑。噬嗑而亨，剛柔分，動而明，雷電合而章。柔得中而上行，雖不當位，「利用獄」也。

《象》曰：雷電，噬嗑。先王以明罰勑法。

「明罰勑法」，先王明罰，非以殘人，所以正法也。

初九，屨校滅趾，无咎。

《象》曰：「屨校滅趾」，不行也。

六二，噬膚滅鼻，无咎。

《象》曰：「噬膚滅鼻」，乘剛也。

六三，噬腊肉遇毒，小吝，无咎。

《象》曰：「遇毒」，位不當也。

噬嗑，食也，故皆以食物明之。禽獸全乾者謂之腊，噬之至難者也。乾肉者，難于噬膚，而易于乾胏者也。

九四，噬乾胏。得金矢。利艱貞吉。

《象》曰：「利艱貞吉」，未光也。

六五，噬乾肉。得黄金。貞厲，无咎。

《象》曰：「貞厲无咎」，得當也。

上九，何校滅耳，凶。

《象》曰：「何校滅耳」，聰不明也。

䷕ 離下艮上

賁：亨。小利有攸往。

《彖》曰：「賁，亨」，柔來而文剛，故亨。分剛上而文柔，故「小利有攸往」，天文也。文明以止，人文也。觀乎天文，以察時變；觀乎人文，以化成天下。

《象》曰：山下有火，賁。君子以明庶政，无敢折獄。

初九，賁其趾，舍車而徒。

《象》曰：「舍車而徒」，義弗乘也。

六二，賁其須。

《象》曰：「賁其須」，與上興也。

九三，賁如，濡如，永貞吉。

《象》曰：「永貞之吉」，終莫之陵也。

六四，賁如皤如，白馬翰如。匪寇，婚媾。

《象》曰：六四，當位疑也。「匪寇，婚媾」，終无尤也。

六五，賁于丘園，束帛戔戔，吝，終吉。

《象》曰：六五之吉，有喜也。

上九，白賁，无咎。

《象》曰：「白賁，无咎」，上得志也。案：賁卦說原本缺。

䷖ 坤下 艮上

剥：不利有攸往。

《彖》曰：剥，剥也，柔變剛也。「不利有攸往」，小人長也。順而止之，觀象也。君子尚消息盈虚，天行也。

《象》曰：山附于地，剥。上以厚下安宅。

剥「以厚下安宅」。夫基薄則牆隤，下薄則上危，故君子厚其下者，所以自安其居也。

初六，剥牀以足，蔑貞，凶。

《象》曰：「剥牀以足」，以滅下也。

六二，剥牀以辨，蔑貞，凶。

《象》曰：「剥牀以辨」，未有與也。

六三，剥之，无咎。

《象》曰：「剥之，无咎」，失上下也。

六四，剥牀以膚，凶。

《象》曰：「剥牀以膚」，切近災也。

六五，貫魚，以宫人寵，无不利。

《象》曰：「以宫人寵」，終无尤也。

上九，碩果不食，君子得輿，小人剥廬。

《象》曰：「君子得輿」，民所載也。「小人剥廬」，終不可用也。

「碩果不食」，將墜于地，而復生也。剥之爲道，舉卦皆陰，而上獨以陽乘之。猶衰世之君子，獨立不懼，以制羣陰，雖不當位，「民所載也」。或者陰來伐之，則是小人得志，君子道窮，禍亂遂成，民無所庇矣。《詩》云「人之云亡，邦國殄瘁」，此之謂也。

䷗ 震下坤上

復：亨。出入无疾，朋來无咎。反復其道，七日來復，利有攸往。

《彖》曰：「復，亨」，剛反。動而以順行，是以「出入无疾，朋來无咎」。「反復其道，七日來復」，天行也。「利有攸往」，剛長也。復，其見天地之心乎！

「七日來復」，何也？冬至卦氣起于中孚，次復，次屯，次謙，次睽，凡一卦御六日二百四十分日之二十一，五卦合三十日二百四十分日之一百五，此冬至距大寒之數也。故入冬至，凡涉七日而復之，氣應也。

《象》曰：雷在地中，復。先王以至日閉關，商旅不行，后不省方。

初九，不遠復，无祇悔，元吉。

《象》曰：「不遠之復」，以修身也。

六二，休復，吉。

《象》曰：「休復之吉」，以下仁也。

六三，頻復，厲，无咎。

《象》曰：「頻復之厲」，義无咎也。

復者，過而能復之謂也。不慎其始，頻過而復，亦已危矣。雖然，猶愈于迷而不復也，故曰「无咎」。

六四，中行獨復。

《象》曰：「中行獨復」，以從道也。

中行者，行于衆陰之中也。四行衆陰之中，獨能履正思順，下應于陽，不陷溺于羣邪，而能自復于善者也，故曰「中行獨復」。孔子曰「不曰堅乎，磨而不磷；不曰白乎，涅而不淄」，此之謂也。

六五，敦復，无悔。

《象》曰：「敦復，无悔」，中以自考也。

上六，迷復，凶，有災眚。用行師，終有大敗，以其國君凶，至于十年不克征。

《象》曰：「迷復之凶」，反君道也。

䷘ 震下乾上

无妄：元，亨，利，貞。其匪正有眚，不利有攸往。

《彖》曰：无妄，剛自外來而爲主于內，動而健，剛中而應。大亨以正，天之命也。「其匪正有眚，不利有攸往」，无妄之往，何之矣？天命不祐，行矣哉！

《象》曰：天下雷行，物與无妄。先王以茂對時育萬物。

初九，无妄，往吉。

《象》曰：「无妄之往」，得志也。

六二，不耕穫，不菑畬，則利有攸往。

《象》曰：「不耕穫」，未富也。

六三，无妄之災，或繫之牛，行人之得，邑人之災。

《象》曰：行人得牛，邑人災也。

九四，可貞，无咎。

《象》曰：「可貞，无咎」，固有之也。

九五，无妄之疾，勿藥，有喜。

《象》曰：「无妄之藥」，不可試也。

上九，无妄行，有眚，无攸利。

《象》曰：「无妄之行」，窮之災也。案：无妄卦説原本缺。

䷙ 乾下艮上

大畜：利貞。不家食吉。利涉大川。

《彖》曰：大畜，剛健篤實，輝光日新。其德剛上而尚賢，能止健，大正也。「不家食吉」，養賢也。「利涉大川」，應乎天也。

《象》曰：天在山中，大畜。君子以多識前言往行，以畜其德。

初九，有厲，利已。

《象》曰：「有厲，利已」，不犯災也。

九二，輿説輹。

《象》曰：「輿説輹」，中无尤也。

九三，良馬逐，利艱貞。日閑輿衛，利有攸往。

《象》曰：「利有攸往」，上合志也。

六四，童牛之牿，元吉。

《象》曰：「六四元吉」，有喜也。

童牛，不角之牛也。牿者貫角之木，所以止其觸也。四用柔正以畜剛健，不用威武而物自服，故曰「童牛之牿」，言雖設而無用也。

六五，豶豕之牙，吉。

《象》曰：「六五之吉」，有慶也。

上九，何天之衢，亨。

《象》曰：「何天之衢」，道大行也。

䷚ 震下艮上

頤：貞吉。觀頤，自求口實。

《彖》曰：「頤，貞吉」，養正則吉也。「觀頤」，觀其所養也。「自求口實」，觀其自養也。天地養萬物，聖人養賢以及萬民，頤之時大矣哉！

凡萬物，有者爲陽，無者爲陰；日光之所灼者爲陽，所不灼者爲陰；和氣之所煦者爲陽，所不煦者爲陰。聖人之于仁義猶是也。愛養萬物謂之仁，其所不愛、不養謂之義。義者，裁仁以就宜者也。或曰：聖人之仁，無不及也，而有不愛、不養乎？曰：暴亂而爲物害者，聖人所不得而愛養也。聖人豈樂殺哉！何謂「觀其所養」？其人賢，則其所養必賢也；其人不肖，則所養必不肖也。何謂「觀其自養」？：取于人以義，自奉養以禮，斯賢也；取于人無度，自奉養無節，斯不肖也。故富視其所與，貧視其所取，窮視其所主，達視其所舉，足以知其爲人矣。

初九，舍爾靈龜，觀我朵頤，凶。

《象》曰：「觀我朵頤」，亦不足貴也。

六二，顛頤，拂經于丘頤，征凶。

《象》曰：「六二征凶」，行失類也。

六三，拂頤，貞凶，十年勿用，无攸利。

《象》曰：「十年勿用」，道大悖也。

六四，顛頤，吉。虎視眈眈，其欲逐逐，无咎。

《象》曰：「顛頤之吉」，上施光也。

六五，拂經，居貞吉，不可涉大川。

《象》曰：「居貞之吉」，順以從上也。

上九，由頤，厲，吉。利涉大川。

《象》曰：「由頤，厲，吉」，大有慶也。

䷛ 巽下兌上

大過：棟橈，利有攸往，亨。

《彖》曰：大過，大者過也。「棟橈」，本末弱也。剛過而中，巽而説，行。「利有攸往」，乃亨。大過之時大矣哉！

「大過」者何？大者陽也，陽之過差者也。陽之所以過差者奈何？陽當居外以衛陰，陰當居內以佐陽，今大過多陽而居內，小過多陰而居外，此其所以爲過也。然則《彖》曰「剛過而中，巽而説，行。利有攸往，乃亨」，何也？「大過」者，剛之過也。「有攸往」者，猶云有爲而然者也。夫剛過而不得其中，又不以巽説行之，其志非以有爲也，苟求過人而已矣。如是則何以得亨乎？故大過之所以得亨者，此數德故也。君子或爲過人之行者，將以有爲也，非道之常也，故曰「利有攸往，乃亨」。

《象》曰：澤滅木，大過。君子以獨立不懼，遯世无悶。

初六，藉用白茅，无咎。

《象》曰：「藉用白茅」，柔在下也。

九二，枯楊生稊，老夫得其女妻，无不利。

《象》曰：「老夫女妻」，過以相與也。

九三，棟橈，凶。

《象》曰：「棟橈之凶」，不可有輔也。

九四，棟隆，吉。有它吝。

大過九三「棟橈，凶」，九四「棟隆，吉。有它吝」，何也？夫大過，剛已過矣，正可濟之以柔，而不可濟之以剛也。故大過之陽，皆以居陰爲吉，而不以得位爲義也。九三居陽履剛，而在一體之上，剛很强愎，不可輔弼者也，故曰「棟橈，凶」。九四以陽居陰，而在一體之下，剛不違謙，能隆其棟者也，然過而失中，故曰「有它吝」。

《象》曰：「棟隆之吉」，不橈乎下也。

九五，枯楊生華，老婦得其士夫，无咎无譽。

《象》曰：「枯楊生華」，何可久也。「老婦士夫」，亦可醜也。

大過九二「无不利」，九五「无咎无譽」，何也？夫大過，本末弱也，初已弱矣，進入于二，而遇陽，故曰「枯楊生稊」。稊者，始生而向茂者也。五，陽之盛也，盛極將落，故曰「枯楊生華」。華者，已榮而將落者也。初過于弱，二過于强，强弱相濟，厥功已成。其于國也，如剛毅之君，以寬柔之臣輔之，故「无不利」也。上以衰陰符于盛陽，其于國也，如驕盈之君，以愚庸之臣輔之，雖幸而无咎，不足以有譽也。五居中履正，故「无咎」；輔弼非人，故「无譽」也。

上六，過涉滅頂，凶。无咎。

《象》曰：「過涉之凶」，不可咎也。

䷜ 坎下坎上

習坎：有孚，維心亨。行有尚。

《彖》曰：習坎，重險也。水流而不盈。行險而不失其信，「維心亨」，乃以剛中也。「行有尚」，往有功也。天險，不可升也。地險，山川丘陵也。王公設險以守其國。險之時用大矣哉！

《象》曰：水洊至，習坎。君子以常德行，習教事。

坎「以常德行，習教事」，何也？水之爲德，無有方圓、曲直、高下、夷險，而不失其平者也。故君子「以常德行」。水之流也，習而不止，以成大川；人之學也，習而不止，以成大賢。故君子以「習教事」。

初六，習坎，入于坎窞，凶。

《象》曰：「習坎入坎」，失道凶也。

初者，事之始也。聖人之教人也，禁其始，不禁其終，防其微，不防其章。故坤之初六曰「履霜，堅冰至」，震之初九曰「震來虩虩，後笑言啞啞，吉」，皆原其始而要終也。夫人之于險也，始皆有恐懼之心焉，及幸而濟也，則狃以爲常，至于失身而不自知也。是以聖人于險之初，而戒其將來之禍，曰「習坎，入于坎窞，凶」。窞者，坎中之坎也。

九二，坎有險，求小得。

《象》曰：「求小得」，未出中也。

六三，來之坎坎，險且枕，入于坎窞，勿用。

《象》曰：「來之坎坎」，終无功也。

六四，樽酒簋貳用缶，納約自牖，終无咎。

《象》曰：「樽酒簋貳」，剛柔際也。

九五，坎不盈，祇既平，无咎。

《象》曰：「坎不盈」，中未大也。

上六，係用徽纆，寘于叢棘，三歲不得，凶。

《象》曰：上六失道，凶三歲也。

䷝ 離下離上

離：利貞，亨。畜牝牛吉。

《彖》曰：離，麗也。日月麗乎天，百穀草木麗乎土。重明以麗乎正，乃化成天下。柔麗乎中正，故亨，是以「畜牝牛吉」也。

「離，利貞，亨」，離，麗也。麗者，不可以不正也。夫明者常失于察，察之甚者或入于邪，是以聖人「重明以麗乎正」，乃能「化成天下」。柔者失于弱而不立，故「柔麗乎中正」，然後乃「亨」。夫太明則察，太昧則蔽，二以明德，而用中正，是以獲「元吉」也。

《象》曰：明兩作，離。大人以繼明照于四方。

初九，履錯然，敬之无咎。

《象》曰：「履錯之敬」，以辟咎也。

初九「敬之无咎」，何也？夫火者始于燄，燄而至于不可撲滅者也。是以明者慮于未兆，見于未萌，方事之初，而錯然矜慎，以避其咎也。

六二，黃離，元吉。

《象》曰：「黃離，元吉」，得中道也。

九三，日昃之離。不鼓缶而歌，則大耋之嗟，凶。

《象》曰：「日昃之離」，何可久也？

九四，突如，其來如，焚如，死如，棄如。

《象》曰：「突如其來如」，无所容也。

突者，子之不順者也。火性炎上，而九四以剛乘剛，用其不正以陵于上，若火之方熾，其來甚盛。極盛必衰，故「死如，棄如」也。死者，禍之極也；棄者，衆所不與也。

六五，出涕沱若，戚嗟若，吉。

《象》曰：六五之吉，離王公也。

上九，王用出征，有嘉折首，獲匪其醜，无咎。

《象》曰：「王用出征」，以正邦也。

易說卷三

下經

咸　恒　遯　大壯　晉　明夷　家人
睽　蹇　解　損　益　夬　姤

䷞ 艮下兌上

咸：亨，利貞。取女吉。

《彖》曰：咸，感也。柔上而剛下，二氣感應以相與。止而說，男下女，是以「亨，利貞，取女吉」也。天地感而萬物化生，聖人感人心而天下和平。觀其所感，而天地萬物之情可見矣。

《象》曰：山上有澤，咸。君子以虛受人。

初六，咸其拇。

《象》曰：「咸其拇」，志在外也。

六二，咸其腓，凶。居吉。

《象》曰：雖凶居吉，順不害也。

九三，咸其股，執其隨，往吝。

《象》曰：「咸其股」，亦不處也。志在隨人，所執下也。

九四，貞吉，悔亡。憧憧往來，朋從爾思。

《象》曰：「貞吉，悔亡」，未感害也。「憧憧往來」，未光大也。

四在腑下，感其心者也。心感于物，爲善，爲惡，爲吉，爲凶，無不至焉。必也執一以應萬，守約以御衆，其惟正乎！夫正而遇禍猶爲福也，求仁得仁，又何悔？故心正則事無不吉，而「悔亡」也。憧憧，心動貌；朋，類也。心苟正矣，則往也，來也，屈也，伸也，而心不爲之動焉。動于往來則心傾矣，心苟傾焉，則物以其類應之。是故喜則不見其所可怒，怒則不見其所可喜，愛則不見其所可惡，惡則不見其所可愛，顧右則失左，瞻前則忘後，視必有所蔽，聽必有所偏，故曰「未光大也」。孔子曰：「天下何思何慮！天下同歸而殊塗，一致而百慮。天下何思何慮！」「歸」與「致」者，豈非正歟！故于文，一止爲正，正者，止于一而無不周也，夫又「何思而何慮」焉。譬諸止水，寂然不動，物有萬變，而所以應之者一也。日月者，天地之精也；寒暑者，天地之氣也。天地猶以屈伸相感，而况于人乎！故大人之道，正其心而已矣。治之養之，以至于「精義入神」，則用無違矣。用之于身，則身安而德崇矣。過此以往，不足思也。久而不息，則可以窮神而知化，大人之德，莫盛于斯矣。

九五，咸其脢，无悔。

《象》曰：「咸其脢」，志末也。

上六，咸其輔頰舌。

《象》曰：「咸其輔頰舌」，滕口說也。

䷟ 巽下震上

恒：亨，无咎，利貞。利有攸往。

《彖》曰：恒，久也。剛上而柔下，雷風相與，巽而動，剛柔皆應，恒。「恒，亨，無咎，利貞」，久于其道也。天地之道，恒久而不已也。「利有攸往」，終則有始也。日月得天而能久照，四時變化而能久成，聖人久于其道而天下化成。觀其所恒，而天地萬物之情可見矣。

「恒，亨，无咎，利貞。」久于其道，無不通也。行而可久，必無咎也。常久之利，利居貞也。

《象》曰：雷風，恒。君子以立不易方。

初六，浚恒，貞凶，无攸利。

《象》曰：「浚恒之凶」，始求深也。

九二，悔亡。

《象》曰：「九二悔亡」，能久中也。

九三，不恒其德，或承之羞，貞吝。

《象》曰：「不恒其德」，无所容也。

九四，田无禽。

《象》曰：久非其位，安得禽也。

六五，恒其德，貞，婦人吉，夫子凶。

《象》曰：婦人貞吉，從一而終也。夫子制義，從婦凶也。

上六，振恒，凶。

《象》曰：「振恒」在上，大无功也。

振者，木之摇落也。上以柔弱之質，當恒久之終，體動而應，風摇落之象也。常久之道，由兹而墜，故曰「大无功也」。

䷠ 艮下乾上

遯：亨，小利貞。

《彖》曰：「遯，亨」，遯而亨也。剛當位而應，與時行也。「小利貞」，浸而長也。遯之時義大矣哉！

《象》曰：天下有山，遯。君子以遠小人，不惡而嚴。

初六，遯尾，厲，勿用有攸往。

《象》曰：「遯尾之厲」，不往何災也？

六二，執之用黄牛之革，莫之勝説。

《象》曰：「執用黄牛」，固志也。

遯之爲道，避内而趨外者也。二以柔居内，未得自去者也。然履中守正，和而不流，執志之堅，人不能奪，故曰「執之用黄牛之革，莫之勝説」。黄者，中也；牛革，取其柔而堅韌也。

九三，係遯，有疾厲，畜臣妾吉。

《象》曰：「係遯之厲」，有疾憊也。「畜臣妾吉」，不可大事也。

三以剛德居位，而宴安于内，係于榮利，不能自退，故曰「有疾」。小人道長，貪位不退，危之道也，故曰「厲」。臣妾者，係于人而不能自去者也，故「畜臣妾吉」。

九四，好遯，君子吉，小人否。

《象》曰：君子好遯，小人否也。

四以剛德而處非其位，君子難進而易退，小人反是者也，故曰「好遯，君子吉，小人否」也。

九五，嘉遯，貞吉。

《象》曰：「嘉遯，貞吉」，以正志也。

中正，德之嘉也。君子邦有道則見，邦無道則隱，可以進而進，可以退而退，不失其時，以中正爲心者也，故曰「嘉遯，貞吉」。

上九，肥遯，无不利。

《象》曰：「肥遯，无不利」，无所疑也。

䷡ 乾下震上

大壯：利貞。

《彖》曰：大壯，大者壯也。剛以動，故壯。「大壯，利貞」，大者正也。正大，而天地之情可見矣。

《象》曰：雷在天上，大壯。君子以非禮弗履。
初九，壯于趾，征凶，有孚。
《象》曰：「壯于趾」，其孚窮也。
九二，貞吉。
《象》曰：「九二貞吉」，以中也。
九三，小人用壯，君子用罔，貞厲。羝羊觸藩，羸其角。
《象》曰：「小人用壯」，君子罔也。
九四，貞吉，悔亡。藩決不羸，壯于大輿之輹。
《象》曰：「藩決不羸」，尚往也。
六五，喪羊于易，无悔。
《象》曰：「喪羊于易」，位不當也。
上六，羝羊觸藩，不能退，不能遂，无攸利，艱則吉。
《象》曰：「不能退，不能遂」，不詳也。「艱則吉」，咎不長也。案：大壯卦說原本缺。

䷢ 坤下離上

晉：康侯用錫馬蕃庶，晝日三接。

《彖》曰：晉，進也。明出地上，順而麗乎大明，柔進而上行，是以「康侯用錫馬蕃庶，晝日三接」也。

《象》曰：明出地上，晉。君子以自昭明德。

君子進其明德，如日之升也。

初六，晉如，摧如，貞吉。罔孚，裕无咎。

《象》曰：「晉如摧如」，獨行正也。「裕无咎」，未受命也。

初進者德業未著，人莫之信，躁以求之則凶，寬以待之无咎。「未受命」者，受上命然後可進，无命而進，凶道也。

六二，晉如，愁如，貞吉。受茲介福，于其王母。

《象》曰：「受茲介福」，以中正也。

六三，衆允，悔亡。

《象》曰：「衆允」之志，上行也。

九四，晉如鼫鼠，貞厲。

《象》曰：「鼫鼠貞厲」，位不當也。

六五，悔亡，失得勿恤。往吉，无不利。

《象》曰：「失得勿恤」，往有慶也。

上九，晉其角，維用伐邑，厲吉，无咎，貞吝。

《象》曰：「維用伐邑」，道未光也。

䷣ 離下坤上

明夷：利艱貞。

《彖》曰：明入地中，明夷。內文明而外柔順，以蒙大難，文王以之。「利艱貞」，晦其明也。內難而能正其志，箕子以之。

《象》曰：明入地中，明夷。君子以莅衆，用晦而明。

初九，明夷于飛，垂其翼。君子于行，三日不食。有攸往，主人有言。

《象》曰：「君子于行」〔一〕，義不食也。

六二，明夷，夷于左股，用拯馬壯，吉。

《象》曰：六二之吉，順以則也。

九三，明夷于南狩，得其大首，不可疾貞。

《象》曰：「南狩」之志，乃大得也。

六四，入于左腹，獲明夷之心，于出門庭。

《象》曰：「入于左腹」，獲心意也。

六五，箕子之明夷，利貞。

《象》曰：「箕子之貞」，明不可息也。

君子之晦，以避難也。内修明德，不可息也。爲人臣者，有箕子之正則可也，無箕子之正，苟生以忘其君者，罪莫大焉，故曰「利貞」。

上六，不明晦，初登于天，後入于地。

《象》曰：「初登于天」，照四國也。「後入于地」，失則也。

〔一〕「行」，原缺，今據聚珍本、經苑本補。

上六之象，其言「失則」何？國家之所以立者，法也。故爲工者，規矩繩墨不可去也；爲國者，禮樂法度不可失也。度差而機失，綱絶而網紊，紀散而絲亂，法壞則國家從之。嗚呼，爲人君者，可不慎哉！魯有慶父之難，齊桓公使仲孫湫視之，曰：「魯可取乎？」對曰：「不可，猶秉周禮。」周禮所以本也，然則法之于國，豈不重哉！

䷤ 離下巽上

家人：利女貞。

《彖》曰：家人，女正位乎内，男正位乎外，男女正，天地之大義也。家人有嚴君焉，父母之謂也。父父，子子，兄兄，弟弟，夫夫，婦婦，而家道正。正家而天下定矣。

家者治之至小者也，然有嚴君之道焉。嚴，恭也。知事親，則知事君矣。

《象》曰：風自火出，家人。君子以言有物而行有恒。

初九，閑有家，悔亡。

《象》曰：「閑有家」，志未變也。

六二，无攸遂，在中饋，貞吉。

《象》曰：六二之吉，順以巽也。

九三，家人嗃嗃，悔厲吉；婦子嘻嘻，終吝。

《象》曰：「家人嗃嗃」，未失也。「婦子嘻嘻」，失家節也。

六四，富家，大吉。

《象》曰：「富家，大吉」，順在位也。

九五，王假有家，勿恤，吉。

《象》曰：「王假有家」，交相愛也。

假，大也。文王「刑于寡妻，至于兄弟，以御于家邦」，大其家以至于有天下，親其親以及人之親，長其長以及人之長，上下交相愛而天下和矣。故曰「交相愛也」。

上九，有孚威如，終吉。

《象》曰：「威如之吉」，反身之謂也。

上九以陽居上，家之至尊者也。家人望之以爲表式，苟其身不正，則雖令不從。是以内盡至誠，爲人所信，然後有威可畏，而獲終吉也。《大學》曰：「欲齊其家者，先修其身；欲修其身者，先正其心；欲正其心者，先誠其意。」此之謂也。

䷥ 兑下離上

睽，小事吉。

《彖》曰：睽，火動而上，澤動而下，二女同居，其志不同行。説而麗乎明，柔進而上行，得中而應乎剛，是以「小事吉」。天地睽而其事同也，男女睽而其志通也，萬物睽而其事類也。睽之時用大矣哉！

《象》曰：上火下澤，睽。君子以同而異。

初九，悔亡。喪馬勿逐，自復。見惡人，无咎。

《象》曰：「見惡人」，以辟咎也。

九二，遇主于巷，无咎。

《象》曰：「遇主于巷」，未失道也。

六三，見輿曳，其牛掣，其人天且劓，无初有終。

《象》曰：「見輿曳」，位不當也。「无初有終」，遇剛也。

九四，睽孤，遇元夫，交孚，厲无咎。

《象》曰：「交孚无咎」，志行也。

六五，悔亡。厥宗噬膚，往何咎？

《象》曰：「厥宗噬膚」，往有慶也。

上九，睽孤，見豕負塗，載鬼一車。先張之弧，後説之弧，匪寇婚媾。往遇雨則吉。

《象》曰：「遇雨之吉」，羣疑亡也。

䷦ 艮下坎上

蹇：利西、南，不利東、北。利見大人，貞吉。

《彖》曰：蹇，難也，險在前也。見險而能止，知矣哉！「蹇利西、南」，往得中也。「不利東、北」，其道窮也。「利見大人」，往有功也。當位「貞吉」，以正邦也。蹇之時用大矣哉！

《象》曰：山上有水，蹇。君子以反身修德。

初六，往蹇，來譽。

《象》曰：「往蹇，來譽」，宜待也。

六二，王臣蹇蹇，匪躬之故。

《象》曰：「王臣蹇蹇」，終无尤也。

九三，往蹇，來反。

《象》曰：「往蹇，來反」，内喜之也。

六四，往蹇，來連。

《象》曰：「往蹇，來連」，當位實也。

九五，大蹇，朋來。

《象》曰：「大蹇，朋來」，以中節也。

上六，往蹇，來碩，吉，利見大人。

《象》曰：「往蹇，來碩」，志在内也。「利見大人」，以從貴也。案：睽、蹇二卦説並原本缺。

䷧ 坎下震上

解：利西、南。无所往〔一〕，其來復吉。有攸往，夙吉。

《象》曰：解，險以動，動而免乎險，解。「解，利西、南」，往得衆也。「其來復吉」，乃得中也。

〔一〕「无」，原作「無」，今據聚珍本、經苑本改。

「有攸往夙吉」，往有功也。天地解而雷雨作，雷雨作而百果草木皆甲坼。解之時大矣哉！

解「无所往，其來復吉。有攸往，夙吉」，何也？夫能濟難者存乎中，能有功者存乎時。時未可往，而用之太速，則不達；時可以往，而應之太緩，則無功。故上六藏器于身，待時而動，君子韙之。

《象》曰：雷雨作，解。君子以赦過宥罪。

初六，无咎。

《象》曰：剛柔之際，義无咎也。

九二，田獲三狐，得黄矢，貞吉。

《象》曰：「九二貞吉」，得中道也。

六三，負且乘，致寇至，貞吝。

《象》曰：「負且乘」，亦可醜也。自我致戎，又誰咎也？

九四，解而拇，朋至斯孚。

《象》曰：「解而拇」，未當位也。

六五，君子維有解，吉，有孚于小人。

《象》曰：君子有解，小人退也。

上六，公用射隼于高墉之上，獲之，无不利。

《象》曰：「公用射隼」，以解悖也。

䷨ 兑下艮上

損：有孚，元吉，无咎。可貞，利有攸往。曷之用？二簋可用享。

　損益之名，以内爲主者也。内爲己，外爲彼。

《彖》曰：損，損下益上，其道上行。損而「有孚，元吉，无咎。可貞，利有攸往。曷之用？二簋可用享」。二簋應有時，損剛益柔有時，損益盈虛，與時偕行。

《象》曰：山下有澤，損。君子以懲忿窒欲。

初九，已事遄往，无咎。酌損之。

《象》曰：「已事遄往」，尚合志也。

九二，利貞。征凶，弗損，益之。

《象》曰：「九二利貞」，中以爲志也。

六三，三人行則損一人，一人行則得其友。

《象》曰：「一人行」，「三」則疑也。

六四，損其疾，使遄有喜，无咎。

《象》曰：「損其疾」，亦可喜也。

六五，或益之十朋之龜，弗克違，元吉。

《象》曰：「六五元吉」，自上祐也。

上九，弗損，益之，无咎，貞吉，利有攸往，得臣无家。

《象》曰：「弗損，益之」，大得志也。

䷩ 震下巽上

益：利有攸往。利涉大川。

《彖》曰：益，損上益下，民説无疆。自上下下，其道大光。「利有攸往」，中正有慶。「利涉大川」，木道乃行。益動而巽，日進无疆。天施地生，其益无方。凡益之道，與時偕行。

《象》曰：風雷，益。君子以見善則遷，有過則改。

初九，利用爲大作，元吉，无咎。

《象》曰：「元吉，无咎」，下不厚事也。

六二，或益之十朋之龜，弗克違。永貞吉。王用享于帝，吉。

《象》曰：「或益之」，自外來也。

六三，益之用凶事，无咎。有孚中行，告公用圭。

《象》曰：「益用凶事」，固有之也〔一〕。

六四，中行，告公從，利用爲依遷國。

《象》曰：「告公從」，以益志也。

九五，有孚惠心，勿問元吉。有孚惠我德。

《象》曰：「有孚惠心」，勿問之矣。「惠我德」，大得志也。

「惠心」者何？惠之所施，孚于心然後善也。夫人墜于絶壑而遺之珠玉，寢疾垂死而饋之酒肉，其物非不美也，而人不以德者，何也？非其心之所欲也。

上九，莫益之，或擊之，立心勿恒，凶。

《象》曰：「莫益之」，偏辭也。「或擊之」，自外來也。

〔一〕「固」，原作「故」，今據聚珍本、經苑本改。

上九「立心勿恒，凶」，何也？戒人勿以求益爲常心也。「莫益之」，《象》曰「偏辭」者，何也？知益于己，而不知怨于人之謂也。

䷪ 乾下兑上

夬：揚于王庭，孚號有厲，告自邑，不利即戎，利有攸往。

《彖》曰：夬，决也，剛决柔也。健而説，决而和。「揚于王庭」，柔乘五剛也。「孚號有厲」，其危乃光也。「告自邑，不利即戎」，所尚乃窮也。「利有攸往」，剛長乃終也。

《象》曰：澤上于天，夬。君子以施禄及下，居德則忌。

初九，壯于前趾，往不勝，爲咎。

《象》曰：不勝而往，咎也。

九二，惕號，莫夜有戎，勿恤。

《象》曰：「有戎勿恤」，得中道也。

九三，壯于頄，有凶。君子夬夬，獨行遇雨，若濡有愠，无咎。

《象》曰：「君子夬夬」，終无咎也。

「壯于頄」，壯形于面也。三爲健極，故曰「壯于頄」也。物惡太健，故「有凶」。然君子居之，體剛履正，決決無疑，信志獨行，而不易于世，故雖怨怒，不足爲咎也。雨濡者，怨謗之象也。

九四，臀无膚，其行次且。牽羊悔亡，聞言不信。

《象》曰：「其行次且」，位不當也。「聞言不信」，聰不明也。

九四任其剛決，以據健之上，故居與行皆不安也。羊，狠物也，「牽羊」者，制其狠心也。制其狠心，則「悔亡」矣。不正而決，故「聞言不信」也。

九五，莧陸夬夬，中行无咎。

《象》曰：「中行无咎」，中未光也。

上六，无號，終有凶。

《象》曰：「无號之凶」，終不可長也。

䷫ 巽下乾上

姤：女壯，勿用取女。

《彖》曰：姤，遇也，柔遇剛也。「勿用取女」，不可與長也。天地相遇，品物咸章也。剛遇中正，天下大行也。姤之時義大矣哉！

剛，陽德也，君子所尚也。然剛而不中則亢，剛而不正則戾，亢則人疾之，戾則人違之，故「剛遇中正」，然後可以大行于天下也。「姤之時義大矣哉」，姤，消卦也，孔子何大焉？夫世之治亂、人之窮通、事之成敗，不可以力致也，不可以數求也，遇與不遇而已矣。舜遇堯，而五典克從，百揆時敘；禹、稷、契、皋陶遇舜，而六府三事允治，地平天成；伊尹遇湯，而格于皇天；師尚父遇文、武，而天下大定。不然泯泯于衆人之中，後世誰克知之！以是觀之，

姤之爲義豈不大哉！

《象》曰：天下有風，姤。后以施命誥四方。

初六，繫于金柅，貞吉。有攸往，見凶。羸豕孚蹢躅。

《象》曰：「繫于金柅」，柔道牽也。

九二，包有魚，无咎，不利賓。

《象》曰：「包有魚」，義不及賓也。

九三，臀无膚，其行次且，厲，无大咎。

《象》曰：「其行次且」，行未牽也。

九四，包无魚，起凶。

《象》曰：「无魚之凶」，遠民也。

姤九四「包无魚，起凶」。魯昭公將去季氏，宋樂祁譏之曰：「政在季氏三世矣，魯君喪政四公矣，無民而能逞其志者未之有也〔二〕。國君以是鎮撫其民，魯君失民矣，靖以待命猶可，動必憂。」已而昭公伐季氏，果不勝而出死于外。

九五，以杞包瓜，含章，有隕自天。

《象》曰：「九五含章」，中正也。「有隕自天」，志不舍命也。

以杞，材之美者也。包瓜，不食之物也。九五剛遇中正，有美材矣，遇小人道長之時，無應于内，不食者也。蘭生深林，不以無人而不芳，故有美而含之，以俟命也。抑材之不良，德之不臧，身之憂也。材既良矣，德既臧矣，雖不遇其時，以至于隕越而不振，天實爲之，謂之何哉？故修己以俟命者，君子之志也。

上九，姤其角，吝，无咎。

《象》曰：「姤其角」，上窮吝也。

「姤其角」者，行無所之之謂也。

〔二〕「有」，經苑本同，聚珍本作「可」。

易説卷四

下經

䷬ 坤下兑上

萃：亨，王假有廟。利見大人，亨，利貞。用大牲吉，利有攸往。

《彖》曰：萃，聚也。順以説，剛中而應，故聚也。「王假有廟」，致孝亨也。「利見大人，亨」，聚以正也。「用大牲吉，利有攸往」，順天命也。觀其所聚，而天地萬物之情可見矣。

物「順以説」，萃之象也。上剛中而下應之，亦聚之象也。大人者，以正聚物者也，聚得大人然後通也。

《象》曰：澤上于地，萃。君子以除戎器，戒不虞。

初六，有孚不終，乃亂乃萃，若號，一握爲笑，勿恤，往无咎。

《象》曰：「乃亂乃萃」，其志亂也。

六二，引吉，无咎，孚乃利用禴。

《象》曰：「引吉，无咎」，中未變也。

六三，萃如嗟如，无攸利，往无咎，小吝。

《象》曰：「往无咎」，上巽也。

九四，大吉，无咎。

《象》曰：「大吉，无咎」，位不當也。

九五，萃有位，无咎。匪孚，元永貞，悔亡。

《象》曰：「萃有位」，志未光也。

以剛中之德，僅能保位无咎，而德信不洽于民，未足光也。故必以「元永貞」之道聚民，然後「悔亡」也。

上六，齎咨涕洟，无咎。

《象》曰：「齎咨涕洟」，未安上也。

䷭ 巽下坤上

升：元亨。用見大人，勿恤。南征吉。

《彖》曰：柔以時升，巽而順，剛中而應，是以大亨。「用見大人，勿恤」，有慶也。「南征吉」，志行也。

《象》曰：地中生木，升。君子以順德，積小以高大。

初六，允升，大吉。

《象》曰：「允升，大吉」，上合志也。

九二，孚乃利用禴，无咎。

《象》曰：「九二之孚」，有喜也。

九三，升虛邑。

《象》曰：「升虛邑」，无所疑也。

六四，王用亨于岐山，吉，无咎。

《象》曰：「王用亨于岐山」，順事也。

太王避狄，順也。肇基王迹，升也。

六五，貞吉，升階。

《象》曰：「貞吉，升階」，大得志也。

上六，冥升，利于不息之貞。

《象》曰：「冥升」在上，消不富也。

䷮ 坎下兌上

困：亨，貞，大人吉。无咎，有言不信。

《彖》曰：困，剛揜也。險以説，困而不失其所亨，其唯君子乎。「貞，大人吉」，以剛中也。「有言不信」，尚口乃窮也。

《象》曰：澤无水，困。君子以致命遂志。

初六，臀困于株木，入于幽谷，三歲不覿。

《象》曰：「入于幽谷」，幽不明也。

谷者，險而窮下之象也。

九二，困于酒食。朱紱方來，利用亨祀，征凶。无咎。

《象》曰：「困于酒食」，中有慶也。

六三，困于石，據于蒺藜，入于其宫，不見其妻，凶。

《象》曰：「據于蒺藜」，乘剛也。「入于其宫，不見其妻」，不祥也。

九四，來徐徐，困于金車，吝，有終。

《象》曰：「來徐徐」，志在下也。雖不當位，有與也。

九五，劓刖，困于赤紱，乃徐有説，利用祭祀。

《象》曰：「劓刖」，志未得也。「乃徐有説」，以中直也。「利用祭祀」，受福也。

上六，困于葛藟，于臲卼，曰動悔有悔，征吉。

《象》曰：「困于葛藟」，未當也。「動悔有悔」，吉行也。

䷯ 巽下坎上

井：改邑不改井，无喪无得。往來井井。汔至，亦未繘井，羸其瓶，凶。

《象》曰：巽乎水而上水，井。井養而不窮也。「改邑不改井」，乃以剛中也。「汔至，亦未繘井」，未有功也。「羸其瓶」，是以凶也。

《象》曰：木上有水，井。君子以勞民勸相。

初六，井泥不食，舊井无禽。

《象》曰：「井泥不食」，下也。「舊井无禽」，時舍也。

九二，井谷射鮒，甕敝漏。

《象》曰：「井谷射鮒」，无與也。

谷，窮也，窮于井中，所守隘也。射鮒于井，所獲微也。甕者，所以汲也，甕敝而漏，水不可得也。九二處下而在內，又不當位，上无其應，應斯象也。

九三，井渫不食，爲我心惻。可用汲，王明並受其福。

《象》曰：「井渫不食」，行惻也。求「王明」，受福也。

六四，井甃，无咎。

《象》曰：「井甃，无咎」，修井也。

九五，井洌，寒泉食。

《象》曰：「寒泉之食」，中正也。

「井洌，寒泉食」，居位用事，而澤及于民之謂也。

上六，井收勿幕，有孚元吉。

《象》曰：「元吉」在上，大成也。

䷰ 離下兌上

革：已日乃孚。元，亨，利，貞，悔亡。

《彖》曰：革，水火相息，二女同居，其志不相得曰革。「已日乃孚」，革而信之。文明以説，大亨以正。革而當，其悔乃亡。天地革而四時成，湯武革命，順乎天而應乎人。革之時大矣哉！

革之爲道不可易也，故「元亨利貞」而後「悔亡」也。初則民心未孚，故「鞏用黄牛」，不可變也。二則得時之中，故「已日革之，行有嘉也」。

《象》曰：澤中有火，革。君子以治歷明時。

初九，鞏用黄牛之革。

《象》曰：「鞏用黄牛」，不可以有爲也。

六二，已日乃革之，征吉，无咎。

《象》曰：「已日革之」，行有嘉也。

九三，征凶。貞厲。革言三就，有孚。

《象》曰：「革言三就」，又何之矣。

九四，悔亡。有孚改命，吉。

《象》曰：「改命之吉」，信志也。

九五，大人虎變，未占有孚。

《象》曰：「大人虎變」，其文炳也。

上六，君子豹變，小人革面，征凶，居貞吉。

《象》曰：「君子豹變」，其文蔚也。「小人革面」，順以從君也。

䷱ 巽下離上

鼎：元吉，亨。

《象》曰：「鼎，象也。以木巽火，亨飪也。聖人亨以享上帝，而大亨以養聖賢。巽而耳目聰明，柔進而上行，得中而應乎剛〔二〕，是以元亨。

〔二〕「行得」，原作「得行」，今據聚珍本、經苑本改。

《象》曰：木上有火，鼎。君子以正位凝命。

初六，鼎顛趾，利出否。得妾以其子，无咎。

《象》曰：「鼎顛趾」，未悖也。「利出否」，以從貴也。

九二，鼎有實，我仇有疾，不我能即，吉。

《象》曰：「鼎有實」，慎所之也。「我仇有疾」，終无尤也。

九三，鼎耳革，其行塞，雉膏不食，方雨，虧悔，終吉。

《象》曰：「鼎耳革」，失其義也。

九四，鼎折足，覆公餗，其形渥，凶。

《象》曰：「覆公餗」，信如何也。

六五，鼎黄耳金鉉，利貞。

《象》曰：「鼎黄耳」，中以爲實也。

上九，鼎玉鉉，大吉，无不利。

《象》曰：「玉鉉」在上，剛柔節也。

六五「鼎黄耳金鉉，利貞」、上九「鼎玉鉉，大吉，無不利」。黄者，中也。耳者，所以聽也。君子虚其耳以聽于下，非則不受也。金者，剛而忍者也；玉者，堅而温者也。五，陰也，故尚乎剛；上，陽也，故尚乎温。夫柔不失剛，剛不失温，然後能舉其大器者也。

䷲ 震下震上

震：亨。震來虩虩，笑言啞啞，震驚百里，不喪匕鬯。

《彖》曰：震，亨。「震來虩虩」，恐致福也。「笑言啞啞」，後有則也。「震驚百里」，驚遠而懼邇也。出可以守宗廟社稷，以爲祭主也。

「震驚百里，不喪匕鬯。」夫主大器者，不可以無威也。無威則民不服，民不服則所守喪矣，故曰「震驚百里，不喪匕鬯」。

《象》曰：洊雷，震。君子以恐懼修省。

初九，震來虩虩，後笑言啞啞，吉。

《象》曰：「震來虩虩」，恐致福也。「笑言啞啞」，後有則也。

六二，震來厲，億喪貝，躋于九陵，勿逐，七日得。

《象》曰：「震來厲」，乘剛也。

六三，震蘇蘇，震行无眚。

《象》曰：「震蘇蘇」，位不當也。

九四，震遂泥。

《象》曰：「震遂泥」，未光也。

泥者，以陽居陰，喪其威也。

六五，震往來，厲，億无喪有事。

《象》曰：「震往來，厲」，危行也。其事在中，大无喪也。

上六，震索索，視矍矍，征凶。震不于其躬，于其鄰，无咎。婚媾有言。

《象》曰：「震索索」，中未得也。雖凶无咎，畏鄰戒也。

「震不于其躬，于其鄰」者，禍在彼而思在此也。楚人滅江，秦穆公爲之降服、出次、不舉，過數。曰：「吾自懼也。」君子曰：「《詩》云：『惟彼二國，其政不獲。惟此四國，爰究爰度。』其秦穆公之謂矣。」

䷳ 艮下艮上

艮其背，不獲其身，行其庭，不見其人，无咎。

《彖》曰：艮，止也。時止則止，時行則行，動靜不失其時，其道光明。艮其止，止其所也。上下敵應，不相與也。是以「不獲其身，行其庭，不見其人，无咎」也。

《象》曰：兼山，艮。君子以思不出其位。

初六，艮其趾，无咎。利永貞。

《象》曰：「艮其趾」，未失正也。

其位則下也，其事則初也，止而不行，何咎之有？抑君子于其所止，不可不謹擇也。止于「永貞」，利莫大焉。

六二，艮其腓，不拯其隨，其心不快。

《象》曰：「不拯其隨」，未退聽也。

九三，艮其限，列其夤，厲，熏心。

《象》曰：「艮其限」，危熏心也。

六四，艮其身，无咎。

《象》曰：「艮其身」，止諸躬也。

六五，艮其輔，言有序，悔亡。

《象》曰：「艮其輔」，以中正也。

凡剛柔當位，正之象也。孔子贊乾之九二「龍德而正中」，艮之六五曰「以中正」，何也？曰：艮六五，文之誤也。當云「以正中」也。正中者，正得其中，非既正又中也。然則二爻其爲不正乎？曰：非謂其然也。中正者，道之貫也，相須而成，相輔而行者也。

上九，敦艮，吉。

《象》曰：「敦艮之吉」，以厚終也。

䷴ 艮下巽上

漸：女歸吉，利貞。

《彖》曰：漸之進也，「女歸吉」也。進得位，往有功也。進以正，可以正邦也，其位剛得中也。止而巽，動不窮也。

《象》曰：山上有木，漸。君子以居賢德善俗。

初六，鴻漸于干。小子厲，有言，无咎。

《象》曰：「小子之厲」，義无咎也。

六二，鴻漸于磐，飲食衎衎，吉。

《象》曰：「飲食衎衎」，不素飽也。
九三，鴻漸于陸。夫征不復，婦孕不育，凶。利禦寇。
《象》曰：「夫征不復」，離羣醜也。「婦孕不育」，失其道也。「利用禦寇」，順相保也。
六四，鴻漸于木，或得其桷，无咎。
《象》曰：「或得其桷」，順以巽也。
九五，鴻漸于陵，婦三歲不孕，終莫之勝，吉。
《象》曰：「終莫之勝，吉」，得所願也。
上九，鴻漸于陸，其羽可用爲儀，吉。
《象》曰：「其羽可用爲儀，吉」，不可亂也。案：漸卦説原本缺。

䷵ 兑下震上

歸妹：征凶，无攸利。
《彖》曰：歸妹，天地之大義也。天地不交而萬物不興。歸妹，人之終始也。説以動，所歸妹也。「征凶」，位不當也。「无攸利」，柔乘剛也。

《象》曰：澤上有雷，歸妹。君子以永終知敝。

初九，歸妹以娣。跛能履，征吉。

《象》曰：「歸妹以娣」，以恒也。「跛能履吉」，相承也。

不正而合，是以跛也。以娣而行，故能履也。所以吉者，説以承上也。

九二，眇能視，利幽人之貞。

《象》曰：「利幽人之貞」，未變常也。

六三，歸妹以須，反歸以娣。

《象》曰：「歸妹以須」，未當也。

九四，歸妹愆期，遲歸有時。

《象》曰：「愆期」之志，有待而行也。

六五，帝乙歸妹，其君之袂不如其娣之袂良。月幾望，吉。

《象》曰：「帝乙歸妹，不如其娣之袂良」也。其位在中，以貴行也。

上六，女承筐无實，士刲羊无血，无攸利。

《象》曰：上六「无實」，承虚筐也。

䷶ 離下震上

豐：亨，王假之。勿憂，宜日中。

《彖》曰：豐，大也。明以動，故豐。「王假之」，尚大也。「勿憂，宜日中」，宜照天下也。日中則昃，月盈則食，天地盈虛，與時消息，而況于人乎，況于鬼神乎？

《象》曰：雷電皆至，豐。君子以折獄致刑。

初九，遇其配主，雖旬无咎，往有尚。

《象》曰：「雖旬无咎」，過旬災也。

六二，豐其蔀，日中見斗，往得疑疾，有孚發若，吉。

《象》曰：「有孚發若」，信以發志也。

六二處下在內，以陰居陰，如蔀屋幽塞而不見知于人者也，故曰「往得疑疾」。蘭生深林，不以無人而不芳。君子居中履正，久幽而不變，人將信之，然後可以發其蔀而行其志矣。

九三，豐其沛，日中見沫，折其右肱，无咎。

《象》曰：「豐其沛」，不可大事也。「折其右肱」，終不可用也。

九四，豐其蔀，日中見斗，遇其夷主，吉。

《象》曰：「豐其蔀」，位不當也。「日中見斗」，幽不明也。「遇其夷主」，吉行也。

豐、歸妹之《象》，先陳其善，而後釋其凶。豐九四之《象》，先敘其惡，而後著其吉。聖人之辭至公，以直善惡也。

六五，來章，有慶譽，吉。

《象》曰：六五之吉，「有慶」也。

上六，豐其屋，蔀其家，闚其户，闃其无人，三歲不覿，凶。

《象》曰：「豐其屋」，天際翔也。「闚其户，闃其无人」，自藏也。

䷷ 艮下離上

旅：小亨。旅貞吉。

《彖》曰：「旅，小亨」，柔得中乎外，而順乎剛，止而麗乎明，是以「小亨，旅貞吉」也。旅之時義大矣哉！

《象》曰：山上有火，旅。君子以明慎用刑而不留獄。

初六，旅瑣瑣，斯其所取災。

《象》曰：「旅瑣瑣」，志窮災也。

六二，旅即次，懷其資，得童僕貞。

《象》曰：「得童僕貞」，終无尤也。

九三，旅焚其次，喪其童僕，貞厲。

《象》曰：「旅焚其次」，亦以傷矣。以旅與下，其義喪也。

九四，旅于處，得其資斧，我心不快。

《象》曰：「旅于處」，未得位也。「得其資斧」，心未快也。

六五，射雉，一矢亡，終以譽命。

《象》曰：「終以譽命」，上逮也。

上九，鳥焚其巢，旅人先笑後號咷。喪牛于易，凶。

《象》曰：以旅在上，其義焚也。「喪牛于易」，終莫之聞也。

大壯之六五「喪羊于易」，旅上九「喪牛于易」，易者，不憂險阻之謂也。

☴ 巽下巽上

巽：小亨。利有攸往。利見大人。

《彖》曰：重巽以申命。剛巽乎中正而志行，柔皆順乎剛，是以「小亨，利有攸往，利見大人」。

《象》曰：隨風，巽。君子以申命行事。

初六，進退，利武人之貞。

《象》曰：「進退」，志疑也。「利武人之貞」，志治也。

九二，巽在牀下，用史巫紛若，吉，无咎。

《象》曰：「紛若之吉」，得中也。

九三，頻巽，吝。

《象》曰：「頻巽之吝」，志窮也。

六四，悔亡，田獲三品。

《象》曰：「田獲三品」，有功也。

九五，貞吉，悔亡，无不利，无初有終。先庚三日，後庚三日，吉。

《象》曰：九五之吉，位正中也。

巽之《象》曰「重巽以申命」，重巽，隨風也。隨風者，申命之象也。風爲號令，九五之君爲號令之主，得位以行其令，不失其中正，故曰「貞吉，悔亡，无不利」。民可與樂成，難與慮始，故曰「无初有終」。庚屬西方金，金主斷制，號令不嚴則不行，故「先庚三日，後庚三日，吉」也。

上九，巽在牀下，喪其資斧，貞凶。

《象》曰：「巽在牀下」，上窮也。「喪其資斧」，正乎凶也。

䷹ 兌下兌上

兌：亨，利貞。

《彖》曰：兌，説也。剛中而柔外，説以利貞，是以順乎天而應乎人。説以先民，民忘其勞。説以犯難，民忘其死。説之大，民勸矣哉！

《象》曰：麗澤，兌。君子以朋友講習。

初九，和兌，吉。

《象》曰：「和兌之吉」，行未疑也。

九二，孚兌，吉，悔亡。

《象》曰：「孚兑之吉」，信志也。

六三，來兑，凶。

《象》曰：「來兑之凶」，位不當也。

九四，商兑未寧，介疾有喜。

《象》曰：九四之喜，有慶也。

九五，孚于剥，有厲。

《象》曰：「孚于剥」，位正當也。

上六，引兑。

《象》曰：「上六引兑」，未光也。案：兑卦説原本缺。

䷺ 坎下巽上

涣：亨，王假有廟。利涉大川，利貞。

《象》曰：「涣，亨」，剛來而不窮，柔得位乎外而上同。「王假有廟」，王乃在中也。「利涉大川」，乘木有功也。

《象》曰：風行水上，涣。先王以享于帝，立廟。
初六，用拯馬壯，吉。
《象》曰：初六之吉，順也。
九二，涣奔其机，悔亡。
《象》曰：「涣奔其机」，得願也。
六三，涣其躬，无悔。
《象》曰：「涣其躬」，志在外也。
六四，涣其羣，元吉。涣有丘，匪夷所思。
《象》曰：「涣其羣，元吉」，光大也。
九五，涣汗，其大號；涣王居，无咎。
《象》曰：「王居无咎」，正位也。

涣「利涉大川」，坎下巽上，「乘木有功」也。九五「涣汗，其大號；涣王居，无咎」，王者號令之從出也，庶人稟于士，士稟于大夫，大夫稟于君，君稟于天子。天子至尊，出令而非受令者也，其餘則有所稟而不敢專也。故「王居无咎」。

上九，涣其血去逖出，无咎。

《象》曰：「涣其血」，遠害也。

䷻兑下坎上

節：亨。苦節不可貞。

《彖》曰：「節，亨」，剛柔分而剛得中。「苦節不可貞」，其道窮也。説以行險，當位以節，中正以通。天地節而四時成，節以制度，不傷財，不害民。

《象》曰：澤上有水，節。君子以制數度，議德行。

初九，不出户庭，无咎。

《象》曰：「不出户庭」，知通塞也。

九二，不出門庭，凶。

《象》曰：「不出門庭，凶」，失時極也。

六三，不節若，則嗟若，无咎。

《象》曰：「不節之嗟」，又誰咎也。

六四，安節，亨。

《象》曰：「安節之亨」，承上道也。

九五，甘節，吉，往有尚。

《象》曰：「甘節之吉」，居位中也。

上六，苦節，貞凶，悔亡。

《象》曰：「苦節，貞凶」，其道窮也。

節者，貴于適事之宜者也，故初无咎而二有凶也。「君子以制數度，議德行」，德行者，議之而後動，動而中節，然後爲善也。兑，説也，和易也；坎，險也，嚴峻也。知説而不知險，則民不肅；知險而不知説，則民不親。不肅則慢，不親則乖，慢與乖，亂亡之道也。是以「説以行險」，得節之宜也。三極説而過乎中，故曰「不節若，則嗟若」。上極險而過乎中，故曰「苦節不可貞」。節物者，無位則不能也，故曰「當位以節」。子臧曰：「聖達節，次守節，下失節。」九五正不違中，中不離正，達節者也；六四以下承上，以柔成剛，而不失其正，守節者也；九二以陽居陰，六三以陰居陽，失夫節者也。九五居夫尊位，以中節物，故曰「居位中也」。

䷼ 兑下巽上

中孚：豚魚吉。利涉大川，利貞。

《彖》曰：中孚，柔在内而剛得中，説而巽，孚乃化邦也。「豚魚吉」，信及豚魚也。「利涉大川」，乘木舟虚也。中孚以「利貞」，乃應乎天也。

中孚者，發于中而孚于人也。豚魚幽賤無知之物，苟飼以時，則應聲而集，而況于人乎！至誠以涉險，如乘虚舟，物莫之害，故曰「利涉大川，乘木舟虚也」。

《象》曰：澤上有風，中孚。君子以議獄緩死。

初九，虞吉，有他不燕。

《象》曰：「初九虞吉」，志未變也。

九二，鳴鶴在陰，其子和之。我有好爵，吾與爾靡之。

《象》曰：「其子和之」，中心願也。

「鳴鶴在陰，其子和之」，言至誠以待物，無遠不應。

六三，得敵，或鼓或罷，或泣或歌。

《象》曰：「或鼓或罷」，位不當也。

六四，月幾望，馬匹亡，无咎。

《象》曰：「馬匹亡」，絶類上也。

九五，有孚攣如，无咎。

《象》曰：「有孚攣如」，位正當也。

上九，翰音登于天，貞凶。

《象》曰：「翰音登于天」，何可長也！

䷽ 艮下震上

小過：亨，利貞。可小事，不可大事。飛鳥遺之音，不宜上，宜下，大吉。

《彖》曰：小過，小者過而亨也。過以利貞，與時行也。柔得中，是以小事吉也。剛失位而不中，是以「不可大事」也。有飛鳥之象焉，「飛鳥遺之音，不宜上，宜下，大吉」，上逆而下順也。

「小過」何？小者，陰也，陰之過差者也。「不宜上，宜下」，與其過而僭上，不若過而逼下也。

《象》曰：山上有雷，小過。君子以行過乎恭，喪過乎哀，用過乎儉。

初六，飛鳥以凶。

《象》曰：「飛鳥以凶」，不可如何也。

小過初六「飛鳥以凶」者，止過宜在初也。與坤、豫之初同，坤、豫皆戒于初而慮于終也〔二〕。

六二，過其祖，遇其妣。不及其君，遇其臣。无咎。

《象》曰：「不及其君」，臣不可過也。

九三，弗過防之，從或戕之，凶。

《象》曰：「從或戕之」，凶如何也？

九四，无咎。弗過遇之，往厲必戒，勿用永貞。

《象》曰：「弗過遇之」，位不當也。「往厲必戒」，終不可長也。

六五，密雲不雨，自我西郊。公弋取彼在穴。

《象》曰：「密雲不雨」，已上也。

上六，弗遇過之，飛鳥離之，凶，是謂災眚。

《象》曰：「弗遇過之」，已亢也。

小過六二「過其祖，遇其妣。不及其君，遇其臣。无咎」。夫過者上也，不及者下也，遇者得

〔二〕「坤」，《四庫》本、聚珍本皆作「困」，今據經苑本改。

其中也。陽，君象也。陰，臣象也。九三居下體之上，而用小過之道，上之所忌，下之所疾，故「弗過防之」，則或就「戕之」矣。九四以陽居陰，過恭者也，故「无咎」。行過乎恭，非過也，故曰「弗過遇之」。若守以爲常，則消陽之道，故「往厲必戒，勿用永貞」也。上六「弗遇過之」，初與上皆過，而失中之甚也。

䷾ 離下坎上

既濟：亨小，利貞。初吉終亂。

《彖》曰：「既濟，亨」，小者亨也。「利貞」，剛柔正而位當也。「初吉」，柔得中也。「終止則亂」，其道窮也。

《象》曰：水在火上，既濟。君子以思患而豫防之。

初九，曳其輪，濡其尾，无咎。

《象》曰：「曳其輪」，義无咎也。

「曳輪」，不速進也。「濡尾」，後其難也。險已濟，故雖艱无咎。

六二，婦喪其茀，勿逐，七日得。

《象》曰：「七日得」，以中道也。

九三，高宗伐鬼方，三年克之，小人勿用。

《象》曰：「三年克之」，憊也。

六四，繻有衣袽，終日戒。

《象》曰：「終日戒」，有所疑也。

九五，東鄰殺牛，不如西鄰之禴祭，實受其福。

《象》曰：「東鄰殺牛」，不如西鄰之時也。「實受其福」，吉大來也。

上六，濡其首，厲。

《象》曰：「濡其首，厲」，何可久也！

䷿ 坎下離上

未濟：亨。小狐汔濟，濡其尾，无攸利。

《象》曰：「未濟，亨」，柔得中也。「小狐汔濟」，未出中也。「濡其尾，无攸利」，不續終也。雖不當位，剛柔應也。

狐者，審于濟水者也。汔，幾也。幾濟而陷，猶未濟也。「濡其尾，无攸利」，未出險中，而力盡不繼也。

《象》曰：火在水上，未濟。君子以慎辨物居方。

既濟、未濟反復相承也。險難未濟，功業未成，故君子以矜慎之心，辨物之宜，處之以道，如是則險無不濟，功無不成。無所復爲，則又思未萌之患而豫防之，是以君子能康乂民物，而永保安榮也。

初六，濡其尾，吝。

《象》曰：「濡其尾」，亦不知極也。

九二，曳其輪，貞吉。

《象》曰：「九二貞吉」，中以行正也。

六三，未濟，征凶。利涉大川。

《象》曰：「未濟，征凶」，位不當也。

九四，貞吉，悔亡，震用伐鬼方，三年，有賞于大國。

《象》曰：「貞吉，悔亡」，志行也〔一〕。

四者卦體變革之際，故否、睽、未濟之象皆云「志行也」。

六五，貞吉，无悔。君子之光，有孚吉。

《象》曰：「君子之光」，其暉吉也。

五雖未濟，以柔居中，又有文明之德，能任賢以濟難，故曰「君子之光」。光輝著明，爲物所信，則吉從之矣。上，首也。下，尾也。初不知極，上不知節，皆入于險，其揆一也。

上九，有孚于飲酒，无咎。濡其首，有孚失是。

《象》曰：「飲酒濡首」，亦不知節也。

〔一〕「《象》曰」以下，諸本皆無，據通行本《周易》經文補。

易説卷五

繫辭上

《繫辭》雜記前聖及孔子解《易》之語，上、下以簡帙重大，故分之。

天尊地卑，乾坤定矣。

言天地設位則易已著。

卑高以陳，貴賤位矣。動静有常，剛柔斷矣。

天地萬物皆有卑高，故易之六位亦有貴賤。

方以類聚，物以羣分，吉凶生矣。

方，道也。道同則類聚，志異則羣分。同則相愛，異則相惡，愛惡相攻而吉凶生，易皆則之。

在天成象，在地成形，變化見矣。

象有隱見，形有死生，猝變漸化，互相推移，易皆效之。

是故剛柔相摩，

日月寒暑，一往一來。

八卦相盪。

出震成艮，迭相推盪。

鼓之以雷霆，潤之以風雨。日月運行，一寒一暑。

日舒月疾，一南一北，而寒暑生焉。此皆變化之道。

乾道成男，坤道成女。

乾坤變化，萬物自成。

乾知大始，坤作成物。

知猶主也。萬物始生者，乾之所主；終成者，坤之所爲也。

乾以易知，坤以簡能。

一以貫之，故曰「易簡」。乾言「易」，坤言「簡」。

易則易知，簡則易從。

情無幽險，故「易知」；事不煩苛，故「易從」。

易知則有親，易從則有功。

難知則人不親，難從則功不成。

有親則可久，有功則可大。

輔之者衆，故「可久」；日滋月益，故「可大」。

可久則賢人之德，可大則賢人之業。

凡勝人者，皆謂之賢。

易簡而天下之理得矣。

天下之理，不能出乾坤之外。

天下之理得，而成位乎其中矣。

此言聖人上觀于天，下觀于地，中觀萬物，而作《易》也。易道始于天地，終于人事。

右第一章

聖人設卦觀象，

聖人窮理盡性以至于命，欲立有于無，統衆于寡，故設卦以觀萬物之象。

繫辭焉而明吉凶，

八卦成列，以盡天下之象，因而重之，變化備矣，猶未得與衆共之。故聖人復繫以爻象之辭，明言吉凶以告。

剛柔相推而生變化。

爻象所言者，有形之常道，猶未足以窮無形之神理。故復以剛柔相推，極變化之數，而占事知來。

是故吉凶者，失得之象也。悔吝者，憂虞之象也。

得之爲吉，失之爲凶。失而知悔，凶中之吉也；得而可恥，吉中之凶也。事雖小，而皆可憂虞。

變化者，進退之象也。

天地萬物皆有消息盈虛。

剛柔者，晝夜之象也。

一往一來，迭爲賓主。

六爻之動，三極之道也。

天地人，至極之道。

是故君子所居而安者，《易》之序也。所樂而玩者，爻之辭也。是故君子居則觀其象而玩其辭，動則觀其變而玩其占。

序，上下終始之序。動，謂有所興焉。
是以自天祐之，吉无不利。
右第二章
彖者，言乎象者也。
物之本體。
爻者，言乎變者也。
「變化云爲。」
吉凶者，言乎其失得也。
得道則吉，失道則凶。
悔吝者，言乎其小疵也。
事之可憂虞者也。
无咎者，善補過也。是故列貴賤者存乎位，齊小大者存乎卦，
陰幽禍惡爲小，陽明福善爲大。
辯吉凶者存乎辭，憂悔吝者存乎介，震无咎者存乎悔。是故卦有小大，辭有險易。辭也者，各指

其所之。

示人吉凶大趣，使人引而伸之。〔一〕

右第三章

《易》與天地準，故能彌綸天地之道。

「與天地準」，「與天地相似」。孔穎達曰：彌綸，彌縫、補合，經綸、牽引也。

仰以觀于天文，俯以察于地理，是故知幽明之故；

天文地理皆不能離陰陽五行，以其所見揆所不見，則知幽明之理一也。

原始反終，故知死生之説；

物有始必有終，人有生必有死〔二〕。

精氣爲物，游魂爲變，是故知鬼神之情狀。與天地相似，故不違；知周乎萬物而道濟天下，故不過；

〔一〕　此句原在「右第三章」左，今據文義移至此。

〔二〕　前文「右第三章」四字，聚珍本、經苑本皆在此句之下。疑温公原本如此，《四庫》本分段當係館臣依通行朱熹《周易本義》加以調整。

「知周萬物」，無所不知；「道濟天下」，無所不利。如此則何有過差。

旁行而不流，

旁行，謂「觸類而長之」。不流，謂「既有典常」。

樂天知命，故不憂；

知《易》則吉凶有命，惟天所授而樂之，夫復何憂！

安土敦乎仁，故能愛。

介甫曰：「安土，謂不擇地而安之。」光謂：仁者求諸己，不求諸人，安土敦仁則内重而外物輕，乃能自愛。

範圍天地之化而不過，

範，謂則效。圍，謂周徧。

曲成萬物而不遺，通乎晝夜之道而知，

知陰陽通變、反復無窮，則無所不知。

故神无方而《易》无體。

韓曰：「神則陰陽不測，易則惟變所適。」光謂：神者言其化，易者言其書。

右第四章

一陰一陽之謂道，

反復變化，無所不通。

繼之者善也，

《易》指吉凶以示人，人當從善以去惡，就吉而避凶，乃能繼成其道。

成之者性也。

人之性分不同，因易而各有成功。

仁者見之謂之仁，知者見之謂之知，

仁者守其常分，知者應變不窮，易道兼而有之。

百姓日用而不知，故君子之道鮮矣！

物之于易，猶魚之于水，朝夕起居，不離于其中，而莫之能知。故夫知易之君子爲少。韓曰：「君子體道以爲用也。仁知則滯于所見，百姓則日用而不知，體斯道者，不亦鮮矣乎？」

顯諸仁，

「曲成萬物。」

藏諸用，

韓曰：「日用不知。」

鼓萬物而不與聖人同憂，

振動之而无爲。

盛德大業至矣哉！富有之謂大業，

「廣大悉備。」

日新之謂盛德，

「其益无方。」

生生之謂易，

形性相續，變化无窮。

成象之謂乾，

「見乃謂象。」「乾知大始。」

效法之謂坤，

「制而用之謂之法。」「坤作成物。」

極數知來之謂占，

「錯綜其數，遂知來物。」

通變之謂事，

物各居其所則无事。

陰陽不測之謂神。

可測則不爲神。

夫易廣矣大矣！以言乎遠則不禦，

莫之止。

以言乎邇則静而正，

静，謂「寂然不動」。正，謂「貞夫一」。

以言乎天地之間則備矣。

百物不廢。

夫乾，其静也專，其動也直，

陽能制陰，陰不能制陽，故陽之動静，得以專直。

是以大生焉。

大可以兼廣。

夫坤，其静也翕，其動也闢，

收斂、發生，和而不唱。

是以廣生焉。

廣不可以兼大。

廣大配天地，變通配四時，陰陽之義配日月，易簡之善配至德。

子曰：「《易》其至矣乎！夫《易》，聖人所以崇德而廣業也。

法易簡以成久大。

知崇禮卑，崇效天，卑法地。天地設位而易行乎其中矣！

易所以通，成知、禮之功。

成性存存，道義之門。」

人各有性，易能成之。存其可存，去其可去。道義之門，皆由此塗出。

右第五章

聖人有以見天下之賾，而擬諸其形容，

賾者，精微之極致，人莫之見，聖人必有以見之，立形于無形而爲卦。

象其物宜，是故謂之象。

物之質性各有宜。

聖人有以見天下之動，而觀其會通，以行其典禮，

動雖萬變，必有可會之地，可通之道。「典禮」猶法度。

繫辭焉以斷其吉凶，是故謂之爻。

合其法度則吉，違之則凶。賾者，至理幽微無形者也。故聖人立象，所以謂之「形容」也。會通，交衢也。典禮，法則也。聖人以一類萬，以要知繁，故謂之爻。爻者，羣動之交也。

言天下之至賾而不可惡也，言天下之至動而不可亂也。

「有條而不紊。」

擬之而後言，

擬之于易。

議之而後動，

議之于易。

擬議以成其變化。

成其龍德。

「鶴鳴在陰，其子和之；我有好爵，吾與爾靡之。」子曰：「君子居其室，出其言善，則千里之外應

之，況其邇者乎？居其室，出其言不善，則千里之外違之，況其邇者乎？言出乎身，加乎民；行發乎邇，見乎遠。言行，君子之樞機，樞機之發，榮辱之主也。言行，君子之所以動天地也，可不慎乎？」

鶴鳴子和，誠信發于中，無幽而不應。樞機，謂得失至要。言行動天地，而況于人。

「同人，先號咷而後笑。」

中直求合，同之者寡，故先憂；聖賢相値，天下大同，故後喜。

子曰：「君子之道，或出或處，或默或語。

迹不必同。

二人同心，其利斷金，

二人心同，至堅可斷，況于衆多。

同心之言，其臭如蘭。」

志同言合，芬芳條暢。

右第六章

「初六，藉用白茅，无咎。」子曰：「苟錯諸地而可矣，藉之用茅，何咎之有？愼之至也。夫茅之爲物薄，而用可重也，慎斯術也以往，其无所失矣！」

必言初六者，見其以柔處下。「薄」，言易有。「用可重」，可以供神明。

「勞謙君子，有終吉。」子曰：「勞而不伐，有功而不德，厚之至也。語以其功下人者也。德言盛，禮言恭：謙也者，致恭以存其位者也。」

「勞謙君子，有終吉」，雖有功勤，不謙，則不能保其終。「德言盛，禮言恭」，德愈盛，禮愈恭。「致恭以存其位」，保其富貴。

「亢龍有悔。」子曰：「貴而无位，

仁不能守，是爲「无位」。

高而无民，

衆心不附，是爲「无民」。

賢人在下位而无輔，

雖無道，而有賢人爲輔，猶可以不亡。今在下位，是「无輔」也。

是以動而有悔也。」

守靜猶愈。

「不出户庭，无咎。」子曰：「亂之所生也，則言語以爲階。君不密則失臣，忠臣不親。

臣不密則失身，

陷于罪戮。

幾事不密則害成。是以君子慎密而不出也。」

事未動而先露，則無功。

子曰：「作《易》者其知盜乎？

知盜之情。

《易》曰：『負且乘，致寇至。』負也者，小人之事也；乘也者，君子之器也。小人而乘君子之器，

盜思奪之矣；

德薄位尊，必不能守。

上慢下暴，盜思伐之矣。

上慢下暴者，慢其上而暴其下也。慢上暴下，皆所以致伐禍也。

慢藏誨盜，

守國不謹，則敵人取之；立身不謹，則禍辱乘之。

冶容誨淫。

先自敗，然後人敗之。

《易》曰：『負且乘，致寇至。』盜之招也。」

右第七章

大衍之數五十，其用四十有九。

關子明曰：「數兆于一，生于二，極于三，此天地人所以立也。地二天三，合而爲五，其一不用者，六來則一去也，既成則無生也。有生于無，終必有始，既有則無去矣，既終則始去矣。五位皆十，衍之極也，故曰『大衍』。」光謂：易有太極，一之謂也。分而爲陰陽，陰陽之間必有中和，故夫一衍之則三而小成，十而大備。小衍之則爲六，大衍之則爲五。一者數之母也，數者一之子也，母爲之主，子爲之用，是故小衍去一而爲五行，大衍去一而爲揲蓍之數。

分而爲二以象兩，掛一以象三，揲之以四以象四時，歸奇于扐以象閏；

奇者，四揲之餘。扐者，不用之數。

五歲再閏，故再扐而後掛。

左右手之扐，皆合于所掛之一。

天數五，

韓曰：「五奇也。」

地數五，

韓曰：「五耦也。」

五位相得，而各有合。

生、成相合，爲水火木金土。

天數二十有五，地數三十，凡天地之數五十有五，

皆積數。

此所以成變化而行鬼神也。

乾之策，二百一十有六；

老陽一爻九揲，三十六策。少陽七揲，二十八策。獨舉老，取其變。

坤之策，百四十有四。

老陰六揲，二十四策。少陰八揲，三十二策。

凡三百有六十，當期之日。二篇之策，萬有一千五百二十，當萬物之數也。是故四營而成易，

自「分而爲二」至「歸奇于扐」。

十有八變而成卦，

三變而成一爻。

八卦而小成。引而伸之，觸類而長之，天下之能事畢矣。

萬物所能之事皆畢。

顯道神德行，是故可與酬酢，可與祐神矣。

右第八章

子曰：「知變化之道者，其知神之所爲乎？」

神之所爲，變化不測，惟《易》能知之。

《易》有聖人之道四焉：以言者尚其辭，

繫辭以盡言。

以動者尚其變，

君子動靜，效《易》變化。

以制器者尚其象，

若舟楫、杵臼之類。

以卜筮者尚其占。

是以君子將有爲也，將有行也，

爲、行所以異。

問焉而以言，其受命也如嚮。无有遠近幽深，遂知來物。非天下之至精，其孰能與于此？參伍以變，錯綜其數，通其變，遂成天地之文；

天有三辰、五星，地有三正、五行。

極其數，遂定天下之象。非天下之至變，其孰能與于此？《易》无思也，无爲也，寂然不動，感而遂通天下之故。非天下之至神，其孰能與于此？夫《易》，聖人之所以極深而研幾也。惟深也，故能通天下之志；

達物情。

惟幾也，故能成天下之務；

「幾者，動之微。」慮之于微，則事無不濟。

惟神也，故不疾而速，不行而至。

「感而遂通天下之故。」

子曰「《易》有聖人之道四焉」者，此之謂也。

右第九章

天一，地二，天三，地四，天五，地六，天七，地八，天九，地十。

此天地自然之數，「所以成變化而行鬼神」。

子曰：「夫《易》何爲者也？夫《易》開物成務，冒天下之道，如斯而已者也。」是故聖人以通天下之志，以定天下之業，以斷天下之疑。

「開物」，專示吉凶；「成務」，成天下之務；「冒天下之道」，包而有之。

是故蓍之德圓而神，卦之德方以知，

韓曰：「圓者，運而不窮；方者，止而有分。」光謂：蓍未形而不測，故曰「神」；卦已形而變通，故曰「知」。

六爻之義易以貢。

發揮變化，以進于人。

聖人以此洗心，退藏于密，

洗心，滌諸邪惡，存養精明。藏密，返于無形。

吉凶與民同患。

豫以告之。

神以知來，知以藏往，

「藏往」，謂不知其始，所以言「往」。

其孰能與于此哉？古之聰明叡知，神武而不殺者夫。

韓曰：「服萬物而不以威刑。」

是以明于天之道，而察于民之故，是興神物，以前民用。

神物，謂蓍龜。凡卜中然後用之，故曰「以前民用」。

聖人以此齋戒，以神明其德夫。

韓曰：「洗心曰齋，防患曰戒。」光謂：德盛則合于神明。

是故闔户謂之坤，

坤主收斂。

闢户謂之乾；

陽發生也。

一闔一闢謂之變，往來不窮謂之通；見乃謂之象，

防象可見〔二〕，而未有形。

〔二〕「防」，聚珍本、經苑本皆作「仿」，義長。

形乃謂之器；

形質已定，各有常分。

制而用之謂之法，

各守其分，不相爲用，故聖人「制而用之」。

利用出入，民咸用之謂之神。

出外入内，無所不用，而百姓不知，故「謂之神」。

右第十章

是故《易》有太極，是生兩儀，兩儀生四象，四象生八卦，八卦定吉凶，吉凶生大業。

《易》有太極，極者，中也，至也，一也。凡物之未分，混而爲一者，皆爲太極。兩儀，儀，匹也，分而爲二，相爲匹敵。四象，陰陽復分老少而爲二〔二〕，相爲匹敵。大業，富有萬象。太極者何？陰陽混一，化之本原也。兩儀者何？陰陽判也。四象者何？老少分也。七九八六，卦之端也。八卦既形，吉凶全也。萬物皆備，大業成也。極，中也。儀，匹也。太極，天

〔二〕「二」，聚珍本、經苑本皆作「匹」。

也；乾坤，日月也；四象，五宮也；八卦，十二辰也；六十四卦，列宿也；衆爻，三百六十有六度也。太極，地也；乾坤，山澤也；四象，四方也；八卦，九州也；六十四卦，萬國也；衆爻，都邑也。太極，歲也；乾坤，寒暑也；四象，四時也；八卦，八節也；六十四卦，十二月也；衆爻，三百六旬有六日也。太極，王也；乾坤，方伯也；四象，四岳也；八卦，州牧也；六十四卦，諸侯也；衆爻，卿大夫士也。或問：「太極有形無形？」曰：「合之則有，離之則無。」「何謂也？」曰：「請以宮喻：夫宮者，土木之爲也。舉土木，則無宮矣。土木者，堂墉棟宇也。舉堂墉棟宇，則無土木矣。雖然，合而言之，則宮巍然在矣。」

太極者，一也，物之合也，數之元也。引而伸之，觸類而長之，則算不能勝也，書不能盡也，口不能宣也，心不能窮也。掊而聚之，歸諸一；析而散之，萬有一千五百二十未始有極也。陰陽相違，非太極則不成；剛柔相戾，非中正則不行。故天下之德誠衆矣，而萃于剛柔；天下之道誠多矣，而會于中正。剛柔者，德之府；中正者，道之津。是故有剛而無中正，則暴以亡；有柔而無中正，則邪以消。嗚呼，中正之于人也，其厚矣哉！剛者抑之，柔者掖之，不慮而成，不思而得，不卜而中，不筮而吉，「天下同歸而殊塗，一致而百慮」，非中正而何？《書》曰「沈潛剛克，高明柔克」，以中正也。孔子曰：「中庸之爲德也，其至矣乎！」又曰：「《詩》三百，一言以蔽之，曰：思無邪。」《易》之卦六十有四，其爻三百八十有四，得之則吉，失之則凶者，其惟中正乎！剛，夏也；柔，冬也；中，春也；正，秋也。何謂才？曰：聰明强勇。何謂行？曰：孝友忠信。何謂德？曰：中和正直。何謂道？曰：遠大高深。行以濟才，德以濟行，道以濟德，是故才而不以行則凶，行而不以德則偏，德而不以道則隘。四者兼足，謂之聖人。

陰陽不相讓，五行不相容，正也。陰陽醇而五行不雜，中也。陽盛則陰微，陰盛則陽微，火進則木退，土興則水衰。陰陽之治，無少無多；五行之守，無偏無頗。尸之者，其太極乎！故太極之德，一而已。

是故法象莫大乎天地，變通莫大乎四時，縣象著明莫大乎日月，崇高莫大乎富貴。備物致用，立成器以爲天下利，莫大乎聖人。探賾索隱，鉤深致遠，以定天下之吉凶，成天下之亹亹者，莫大乎蓍龜。

「富貴」，富有四海，貴爲天子。「備物致用」，蕃育萬物，以爲人用。「立成器以爲天下利」，謂法度也。「亹亹」，勉勉也，使人去凶就吉。

是故天生神物，聖人則之；天地變化，聖人效之；天垂象，見吉凶，聖人象之。河出圖，洛出書，聖人則之。

《易》有四象，所以示也。繫辭焉，所以告也。定之以吉凶，所以斷也。

《易》曰：「自天祐之，吉无不利。」子曰：「祐者，助也，天之所助者順也，人之所助者信也，履信思乎順，又以尚賢也。是以『自天祐之，吉无不利』也。」

右第十一章

子曰：「『書不盡言，

言有不可書者。

言不盡意。』然則聖人之意，其不可見乎？」

子曰：「聖人立象以盡意，

意有不可言者。

象能盡言外之意。

設卦以盡情僞，

盡萬物之情僞。

繫辭焉以盡其言，

盡羣言之要。

變而通之以盡利，

若「冥豫，成有渝，无咎」。

鼓之舞之以盡神。」

乾坤，其易之緼邪？

緼，聚也。陰陽者，易之本體，萬物之所聚。

乾坤成列，而易立乎其中矣。

變而通之。

乾坤毀，則无以見易。易不可見，則乾坤或幾乎息矣。

言更相爲用。

是故形而上者謂之道，

無形之中，自然有此至理，在天爲陰陽，在人爲仁義。

形而下者謂之器，

有形可攷，在天爲品物，在地爲禮法。

化而裁之謂之變，推而行之謂之通，

物久居其所則窮，故必變而通之，在天爲氣節，在人爲明哲。

舉而錯之天下之民謂之事業。

易道既成，施之天下，則爲聖人之事業。

是故夫象，聖人有以見天下之賾，而擬諸其形容，象其物宜，是故謂之象。聖人有以見天下之動，而觀其會通，以行其典禮，繫辭焉以斷其吉凶，是故謂之爻。極天下之賾者存乎卦，鼓天下之動者存乎辭，化而裁之存乎變，推而行之存乎通，神而明之存乎其人，默而成之，不言而信，存乎德行。

「苟非其人，道不虛行。」

「知之非艱，行之惟艱。」

右第十二章

易説卷六

繫辭下

八卦成列，象在其中矣；

萬物之象以備。

因而重之，爻在其中矣。

羣爻大備，曲盡無遺。

剛柔相推，變在其中矣；

極其變也。

繫辭焉而命之，動在其中矣。

效天下之動，因辭而後明。

吉凶悔吝者，生乎動者也。

不動則無得失。

剛柔者，立本者也；

材性有分。

變通者，趣時者也。

時異事變。

吉凶者，貞勝者也；

正，則吉凶不能動矣，故易道貴之。

天地之道，貞觀者也；

以正道示之。

日月之道，貞明者也；天下之動，貞夫一者也。

于文，一止則爲正。

夫乾，確然示人易矣；夫坤，隤然示人簡矣。

守夫至正故也。

爻也者，效此者也；象也者，像此者也。

此效像天地之正道。

爻象動乎内，吉凶見乎外，

以不見爲内。

功業見乎變，聖人之情見乎辭。

天地之大德曰生，

日新。

聖人之大寶曰位。

非位不能濟物。

何以守位？曰仁。

人心歸之，乃能保富貴。

何以聚人？曰財。

韓曰：「財所以資物生。」

理財正辭，禁民爲非，曰義。

三者皆當斷之以義。

右第一章

古者包犧氏之王天下也，仰則觀象于天，

「成象之謂乾。」

俯則觀法于地，

「效法之謂坤。」

觀鳥獸之文，與地之宜。

「鳥獸之文」，若「的顙」、「黔喙」之類。「地之宜」，若「剛鹵」之類。

近取諸身，遠取諸物。于是始作八卦，以通神明之德，以類萬物之情。

情雖萬端，而聚之不過健順、動入、麗陷、止説。

作結繩而爲罔罟，以佃以漁，蓋取諸離。

包犧氏没，神農氏作。斲木爲耜，揉木爲耒，耒耨之利以教天下，蓋取諸益。日中爲市，致天下之民，聚天下之貨，交易而退，各得其所，蓋取諸噬嗑。

神農氏没，黄帝、堯、舜氏作。通其變，使民不倦；

法久必弊，爲民厭倦。

神而化之，使民宜之。

變而民莫之知。

《易》，窮則變，變則通，通則久。是以「自天祐之，吉无不利」。

　　聖人守道不守法，故能通變。

黄帝、堯、舜垂衣裳而天下治，蓋取諸乾、坤。

「取諸乾、坤」，取其上下有分，上曰衣，下曰裳，聖人「垂衣裳而天下治」，乾尊坤卑之象也。

刳木爲舟，剡木爲楫，舟楫之利以濟不通，致遠以利天下，蓋取諸涣。

「取諸涣」，取其木在水上。

服牛乘馬，引重致遠，以利天下，蓋取諸隨。

重門擊柝，以待暴客，蓋取諸豫。

「取諸豫」，豫，怠也，柝以警怠。

斷木爲杵，掘地爲臼，臼杵之利，萬民以濟，蓋取諸小過。

「取諸小過」，虞仲翔曰：「取其上動而下止。」

弦木爲弧，剡木爲矢，弧矢之利，以威天下，蓋取諸睽。

「取諸睽」，取其先違而後利。

上古穴居而野處，後世聖人易之以宫室。上棟下宇，以待風雨，蓋取諸大壯。

　　風雨動物也，風雨動于上，棟宇健于下，大壯之象也。

古之葬者，厚衣之以薪，葬之中野，不封不樹，喪期无數；後世聖人易之以棺槨，蓋取諸大過。

巽，木也，入也；兑，説也。棺槨衛死者入于土，而生者之情得以夷懌，大過之象也。

上古結繩而治，後世聖人易之以書契，百官以治，萬民以察，蓋取諸夬。

契者，要約也。古之要約未有文字，相與結繩爲識而已。其後浸相欺背，亂不可知，故聖人作爲書契。書契既明，則是非立決，夬之象也。

右第二章

是故《易》者，象也，

「立象以盡義。」

象也者，像也；

「擬諸其形容。」

彖者，材也；

各言其本質。

爻也者，效天下之動者也。

舉措隨時。何謂材？材者，天賦之分也。何謂動？動者，感物之情也。

是故吉凶生而悔吝著也。

吉凶悔吝生乎動。

陽卦多陰，陰卦多陽，其故何也？陽卦奇，陰卦耦。

陽卦奇，一奇二耦，凡五；陰卦耦，一耦二奇，凡四。

其德行何也？陽一君而二民，君子之道也。陰二君而一民，小人之道也。

陽一君而二民，以寡御衆；陰二君而一民，無常心。

《易》曰：「憧憧往來，朋從爾思。」子曰：「天下何思何慮？天下同歸而殊塗，一致而百慮，天下何思何慮？

憧憧，心動貌。朋，類也。夫得喪往來，物理之常也，苟能居正以待物，則往來不足爲之累。儻以往來動其心，則「夫物之感人無窮」，將惟爾所思，各以其類而至，所謂「物至而人化物也」。「天下何思何慮」，皆正夫一。

日往則月來，月往則日來，日月相推而明生焉。寒往則暑來，暑往則寒來，寒暑相推而歲成焉。往者屈也，來者信也，屈信相感而利生焉。尺蠖之屈，以求信也；龍蛇之蟄，以存身也。

皆因屈以致信。

精義入神，以致用也；

聖人虚一以靜，存誠素至，故能「精義入神」，以致其治世之用。

利用安身，以崇德也。

先治其本。

過此以往，未之或知也。

言此聖人之極致。

窮神知化，德之盛也。

「知化」，謂「修己以安百姓」。

右第三章

《易》曰：「困于石，據于蒺藜；入于其宫，不見其妻，凶。」子曰：「非所困而困焉，名必辱；非所據而據焉，身必危。既辱且危，死期將至，妻其可得見耶？」

「困于石」，不量力而犯强敵。「據于蒺藜」，不度德而居人上。「入于其宫」，己所有也。「不見其妻」，失其配輔。

《易》曰：「公用射隼于高墉之上，獲之，无不利。」子曰：「隼者，禽也；弓矢者，器也；射之者，人也。君子藏器于身，待時而動，何不利之有？動而不括，是以出而有獲，語成器而動者也。」

子曰：「小人不恥不仁，不畏不義，不見利不勸，不威不懲。小懲而大誡，此小人之福也。《易》

曰：『屨校滅趾，无咎。』此之謂也。」

小人之情盡如是。「小懲而大誡」，懲其小惡，使人戒懼，不至于大。「屨校滅趾」，止之于下。

「善不積不足以成名，惡不積不足以滅身。小人以小善爲无益而弗爲也，以小惡爲无傷而弗去也。故惡積而不可掩，罪大而不可解。《易》曰：『何校滅耳，凶。』」

積惡貫盈，不得不誅。或先告以禍敗，終不能聽，故曰「滅耳，凶」。

子曰：「危者，安其位者也；亡者，保其存者也；亂者，有其治者也。是故君子安而不忘危，存而不忘亡，治而不忘亂。是以身安而國家可保也。《易》曰：『其亡其亡，繫于苞桑。』」

桑之爲物，深根而難拔，叢生曰苞。

子曰：「德薄而位尊，知小而謀大，力小而任重，鮮不及矣。《易》曰：『鼎折足，覆公餗，其形渥，凶。』言不勝其任也。」

承輔非才，覆敗美實，其形沾漬，喪國亡家。

子曰：「知幾其神乎！

除惡于未萌，銷禍于未形，身安而後國治，百姓莫知其所以然。

君子上交不諂，下交不瀆，其知幾乎！

諂上瀆下，亂之所由生也。

幾者，動之微，吉之先見者也。

「吉」下脱「凶」字。

君子見幾而作，不俟終日。《易》曰：『介于石，不終日，貞吉。』介如石焉，寧用終日，斷可識矣！君子知微知彰，知柔知剛，萬夫之望。」

「見幾而作」，戒在不正，故曰「正吉」。「萬夫之望」，衆人望之以爲表。

子曰：「顔氏之子，其殆庶幾乎！有不善未嘗不知，知之未嘗復行也。《易》曰：『不遠復，无祇悔，元吉。』」

「庶幾」，庶幾近于道。「无祇悔」，韓曰：「祇，大也。」

「天地絪緼，萬物化醇；男女構精，萬物化生。《易》曰：『三人行，則損一人；一人行，則得其友。』言致一也。」

天地、男女，皆一陰一陽相匹敵也。三人并進，或哲或愚，莫知適從，無以致治。雖志在于益，而不免于損，故聖賢相遇，一人足矣。

子曰：「君子安其身而後動，

衆附身安，乃能兼人。

易其心而後語，

彼不我疑，言則見信。

定其交而後求，

先施恩德，無求不獲。

君子修此三者，故全也。

無失。

危以動，則民不與也；

身不能自安，他人其誰附之。

懼以語，則民不應也；无交而求，則民不與也；

審其所以適人，知人之所以求我。交者，恩相往來之謂也。己無施于人，而欲望人之施，人

誰與之哉！

莫之與，則傷之者至矣。

忿其貪妄。

《易》曰：『莫益之，或擊之，立心勿恒，凶。』」

戒其立心，勿以貪得爲常。

右第四章

子曰：「乾、坤，其《易》之門邪？」乾，陽物也；坤，陰物也；陰陽合德而剛柔有體，以體天地之撰，以通神明之德。

「《易》之門」，易由此出。乾坤「合德而剛柔有體」，交錯而成衆卦，然其剛柔各自爲體。撰，故也。「乾，陽物；坤，陰物」，凡萬物之陽者皆爲乾，陰者皆爲坤，乾、坤相雜而成六子，六子者非他也，乾坤之雜也。乾坤者，陰陽之祖也，陰陽之精，騰爲日月，散爲水火，鼓爲雷風，流爲山澤。乾，健也；坤，順也。動、險、止者，健之枝也；入、麗、説者，順之體也。夫乾不專于天也，坤不專于地也，凡事物之健者皆乾也，順者皆坤也，動者皆震也，入者皆巽也，陷者皆坎也，麗者皆離也，止者皆艮也，説者皆兑也。夫八卦者，事之津、物之衢也，所以貫三極而體萬物也。

其稱名也，雜而不越，于稽其類，其衰世之意耶？

「雜而不越」，雜舉事物，以名其卦，而皆有倫理，不相逾越。「衰世之意」，世衰則憂患多。

夫《易》，彰往而察來，而微顯闡幽，

既兆爲往，未至爲來。顯者微之，幽者闡之，「微顯闡幽」者，微其顯、闡其幽也。

開而當名辨物，正言斷辭，則備矣！

「斷辭」，謂彖也。開釋義類，當其卦名，辨其爻物，正言其吉凶。

其稱名也小，其取類也大，其旨遠，其辭文，其言曲而中，其事肆而隱。因貳以濟民行，以明失得之報。

肆，謂「不可爲典要」。

右第五章

《易》之興也，其于中古乎？

《易》更三聖，然後能「極深」。

作《易》者，其有憂患乎？

有憂患則慮事深。

是故履，德之基也；謙，德之柄也；復，德之本也；恒，德之固也；損，德之修也；益，德之裕也；困，德之辨也；井，德之地也；巽，德之制也。

「履，德之基」，履，禮也，進德必由禮。「謙，德之柄」，執而用之。「復，德之本」，反求諸身。「損，德之修」，克己。「益，德之裕」，日新。「困，德之辨」，韓曰：「困而益明。」「井，德之地」，韓曰：「所處不移，象居得其所也。」「巽，德之制」，發號施令，以爲制度也。

履和而至，謙尊而光，復小而辨于物，恒雜而不厭，損先難而後易，益長裕而不設，困窮而通，井居其所而遷，巽稱而隱。

「履和而至」，「禮之用，和爲貴」，至者，言事倫之極致。「復小而辨于物」，韓曰：「微而辨之，『不遠復』也。」「損先難而後易」，韓曰：「刻損以修身，故先難；無患，故後易。」「困窮而通」，「困而不失其所亨」。「井居其所而遷」，韓曰：「井居不移，而能遷其施。」

履以和行，謙以制禮，復以自知，恒以一德，損以遠害，益以興利，困以寡怨，井以辨義，巽以行權。

「損以遠害」，損己則人莫之害。「益以興利」，興利以益人。「困以寡怨」，牛悔叔曰：「『困而不失其所亨。』寡怨者，『不怨天，不尤人。』」「井以辨義」，識義所在，處之不移。

右第六章

《易》之爲書也不可遠，

「道不可須臾離。」

爲道也屢遷。變動不居，周流六虛，上下无常，剛柔相易，

凡《易》之六位，剛柔迭居。二有君上用謙德之象，五有臣子居盛位之象。五不必專于爲君，故有「箕子之明夷」；二不必專于爲臣，故有「王用享于帝」。

不可爲典要，唯變所適。其出入以度，外内使知懼。

典，常；要，約。自内適外爲出，自外適内爲入。《易》出入六爻，以爲人内外之法度。

又明于憂患與故，无有師保，如臨父母。

故，謂事之所以然。「无有師保」，自得楷法；「如臨父母」，言可嚴畏。

初率其辭而揆其方，既有典常，苟非其人，道不虚行。

《易》之爲書也，原始要終，以爲質也。

《易》以窮物之終始爲本質。

六爻相雜，惟其時物也。

時異事殊，吉凶不同。

其初難知，其上易知，本末也。初辭擬之，卒成之終。若夫雜物撰德，辨是與非，則非其中爻不備。

「雜物撰德」，錯綜時物，數其德行。中爻，謂二至五。

噫！亦要存亡吉凶，則居可知矣。知者觀其彖辭，則思過半矣。

彖統卦德。

右第七章

二與四同功而異位，其善不同，二多譽，四多懼，近也。

「同功」，韓曰：「同陰功也。」「多懼」，韓曰：「逼近君，故多懼。」

柔之爲道，不利遠者，其要无咎，其用柔中也。

柔之爲道，或以近而多懼，或以遠而不利，其要在于隨時適宜，不犯于咎，以中爲用而已。

三與五同功而異位，三多凶，五多功，貴賤之等也。其柔危，其剛勝邪？

《易》之爲書也，廣大悉備。有天道焉，有人道焉，有地道焉。兼三才而兩之，故六。六者，非它也，三才之道也。

三才各有陰陽。

道有變動，故曰爻。

爻以效三才之變動。

爻有等，故曰物。

上下剛柔，各有貴賤，等級不同，以象萬物。

物相雜，故曰文。

剛柔相雜，然後成文。

文不當，故吉凶生焉。

或承或乘，有愛有惡。

《易》之興也，其當殷之末世，周之盛德邪？當文王與紂之事邪？是故其辭危。危者使平，易者使傾。其道甚大，百物不廢。懼以終始，其要无咎。此之謂《易》之道也。

「其辭危」，惡直醜正，實繁有徒。「易者使傾」，韓曰：「易，慢易也。」「其要无咎」，福莫長于無禍。

右第八章

夫乾，天下之至健也，德行恒易以知險；夫坤，天下之至順也，德行恒簡以知阻。

乾健坤順，各守一德，以生萬物，故曰「易簡」。然探賾索隱，鉤深致遠，萬物之情僞不能逃，故知險阻也。

能説諸心，能研諸侯之慮，定天下之吉凶，成天下之亹亹者。

王輔嗣《略例》曰「能研諸慮」，則「侯之」衍字也。人以《易》能言吉凶之所在，故悦之。知得失之有報，故審而行之。

是故變化云爲，吉事有祥；象事知器，占事知來。

「象事知器」，「以制器者尚其象」。「占事知來」，「以卜筮者尚其占」。韓曰：「夫『變化云爲』者，行其吉事則獲嘉祥之應，觀其象事則知制器之方，玩其占事則覩方來之驗也。」

天地設位，聖人成能；

天地能示人法象，而不能教也；能生成萬物，而不能治也。聖人教而治之，以成天地之能。

人謀鬼謀，百姓與能。

韓曰：「鬼謀，寄卜筮以攷吉凶也。」光謂：聖人謀之於人，謀之于鬼，以攷失得，故舉無不當。能如是者，則百姓與之。

八卦以象告，

示以吉凶之象。

爻象以情言，

言其失得之情。

剛柔雜居而吉凶可見矣。

各居其所而不相交，則無吉凶。

變動以利言，

韓曰：「變而通之以盡利。」

吉凶以情遷。

恃吉而驕怠則凶，畏凶而戒慎則吉，故曰「以情遷」。

是故愛惡相攻而吉凶生[一]，遠近相取而悔吝生，情僞相感而利害生。凡《易》之情，近而不相得則凶，或害之，悔且吝。

攻猶取也。

將叛者其辭慙，中心疑者其辭枝。吉人之辭寡，躁人之辭多。誣善之人其辭游，失其守者其辭屈。

「辭慙」者，不能隱其實。「辭枝」者，一左一右。「辭寡」者，敏于行。「辭多」者，急求人知。「辭游」者，必苟巧飾。「辭屈」者，内無主。

右第九章

說卦

昔者聖人之作《易》也，幽贊于神明而生蓍，參天兩地而倚數，觀變于陰陽而立卦，發揮于剛柔而

〔一〕「攻」，原作「攷」，今據聚珍本、經苑本改。

生爻，和順于道德而理于義，窮理盡性以至于命。

昔者聖人之作《易》也，將以順性命之理。是以立天之道曰陰與陽，立地之道曰柔與剛，立人之道曰仁與義。兼三才而兩之，故《易》六畫而成卦。分陰分陽，迭用柔剛，故《易》六位而成章。

三才者，天，陽也；地，陰也；人者，陰陽之中也。以物言之，則陽也，陰也，太極也；以事言之，則始也，壯也，究也；以位言之，則下也，中也，上也。三才之中復有陰陽焉，故因而重之，以爲六爻，而天下之能事畢矣。

天地定位，山澤通氣，雷風相薄，水火不相射，八卦相錯。數往者順，知來者逆，是故《易》逆數也。

雷以動之，風以散之，雨以潤之，日以晅之，艮以止之，兑以説之，乾以君之，坤以藏之。

帝出乎震，齊乎巽，相見乎離，致役乎坤，説言乎兑，戰乎乾，勞乎坎，成言乎艮。

萬物出乎震，震東方也。「齊乎巽」，巽東南也。齊也者，言萬物之潔齊也。離也者，明也，萬物皆相見，南方之卦也。聖人南面而聽天下，嚮明而治，蓋取諸此也。坤也者，地也，萬物皆致養焉，故曰「致役乎坤」。兑，正秋也，萬物之所説也，故曰「説言乎兑」。「戰乎乾」，乾西北之卦也，言陰陽相薄也。坎者水也，正北方之卦也，勞卦也，萬物之所歸也，故曰「勞乎坎」。艮，東北之卦也，萬物之所成終而所成始也，故曰「成言乎艮」。

神也者，妙萬物而爲言者也。動萬物者莫疾乎雷，撓萬物者莫疾乎風，燥萬物者莫熯乎火，説萬物者莫説乎澤，潤萬物者莫潤乎水，終萬物、始萬物者莫盛乎艮。故水火相逮，雷風不相悖，山澤通氣，然後能變化，既成萬物也。

乾，健也。坤，順也。震，動也。巽，入也。坎，陷也。離，麗也。艮，止也。兑，説也。

乾爲馬，坤爲牛，震爲龍，巽爲雞，坎爲豕，離爲雉，艮爲狗，兑爲羊。

乾爲首，坤爲腹，震爲足，巽爲股，坎爲耳，離爲目，艮爲手，兑爲口。

乾，天也，故稱乎父。坤，地也，故稱乎母。震一索而得男，故謂之長男。巽一索而得女，故謂之長女。坎再索而得男，故謂之中男。離再索而得女，故謂之中女。艮三索而得男，故謂之少男。兑三索而得女，故謂之少女。

乾爲天，爲圜，爲君，爲父，爲玉，爲金，爲寒，爲冰，爲大赤，爲良馬，爲老馬，爲瘠馬，爲駁馬，爲木果。

坤爲地，爲母，爲布，爲釜，爲吝嗇，爲均，爲子母牛，爲大輿，爲文，爲衆，爲柄，其于地也爲黑。

震爲雷，爲龍，爲玄黄，爲旉，爲大塗，爲長子，爲決躁，爲蒼筤竹，爲萑葦。其于馬也，爲善鳴，爲馵足，爲作足，爲的顙。其于稼也，爲反生。其究爲健，爲蕃鮮。

巽爲木，爲風，爲長女，爲繩直，爲工，爲白，爲長，爲高，爲進退，爲不果，爲臭。其于人也，爲寡髮，爲廣顙，爲多白眼，爲近利市三倍，其究爲躁卦。

坎爲水，爲溝瀆，爲隱伏，爲矯輮，爲弓輪。其于人也，爲加憂，爲心病，爲耳痛，爲血卦，爲赤。其于馬也，爲美脊，爲亟心，爲下首，爲薄蹄，爲曳。其于輿也，爲多眚，爲通，爲月，爲盜。其于木也，爲堅多心。

離爲火，爲日，爲電，爲中女，爲甲冑，爲戈兵。其于人也，爲大腹。爲乾卦，爲鼈，爲蟹，爲蠃，爲蚌，爲龜。其于木也，爲科上槁。

坎，陽也，而爲月；離，陰也，而爲日。何也？日者，至陽之精也；月者，至陰之精也。坎，北方也，陰之極也，陰極則陽生其中矣；離，南方也，陽之極也，陽極則陰生其中矣。故坎離者，陰陽之交際，變化之本原也。

艮爲山，爲徑路，爲小石，爲門闕，爲果蓏，爲閽寺，爲指，爲狗，爲鼠，爲黔喙之屬。其于木也，爲堅多節。

兑爲澤，爲少女，爲巫，爲口舌，爲毁折，爲附決。其于地也，爲剛鹵。爲妾，爲羊。

序卦

有天地，然後萬物生焉。盈天地之間者唯萬物，故受之以屯。屯者，盈也。屯者，物之始生也。

物生必蒙，故受之以蒙。蒙者，蒙也，物之穉也。物穉不可不養也，故受之以需。需者，飲食之道也。飲食必有訟，故受之以訟。訟必有衆起，故受之以師。師者，衆也。衆必有所比，故受之以比。比者，比也。比必有所畜，故受之以小畜。物畜然後有禮，故受之以履。履而泰，然後安，故受之以泰。泰者，通也。物不可以終通，故受之以否。物不可以終否，故受之以同人。與人同者，物必歸焉，故受之以大有。有大者，不可以盈，故受之以謙。有大而能謙必豫，故受之以豫。豫必有隨，故受之以隨。以喜隨人者必有事，故受之以蠱。蠱者，事也。有事而後可大，故受之以臨。臨者，大也。物大然後可觀，故受之以觀。可觀而後有所合，故受之以噬嗑。嗑者，合也。物不可以苟合而已，故受之以賁。賁者，飾也。致飾然後亨則盡矣，故受之以剥。剥者，剥也。物不可以終盡，剥窮上反下，故受之以復。復則不妄矣，故受之以无妄。有无妄，然後可畜，故受之以大畜。物畜然後可養，故受之以頤。頤者，養也。不養則不可動，故受之以大過。物不可以終過，故受之以坎。坎者，陷也。陷必有所麗，故受之以離。離者，麗也。

有天地然後有萬物，有萬物然後有男女，有男女然後有夫婦，有夫婦然後有父子，有父子然後有君臣，有君臣然後有上下，有上下然後禮義有所錯。夫婦之道不可以不久也，故受之以恒。恒者，久也。物不可以久居其所，故受之以遯。遯者，退也。物不可以終遯，故受之以大壯。物不可以終壯，故受之以晉。晉者，進也。進必有所傷，故受之以明夷。夷者，傷也。傷于外者必反其家，故受之以家人。家道窮必乖，故受之以睽。睽者，乖也。乖必有難，故受之以蹇。蹇者，難也。物不可以終難，故受之以解。解者，緩也。緩必有所失，故受之以損。損而不已必益，故受之以益。益而不已必決，故受之以夬。夬者，決也。決必有所遇，故受之以姤。姤者，遇也。物相遇而後聚，故受之以萃。萃者，聚也。聚而上者謂之升，故受之以升。升而不已必困，故受之以困。困乎上者必反下，故受之以井。井道不可不革，故受之以革。革物者莫若鼎，故受之以鼎。主器者莫若長子，故受之以震。震者，動也。物不可以終動，止之，故受之以艮。艮者，止也。物不可以終止，故受之以漸。漸者，進也。進必有所歸，故受之以歸妹。得其所歸者必大，故受之以豐。豐者，大也。窮大者必失其居，故受之以旅。旅而無所容，故受之以巽。巽者，入也。入而後説之，故受之以兑。兑者，説也。説而後散之，故受之以涣。涣者，離也。物不可以終離，故受之以節。節而信之，故受之以中孚。有其信者必行之，故受之以小過。有過物者必濟，故受之以既濟。物不可窮也，故受之以未濟，終焉。

雜卦傳

乾剛坤柔，比樂師憂。臨觀之義，或與或求。屯見而不失其居，蒙雜而著。震，起也；艮，止也。

損、益，盛衰之始也。大畜，時也；无妄，災也。萃聚，而升不來也。謙輕，而豫怠也。噬嗑，食也；賁，无色也。兑見，而巽伏也。隨，無故也；蠱，則飭也。剥，爛也；復，反也。晉，晝也；明夷，誅也。井通，而困相遇也。咸，速也；恒，久也。涣，離也；節，止也。解，緩也；蹇，難也。睽，外也；家人，内也。否、泰，反其類也。大壯則止，遯則退也。大有，衆也；同人，親也。革，去故也；鼎，取新也。小過，過也；中孚，信也。豐，多故也；親寡，旅也。離上，而坎下也。小畜，寡也；履，不處也。需，不進也；訟，不親也。大過，顛也；姤，遇也，柔遇剛也。漸，女歸待男行也；頤，養正也。既濟，定也；歸妹，女之終也。未濟，男之窮也；夬，決也，剛決柔也，君子道長，小人道憂也。案：《序卦》説、《雜卦》説竝原本缺。

書儀

陳凱——點校

整理説明

書儀，是關於士庶通禮的著作。《四庫全書總目》稱：「書儀者，古私家儀注之通名。」唐以後書儀類著述非常多，司馬光撰寫的《書儀》是流傳最廣、影響最大的一部。

《書儀》十卷，卷一是表奏、公文、私書、家書等格式規範，卷二是冠儀，卷三與卷四是婚儀，卷五至卷十是喪儀，涉及居家禮儀方方面面，形成了一個相對完整的家庭禮儀系統。司馬光的書儀以《儀禮》爲依據，又充分照顧了當時的風俗，對古禮儀節有所簡化和調整，體現了很强的變通精神，被譽爲禮家之典型，對後世影響頗大，在體例上和具體儀節上都對南宋朱熹創作《朱子家禮》産生深刻影響。《書儀》可以説是《朱子家禮》的雛形，「《家禮》所以宗《書儀》，《書儀》所以啓《家禮》」，正是在《書儀》的基礎上，《朱子家禮》進一步發揮變通精神，對禮儀進行規範和完善，成爲後世家庭禮儀的圭臬。

目前《書儀》存在的主要版本包括國家圖書館藏宋刻元修本，二册，每葉十一行行十九字，小字雙行二十四字，細黑口，左右雙邊。北大藏清雍正元年歸安汪亮采刻本，内封面寫有「司馬温公書儀」，小字寫「研香書屋藏版」，目録前爲汪亮采序、宋序，目録後爲汪郊跋，書後爲汪郯、汪祁跋。書最後有「湖城甘棠橋潘大有刊」，十一行行十九字，小字雙行行二十四字。後世流傳多翻刻此本。孫星衍對雍正二年汪亮采刻本進行點校，後歸傅增湘。傅增湘《藏園羣書經眼録》云：「《司馬氏書儀》十卷，清孫星衍據殘宋本三家冠婚喪祭禮，以朱筆校過，自卷第五喪禮大斂殯起至卷九居喪雜儀止。」該朱筆點校本現藏於國圖。還有清嘉慶十一年琴川張氏照曠閣本。民國上海涵芬樓曾影印此本，收入《學津討原》。

本次校點，以北京大學圖書館藏清雍正二年汪亮采刻本爲底本，校以宋刻本（簡稱「宋本」）、《四庫全書》本（簡稱「《四庫》本」）、《學津討原》本（簡稱「學津本」），以及孫星衍校本（簡稱「孫校本」）。

整理者

書儀目録

宋刻本序

《書儀》，温國文正公先生撰次也。元豐中薦紳家爭相傳寫，往往皆珍祕之。自中原俶擾，有能保存渡江者百無一二，士大夫雖時有其髣髴〔一〕，恨無全編。淳熙間〔二〕，崇川范君少潛得是書，雖嘗鋟梓，然亦以闕裂不全爲欠。余先伯父仕於閩，與先生族孫同僚寀，獲見全書，躍然喜如得至寶，亟求録之，家藏久矣。遺訓有謂：「是書經世之防範，禮教之大端，士大夫家若能採摭而行之，於名教豈曰小補之哉？」以故再加訂證訛舛，編排繕寫，命工刊刻〔三〕，以大其傳，或可以廣先生著書之意，亦不負先世收書之志云。時歲壬子菊月圓日，序於傳桂堂〔四〕。

〔一〕「有」，原爲空格，今據宋本補。
〔二〕「間」，原爲空格，今據宋本補。
〔三〕「刻」，原作重文号，今據宋本補。
〔四〕「壬」、「堂」，原缺，今據宋本補。

汪亮采序

古言禮之書，自漢石渠論議迄唐以上，撰述多佚而不傳，其散見於史册及《開元禮》、《政和禮》、杜佑、馬端臨、鄭樵輩卷中者，亦止資考禮，非以便行習。馬氏列「儀注」一門，今士大夫所守，惟文公《家禮》一編。噫！斯禮之行亦僅矣！迺《家禮》爲朱子究觀古今之籍，因大體而少加損益，其實本司馬氏《書儀》爲之。蓋朱子以《儀禮》爲經，司馬氏則本諸《儀禮》，參以當時可行者。朱子答胡叔器問四先生禮，獨謂「温公較穩，其中與古不甚遠，是七分好」。至温公之於婚禮，以婦入門已拜先靈，三月可不廟見；其於喪禮之祔，不以殷練而以周卒哭，特其誠篤之至，體聖道於人情物理。朱子亦嘗深探力索，識其確有精意，非所謂「作者不易，知者良難」也歟！

夫《儀禮》久稱難讀，至宋，而取士且罷於王氏，何範身獨切於涑水？使文公、勉齋、信齋之前不有好學深思似此，筆之於簡，著之爲式，將十七篇之可行者不盡亡不止。故《家禮》所以宗《書儀》，《書儀》所以啓《家禮》，温公與文公皆有功《儀禮》，衷於古不戾於今，惟恐驅一世於冥行也。

亮采少而椎魯，昧於恭儉莊敬之爲教，顧知宋儒所稱四家禮、三家禮者，首數司馬氏，特以未覩《書儀》卷帙爲恨。旋購鈔本，藏之家塾。覺度數精詳，理道貫通，與《家禮》並置几案，如雙環，如兩劍。溯其同而異，若分道揚鑣；會其異而同，亦猶先河後海。因命兒郊校正開雕，俾廣其傳，庶後之學禮者有以知司馬氏之於朱子之禮，并以知司馬氏之於程、張、吕諸家之禮，則不無小補云。

雍正元年冬十月朔日，後學汪亮采謹序。

書儀卷一

表奏　公文　私書　家書

表奏

元豐四年十一月十二日，中書劄子，據詳定官制所修到公式令節文。

表式

臣某言。云云。臣某誠惶誠懼，賀則云「誠懽誠忭」，後辭末准此。頓首頓首辭。云云。謹奉表稱　謝以　聞。稱賀同。其辭免恩命及陳乞，不用狀者亦准此。臣某誠惶誠懼，頓首頓首，謹言。

年月　日。具位臣姓　名　上表。

右臣下奏陳皆用此式，上東宫牋亦倣此，但易「頓首」爲「叩頭」，不稱臣。命婦上皇太后、皇后准東宫牋，稱妾。

奏狀式

某司自奏事則具官。貼黃，節狀内事。

某事。云云。若無事因者，於此便云「右臣」。

右云云。列數事則云「右謹件如前」。謹録奏

聞，謹奏。取旨者則云「伏候　勑旨」。

乞降付去處。貼黃在年月前。

年月　日。具位臣姓名有連書官即依此列位。狀奏。

右臣下及内外官司陳敘上聞者並用此式。在京臣寮及近臣自外奏事，兼用劄子，前不具官，事末云「取　進止」。用牓子者，惟不用年、不全幅、不封，餘同狀式。皆先具檢本司官晝日親書，付曹司爲案。本官自陳事者，則自留其案。

公文

申狀式

某司。自申狀，則具官封、姓名。

某事。云云。有事因則前具其事，無所因則便云「右某」。

右云云。謹具狀申。如前列數事，則云「右件狀如前」云云。某司謹狀。取處分則云「伏候指揮〔一〕」。

年月　日。具官封、姓名有連書官則以次列銜。狀。

右内外官司向所統屬並用此式。尚書省司上門下、中書省、樞密院，及臺省寺監上三省、樞密院，省内諸司并諸路諸州上省臺寺監並准此。

牒式

某司牒　某司。或某官。

某事。云云。

牒。云云。若前列數事，則云「牒件如前」云云。謹牒。

年月　日。牒。

列位。三司首判之官一人押，樞密院則都承旨押。

右門下、中書、尚書省以本省，樞密院以本院事相移，並謂非被受者。及内外官司非相管隸者

〔一〕「指」，《四庫》本、學津本同，宋本作「旨」。

相移並用此式。諸司補牒亦同，惟於「年月日」下書書令史名，辭末云「故牒」。官雖統攝而無狀例，及縣於比州之類，皆曰「牒上」。寺監於御史臺、祕書、殿中省准此。於所轄而無符帖例者，則曰「牒某司」，不闕字。尚書省於御史臺、祕書、殿中省，及諸司於臺省，臺省寺監於諸路諸州亦准此。其門下、中書省、樞密院於省内諸司、臺省寺監官司，辭末云「故牒」，尚書省於省内諸司准此。

私書

上尊官問候賀謝大狀

具位姓　某。

右某。述事云云。謹具狀　上問　尊候，申賀、上謝隨事。謹狀。舊云「謹録狀，上牒件狀如前，謹牒」，狀末姓名下亦云「牒」，此蓋唐末屬寮上官長公牒，非私書之體。及元豐改式，士大夫亦相與改之。

年月　日。具位姓　某　狀。

封皮狀上　某位。具位姓　某謹封。重封上題云「狀上某所某位」〔一〕，下云「謹重封」。

〔一〕「題」，原作「顯」，今據《四庫》本改。

與平交平狀

具位姓　某。

右某啓。述事云云。　謹奉狀　起居，陳賀、陳謝隨事。伏惟

照督，謹狀。

月　日。具位姓　某　狀。

封皮用面簽。某位。　具位姓　某　謹封。重封，題與大狀同，後封皮重封皆准此。

上書

月日。具位某頓首再拜，上書某位執事。此上尊官之儀也，稍尊則云「閣下」，平交則云「謹致書某位足下」。凡閣下謂守黄閣者，非宰相不當也，而末俗競以虚名相尊，今有謂宰相爲「閣下」，則必怒以爲輕，而今人非平交不可施矣。此無如之何，且須從俗。此下述事云云。不宣。某頓首再拜

某位執事。

啓事

具位姓　某。

右某啓。述事云云。謹奉啓事陳聞，陳賀、陳謝隨事。伏惟

尊慈俯賜　鑒念。不宣。謹啓。

月　日。具位姓　某　啓上。

封皮用面簽。某位　具位姓某啓上。謹封。前「上書」封皮，改「啓」爲「書」字。

上尊官時候啓狀〔二〕

裴《書儀》僚屬典吏起居官長啓狀止如此，無如公狀之式者。裴文有《四海吉書》，分五等：以父之執友、疎屬、尊親、受業師爲極尊；年紀高於己或職掌稍高，及姊夫、妻兄之屬爲稍尊；齒爵相敵者爲平懷；年小於己，官卑於己，及妻弟、妹夫爲稍卑；先曾服事，及弟子之類爲極卑。今以裴之啓狀爲大書，《四海吉書》爲書小簡及平日往來手簡，而微爲增損，以叶時宜，以齒爵極遠者爲尊官與極卑，不甚相遠者爲稍卑，改平懷爲平交。又今人與尊官書多爲三幅，其辭意重複，殊無義理。凡與人書，所以爲尊敬者，在於禮數辭語，豈以多紙爲恭耶？徒爲煩冗而不誠，不足法也。

某啓。晷度推移，日南長至。此冬至之儀也，正旦則云「元正啓祚，萬物惟新」。月朔及非時起居，則各用其月時候，如「孟春猶寒」之意。伏惟　某位膺時納祐，與　國同休。正旦同。月朔及非時起居，則云「尊體

〔二〕「啓」字，宋本無。

起居萬福」。某即日蒙　恩，事役所縻，有官則云「職業有守」。未獲趨拜　門庭。伏乞　上爲　廟朝，善保　崇重，下誠不任倉　依懇禱之至。謹奉狀陳賀。月朔及非時起居，則改「陳賀」爲「參候」。不宣。謹狀。

月　日。具位姓　某　狀上

某位座前。或云「執事」，執政則云「台座」。執政雖有世契，亦不敢敘。他人父執則云「從表姪上某位幾丈」。師則云「門生上某位先生」。非平交不可稱其字。後手啓准此。謹空。

封皮謹謹上　某位「座前」或「台座」皆如狀中。具位姓　某　狀封。

上稍尊時候啓狀平交改「卑情不任勤禱之至」爲「用慰勤懷」，「閣下」爲「足下」，無「謹空」，自餘同。

某啓。時候如前。伏惟　某位膺時納祐，罄無弗宜。月朔及非時起居，則云「尊體萬福」。某即日蒙免，未由　覿展。伏冀　順時，善加　保養，卑情不任勤禱之至。謹奉狀陳賀。非時起居改「陳賀」爲「參候」。不宣。謹狀。

月　日。粗銜姓　某　狀上

某位閣下。或云「侍史」，或云「左右」，或云「足下」。若有契素，則云「從表弟上某位幾兄」。後稍尊手啓准此。謹空。

封皮狀上　某位閣下。　粗銜姓　某　謹封。

與稍卑時候啓狀極卑止有手簡及委曲，無啓狀。

某啓。時候如前。恭惟　某位膺時納祐，罄無弗宜。月朔及非時起居，則云「動止萬福」。某即日幸如宜，未由　展奉。惟冀　順時，善加　保愛，用慰遠懷。謹奉狀。不宣。謹狀。

月　日。若有事素，則云「從表」。粗銜姓　某　狀上

某位。若有事素，則云「幾弟」。

封皮狀上　某位。　粗銜姓　某　謹封。

上尊官手啓書中小簡亦同，但紙尾有日無月，去「謹奉啓」及「謹空」字。

某惶恐頓首再拜。述事云云。謹奉啓。不備。備、具、宣、悉，據理亦同，但世俗有此分別，今須從衆。某惶恐頓首再拜

某位座前。執政則云「台座」。月日。謹空。

封皮謹謹上　某位「座前」、「台座」如啓中。某　啓封。

别簡

某啓。或云「再啓」，或云「又啓」。述事云云。　某頓首再拜。

上稍尊手啓

書中小簡及别簡如大官。

某再拜。述事云云。謹奉啓。不宣。　某再拜

某位閣下。或云「侍史」，或云「左右」。若其人知州府，則云「鈴下」。月日。

封皮啓上　某位「閣下」等如啓中。　某　謹封。

與平交手簡

書中小簡同别簡，直述事，末云「頓首」。

某啓。述事云云。不宣。　某頓首

某位足下。或云「左右」。　日。

封皮手啓上或止云「啓上」。某位。　某　謹封。

與稍卑手簡

書中小簡同。凡書啓，若不能一一如儀，寧於平交用稱尊，不可用稍卑。

某啓。述事云云。不宣。　某　咨白

某位。　日。

封皮簡呈　某位。　某　謹封。

謁大官大狀

具位姓　某。

右某謹詣　門屏，祇候　起居參、謝、賀、辭、違隨事。己欲他適往辭人曰「辭」，人欲他適己往別之曰「攀違」。某位。伏聽處分。謹狀。舊亦云「牒件狀如前，謹牒」，狀末姓名下又云「牒」。元豐改式，士大夫亦改之。

年月　日。具位姓　某　狀。

謁諸官平狀

具位姓　某。

右某祇候世俗皆云「謹祇候」。按，謹即祇也，語涉複重，今不取。起居謝、賀、辭、違隨事。按，「祇候某人起居」乃語，自唐末以來皆以云「祇候起居其人〔二〕」，今從衆。某位。謹狀。

〔二〕「其」，宋本、學津本同，《四庫》本作「某」。

月　日。具位姓　某　狀。

平交手刺大約如此，時改臨時。

某爵無爵者言官。某里姓某無官者，止稱鄉里，此平生未曾往還者也。若已相識，則去爵里，往還熟則去姓。

專謁　見謝、賀、辭别隨事。

某位。　月日。　謹刺。

名紙

取紙半幅，左卷令緊實，以綫近上横繫之，題其陽面。凡名紙，吉儀左卷，題於左掩之端爲陽面；凶儀右卷，題於右掩之端爲陰面。云鄉貢進士姓名。

家書

上祖父母父母上外祖父母，改「孫」爲「外孫」，著姓，餘同。

某啓。孟春猶寒，時候隨月。伏惟　某親，尊體起居萬福。述先時往來書云云。某在此與新婦以下各循常，若有尊長在此，則於「與新婦」字上添「侍奉某親康寧，外」字。乞不賜遠念。凡此皆平安之儀，若有不安者即不用此語，後准此。下述事云云。未由　省侍，伏乞倍加　調護，下誠不任瞻戀之至。謹奉狀。不備。孫子，男則稱男，女則稱女。　某再拜上

某親几前。

封皮謹謹上　某親几前。　孫男、女同。　某　狀封。

重封，平安家書附上某州某縣姓某官。凡人得家書，喜懼相半，故「平安」字不可闕，使見之則喜。後家書重封准此。孫男、女同。　粗銜某謹重封。

上内外尊屬謂伯叔祖父母、伯叔父母、姑、舅、妗母、姨夫、姨母、妻之父母。

改「起居」爲「動止」，「省侍」爲「覲省」，「調護」爲「保重」，「瞻戀」爲「瞻仰」，「几前」爲「座前」。姪、甥、壻隨所當稱，惟與妻之父母書，不稱新婦，稱封邑，無封邑則改「新婦以下」爲「家中骨肉」。古人謂父爲阿郎，謂母爲孃子，故劉岳《書儀》「上父母書」稱阿郎、孃子。其後奴婢尊其主如父母，故亦謂之阿郎、孃子，以其主之宗族多，故更以行第加之。今人與妻之父母書，稱其妻爲「幾娘子」，殊亂尊卑。名不正則言不順，士君子宜有以易之。餘皆如上父母書。

上内外長屬謂兄姊、表兄姊，及姊夫妹與嫂亦同。

改「尊體起居萬福」爲「動止康和」，「乞不賜遠念」爲「幸不念及」，「省侍」爲「參省」，「伏乞倍加調護」爲「爲　國保燮」，「下誠不任瞻戀之至」爲「卑情不勝依戀」，弟妹、内外弟妹隨所當稱，劉岳《書儀》云：「舅之子稱内弟，不書姓；姑之子稱外弟，書姓。」今人亦通稱表弟也。「几前」爲「左右」，「狀」爲「啓」。餘如上父母書。

封皮啓上　某親。　弟　某　謹封。

與妻書

某咨。春寒，春暄、夏熱、秋熱、秋涼、冬寒隨時。動履清勝。或云「常勝」。某此粗遣免。述事云云。不悉。裴《儀》作「不具」，今從弟妹法。某書達某邑封，裴《儀》云：「某狀通幾娘子足下」，於理亦似未安，若無封邑，宜稱其字。月日。

封皮書達　某邑封。　某謹封。重封云「平安家書附至本宅」。

與内外卑屬謂弟妹、表弟妹。

幾弟。妹則云「幾妹」。春寒，寒暄隨時。想與諸尊幼或云「長幼」，隨事。休宜。兄此粗常。述事云云。

不悉。兄報某親。

月　日。

封皮書寄幾弟。親弟妹不空，表弟妹空。兄手書。表弟妹云「表兄姓某謹封」。以下書皮、重封皆同。重親弟妹云「平安家書附至某州某縣幾某官處」，無官封則云「幾弟處」，表則云「書附至某州某縣幾某官處」。粗銜姓押重封。表弟云「謹重封」。

與幼屬書謂兄弟之子孫。

告幾某官。春寒，寒暄隨時。想汝與諸尊幼或云「長幼」，隨事。吉健。翁或伯或叔。此與骨肉並如常。述事云云。不具。翁餘親准此。裴《儀》與兒及孫、姪等書，其末皆云「及此不多」，今以與詔語相涉，更改從俗。告幾某官省。

月日。

封皮書付幾某官。翁餘親准此。封重封如卑屬。

與子孫書

告名。子孫名也。春寒，寒暄隨時。想汝與諸幼卑幼隨事。吉健。述先時往來書。吾此與骨肉並如常。述事云云。不具。翁父同。告。名省。

封皮委曲付名。　翁父同。　封。

重封「平安家書附至某州某縣付孫名」。兒子同。　粗銜姓　押　重封。

與外甥女壻書封皮、重封與表弟妹同。

某咨。春寒，寒暄隨時。想與尊幼如宜。與女壻者，云「與幾姐及外孫如宜」。某此粗常。述事云云。不悉。某咨　姓甥某官。壻云「某郎」。

月　日。

婦人與夫書婦人與諸親書，皆與男子同，於子孫之婦稱「吾」，於夫家尊長稱「新婦某氏」，於卑幼稱「婆」，稱「伯母」、「叔母」，或稱「老婦」，於己家尊長稱「兒」，於卑幼稱「姑」、稱「姊」。於外人不當通書，若不得已通書，亦當稱「新婦」。今人皆稱「兒」，非也。上舅姑書如父母，但改「新婦以下」，稱其夫官而已。與妯娌書，如長屬，其末自稱「姒某氏」、「娣某氏」，與子孫書云「告幾新婦」，餘如與子孫書。其與尊長者，雖有封邑不敢稱之。古者婦人謂夫曰「君」，自稱曰「妾」，今夫與妻書稱名，妻與夫書稱妾，乃冀缺、梁鴻相推敬之道也。

妾啓。春寒，寒暄隨時。動止康和。或云「康勝」。妾即此蒙　免，諸幼無恙。此平安之儀也。若己不安則不云「蒙免」，子孫有不安者則不云「諸幼無恙」。此下述事云云。不宣。妾上　某官。侍者無官則稱「良人」。月日。

封皮狀上　某官。　邑封某　氏。妾　謹封。

與僕隸委曲僕隸上郎主，當依公狀式。

姓名。僕隸姓名也。述事云云。不具。委曲付姓名。

封皮委曲付姓名。　押　封。

書儀卷二

冠儀

冠〔一〕

男子年十二至二十皆可冠。《冠義》曰：「冠者，禮之始也。是故古之道也，成人之道者，將責成人之禮焉也。責成人之禮焉者，將責爲人子、爲人弟、爲人臣、爲人少者之行也。將責四者之行於人，其禮可不重與？」冠禮之廢久矣，吾少時聞村野之人尚有行之者，謂之「上頭」，城郭則莫之行矣，此謂「禮失求諸野」者也。近世以來，人情尤爲輕薄，生子猶飲乳，已加巾帽，有官者或爲之製公服而弄之，過十歲猶總角者蓋鮮矣。彼責以四者之行，豈知之哉？往往自幼至長，愚騃如一，由不知成人之道故也。吉禮雖稱二十而冠，然魯襄公年十二，晉悼公曰：「君可以冠矣。」今以世俗之弊不可猝變，故且徇俗，自十二至二十皆許其冠。若敦厚好古之君

〔一〕「冠」，底本無，今據目録格式補。

子，俟其子年十五已上，能通《孝經》、《論語》，粗知禮義之方，然後冠之，斯具美矣。必父母無期已上喪，始可行之。冠、婚皆嘉禮也。《曾子問》：「冠者至，聞齊而不醴，如冠者未至，則廢。」《雜記》曰：「大功之末，可以冠子，可以嫁子。」然則大功之初，亦不可冠也。《曾子問》有因喪服而冠者，恐於今難行。

其禮，主人盛服主人，謂冠者之祖父、父及諸父、諸兄，凡男子之爲家長者，皆可也。凡盛服，有官者具公服靴笏，無官者具襆頭、鞾襴，或衫帶，各取其平日所服最盛者。後婚、祭儀盛服皆准此。親臨，筮日於影堂門外，西向。古者大事必決於卜筮，灼龜曰卜，揲蓍曰筮。夫卜筮，在誠敬不在蓍龜。或不能曉卜筮之術者，止用杯珓亦可也〔一〕。其制，取大竹根判之，或止用兩錢擲於盤，以一仰一俯爲吉，皆仰爲平，皆俯爲凶。後婚、喪、祭儀卜筮准此。《開元禮》自親王以下皆筮，曰筮賓，不用卜。此云「西向」，據影堂門南向者言之。私家堂室不能一一如此，但以前爲南，後爲北，左爲東，右爲西。後婚、喪、祭儀中凡言東西南北者皆准此。若不吉，則更筮他日。凡將筮日，先謀得暇可行禮者數日，然後筮取其吉者用之。前期三日，筮賓，如求日之儀。凡賓當擇朋友賢而有禮者爲之，亦擇數賓，取吉者。或不及筮日、筮賓，則曰擇其可者而已。乃遣人戒賓，《士冠禮》主人自戒賓宿賓，今欲從簡，但遣子弟若童僕致命。或使者不能記其辭，則爲如儀中之辭，後云「某上」，一辭爲一紙，使者以次達之，賓答亦然。後致辭皆倣此。曰：「某主人名也，使者不欲斥主人名即稱官位，或云某

〔一〕「杯」，原作「坏」，今據《四庫》本、學津本改。

親。有子某，子名。將加冠於其首〔二〕，願吾子之教之也。」賓對曰：「某賓名。不敏，恐不能供事，以病吾子，敢辭。」病猶辱也。禮辭，一辭而許，曰「敢辭」；再辭而許，曰「固辭」；三辭曰「終辭」，不許也。主人曰：「某願吾子之終教之也。」賓對曰：「吾子重有命，某敢不從。」凡賓主之辭，或不以書傳，慮有誤忘，則宜書於笏記，無笏者爲掌記。後婚、喪、祭儀皆准此，惟納采必用書。前一日，又遣人宿賓，曰：「某將加冠於某之首，吾子將涖之，敢宿賓。」對曰：「某敢不夙興。」古文，宿贊冠者一人，今從簡，但令賓自擇子弟親戚習禮者一人爲之。前夕又有請期、告期，今皆省之。

其日夙興，賓、主人、執事者皆盛服，執事者，謂家之子弟、親戚或僕妾，凡預於行禮者皆是也。後稱執事者准此。執事者設盥盆於廳事阼階下，東南有臺，帨巾在盆北，有架。古禮，謹嚴之事皆行之於廟，故冠亦在廟。今人既少家廟，其影堂亦褊隘難以行禮，但冠於外廳，笄在中堂可也。《士冠禮》：「設洗直於東榮，南北以堂深，水在洗東。」今私家無罍洗，故但用盥盆帨巾而已。盥，濯手也；帨，手巾也。廳事無兩階則分其中央，以東者爲阼階，西者爲賓階。無室無房則暫以帟幕截其北爲室，其東北爲房，此皆據廳堂南向者言之。陳服於房中西牖下，東領北上，公服靴笏，無官則襴衫、靴。次旋襴衫，次四䙆衫、若無四䙆，止用一衫。腰帶、櫛、篦、總、幧頭，總，頭[illegible]；幧頭，掠頭也。席二，在南。公服衫設於椸，椸，音移，衣架也。

〔二〕「其」下原有空格，宋本同，《四庫》本作「子」，無空格；學津本無空格亦無「子」字。

靴置椸下，笏、腰帶、篦、櫛、總、幧頭置卓子上。酒壺在服北，次盞注亦置卓子上，襆頭帽巾各承以盤，蒙以帕。主人、執事者三人執之，立於堂下西階之西，南向，東上，賓升則東向。主人立于阼階下少東，西向。子弟親戚立於盥盆東，西向，北上。親戚預於冠禮者皆謂男子也，尊卑共爲一列，若有僮僕預於執事，則立于親戚之後，拜立行列皆倣此。擯者立於門外，以俟賓。主人於子弟親戚中擇習禮者一人爲擯。將冠者雙紒，童子紒似刀鐶，今俗所謂吴雙紒也。袍，今俗所謂襖子是也，夏單冬複。勒帛，素屐，幼時多躡采屐，將冠可以素屐。在房中，南向。

賓至，贊者從之，立於門外，東向。贊者少退，擯者以告主人，主人迎賓，出門左，西向，再拜，賓答拜，主人與贊者相揖不拜，又揖賓，乃先入門。賓並行，少退。贊從賓後入門。賓主分庭而行，揖讓而至階，又揖讓而升。主人由阼階先升，立於阼階上少東，西向，賓由賓階繼升，立於階上少西，東向。贊者盥手，由賓階升，立於房中，西向。擯者取席於房，布之於主人之北，西向。此適長子之禮也，衆子則布席於房户之西，南向。將冠者出房，立於席北，南向。衆子立于席西，東向。賓之贊者取櫛、總、篦、幧頭置於席南端，衆子置於席東端。興，席北少東，西向立。衆子則席東少北，南向立。

賓揖將冠者，將冠者即席，西向坐，衆子南向坐。爲之櫛，合紒，施總，加幧頭。賓降，主人亦降，立於阼階下，賓禮辭。賓盥手畢，主人一揖一讓，升自阼階，賓升自西階，皆復位。賓降西階一等，執巾者升一等授賓，古者階必三等，於中等相授，今則無數，但三分其階，升降每分一等可也。賓執巾，正容，徐詣將冠者席前，東向，衆子北向。祝曰：「令月吉日，始加元服，棄爾幼志，順爾成德，壽考維祺，介爾景福。」乃跪，爲之著巾，興，復位。贊者爲之取篦掠髮，冠者興，賓揖之，適房，服四䙆衫、無四䙆衫，止用衫，勒帛。腰帶，出房，南向良久。《士冠禮》注曰：「復出房南面者，一加禮成，觀衆以容禮。」

賓揖之，即席跪。賓盥如初，降二等，受帽，進，祝曰：「吉月令辰，乃申爾服，謹爾威儀，淑慎爾德，眉壽萬年，永受胡福。」加之，復位如初。興，賓揖之，適房，服旋襴衫、腰帶，正容出房，南向良久。

賓揖之，即席坐。賓盥如初，降三等，受襆頭，進，祝曰：「以歲之正，以月之令，咸加爾服，兄弟具在，以成厥德，黄耇無疆，受天之慶。」贊者徹帽〔二〕，賓加襆頭，復位如初。冠者興，賓揖之，適房，改服公服若韡襴，正容，出房立，南向。

主人執事者受帽，徹櫛篦席入於房。擯者取席布於堂中間少西，南向，衆子仍故席。贊者取盞，斟酒於房中，出房立於冠者之南，西向。賓揖冠者就席，冠者立於席西，南向，賓受盞於贊者，詣席前，北向，祝曰：「旨酒既清，嘉薦令芳，拜受祭之，以定爾祥，承天之休，壽考不忘。」古者冠用醴或用酒，醴則一獻，酒則三醮，今私家無醴，以酒代之，但改醴辭「甘醴惟厚」爲「旨酒既清」耳，所以從簡。

〔二〕「贊者」，原爲小字，《四庫》本同，宋本無「贊」，「者」爲大字，今據學津本改。

冠者再拜於席西，升席，南向受盞。賓復位，東向答拜。冠者即席，南向跪，祭酒，興，就席末坐，啐酒。啐，子對切，少飲酒也。興，降席授贊者盞，南向再拜。賓東向答拜。冠者入家，拜見於母，母受之。《冠義》曰：「見於母，母拜之；見於兄弟，兄弟拜之。成人而與爲禮也。」今則難行，但於拜時母爲之起立可也。下見諸父及兄倣此。

賓降階，東向，主人降階，西向，冠者降自西階，立於西階東，南向。賓字之曰：「禮儀既備，令月吉日，昭告爾字，爰字孔嘉，髦士攸宜，宜之於嘏，嘏，古雅切。永受保之，曰伯某甫。」仲、叔、季惟所當。冠者對曰：「某雖不敏，敢不夙夜祇奉。」

賓請退，主人請禮賓，賓禮辭，許乃入。設酒饌延賓及擯、贊如常儀。酒罷，賓退，主人酬賓及贊者以幣，端、匹、丈、尺，臨時隨意。凡君子使人必報之，至於婚、喪相禮者，當有以酬之。若主人實貧，相禮者亦不當受也。仍拜謝之。《士冠禮》：「乃禮賓以一獻之禮。」注：「一獻者，主人獻賓而已。即燕無亞獻者，獻酢酬賓，主人各兩爵而禮成。」又曰：「主人酬賓，束帛儷皮。」注：「飲賓客而從之以財貨曰酬，所以申暢厚意也。束帛，十端也。儷皮，兩鹿皮也。」又曰：「贊者皆與，贊冠者爲介。」注：「贊者，衆賓也，介賓之輔，以贊爲之，尊之飲酒之禮。賢者爲賓，其次爲介。」又曰：「賓出，主人送於外門外，再拜，歸賓俎。」注：「使人歸諸賓家也。」今慮貧家不能辦，故務從簡易。

於賓之請退也，冠者東向拜見諸父、諸兄，諸父爲一列，諸兄爲一列，每列再拜而已。下見諸母、姑、姊倣此。西向拜贊者。贊者答拜。入見諸母、姑、姊，諸母、姑、姊皆爲之起。遂出見於鄉先生鄉里耆德。及父之執友，冠者拜，先生、執友皆答拜。若有誨之者，則對如對賓之辭，且拜之，先生、執友不答拜。

若孤子冠，《士冠禮》：「主人紒而迎賓，拜揖遜〔一〕，立於序端，皆如冠主。」《開元禮》亦然，恐於今難行，故須以諸父、諸兄主之。則明日量具香酒饌於影堂，冠者北向，焚香跪酒，俛伏，興，再拜而出。《曾子問》：「父没而冠，則已冠掃地而祭於禰，已祭而見伯父、叔父，而後享冠者。」此謂自爲冠主者也。《開元禮》：「孤子冠之明日，見於廟，冠者朝服，無廟者見祖禰於寢。質明，贊禮者引入廟南門中庭道西北，賓贊，再拜訖引出。」今參用之。

笄

女子許嫁，笄。年十五，雖未許嫁亦笄。主婦、女賓執其禮，主婦，謂笄者之祖母、母及諸母、嫂，凡婦女之爲家長者皆可也。女賓亦擇親戚之賢而有禮者，贊亦賓自擇婦女爲之。行之於中堂，執事者亦用家之婦女、婢妾。戒賓、宿賓之辭改「吾子」爲「某親」或「邑封」。婦人於婦黨之尊長當稱「兒」，卑幼當稱

〔一〕「遜」，《四庫》本作「讓」。

「姑」、「姊」之類，於夫黨之尊長當稱「新婦」，卑幼當稱「老婦」。陳服止用背子，無篦、幧頭，有諸首飾，謂釵梳之類。席一，背設於椸，櫛、總、首飾置卓子上，冠笄盛以盤，蒙以帕，笄如今朵子之類，所以綴冠者。執事者一人執之，陪位者及擯亦止於婦女内擇之。擯立於中門内，將笄者雙紒，襦，襦，今之襖子。主婦迎賓於中門内，布席於房外，南面，如庶子之冠席。賓祝而加冠及笄，贊者爲之施首飾。賓揖，笄者適房，改服背子。既笄，所拜見者，惟父及諸母、諸姑、兄、姊而已。笄祝，用冠者始加巾祝，字辭去「髦士攸宜」一句。餘皆如男子冠禮。

堂室房户圖人家堂室房户不能一一如此，當以帷幕夾截爲之。

右爲西

西階　西序

前爲南門　堂　牖户　室　後爲北

阼階　東序　東户　房

左爲東

深衣制度名曰深衣者，古之男子衣裳上下各異，惟深衣相連。

深衣之制，用細布，古者，深衣用十五升布鍛濯灰治。八十縷爲升，十五升者，以一千二百縷爲經也；鍛濯，謂打洗；灰治，以灰治之，使和熟也。今人織布不復知有升數，衣布者亦不復練，但用布之細密耎熟者可也。短無見膚，長無被土，續衽鉤邊，鄭曰：「續，猶屬也；衽，在裳旁者也，屬連之，不殊裳前後也。鉤，讀如『鳥喙必鉤』之『鉤』。鉤邊，若今曲裾也。」孔曰：「衽，謂深衣之裳，以下闊上狹，謂之爲衽，接此衽而鉤其旁邊，即今之朝服有曲裾而在旁者，此是也。『衽當旁』者，凡深衣之裳十二幅，皆寬頭在下，狹頭在上，似小要之衽，是前後左右皆有衽也。今云『衽當旁』者，謂所續之衽，當身之一旁，非所謂餘衽悉當旁也。云『屬連之，不殊裳前後也』，若其喪服裳，前三幅、後四幅各自爲之，不相連也。今深衣裳，一旁則連之相着，一旁則有曲裾掩之，與相連無異，故云『屬連之，不殊裳前後也』。云『鉤，讀如鳥喙必鉤者』，案《援神契》云『象鼻必卷長，鳥喙必鉤』，鄭據此讀之也。云『若今曲裾也』者，鄭以後漢之時，裳有曲裾，故以『續衽鉤邊』似漢時曲裾。今時朱衣朝服，後漢明帝所爲，則鄭云今曲裾者，是今朝服之曲裾也。其深衣之衽，已於《玉藻》釋之，故今不復言也。」案：《漢書》江充「衣紗縠襌衣，曲裾後垂交輸」，如淳曰：「交輸，割正幅，使一頭狹若燕尾，垂之兩旁，見於後，是《禮·深衣》『續衽鉤邊』。賈逵謂之『衣圭』。」蘇林曰：「交輸，如今新婦袍上袿全幅繒角割，名曰交輸裁也。」《釋名》曰：「婦人上曰袿，其下垂者，上廣下狹如刀圭也。」然則別有鉤邊不在裳十二幅之數，亦斜割使一端闊一端狹，以闊者在上，狹者在下，交映垂之，如燕尾。有鉤曲裁其旁邊，綴於裳之右旁，以掩不相連之處。襌，音丹。袿，音圭。袪尺二寸，袪，袖口也。凡尺寸皆當用周尺度之，周尺一尺當今省尺五寸五分弱。衣要三袪，謂衣衿下垂，與裳接者袪尺二寸，圍之爲二尺四寸，三之爲七尺二寸。假取布一幅，二尺二寸，則每幅除裁縫各二寸外，有尺八寸，四幅合七尺二寸。此尺寸皆據中人言之，人有長短肥瘦，臨時取稱，故縫紩於袪、袷純之外，皆不言尺寸，但以膚上腰齊肘爲准也。袷，音刼。純，之允反。齊，音咨。縫齊倍要。鄭曰：「縫，紩也。紩下齊倍要，中齊丈四尺四寸。」孔曰：「齊謂裳之下畔，要謂裳之上畔，言縫下畔之廣倍於要中之廣也。」案：縫者以箴紩衣，今俗所謂「䘯袩」是也。䘯，七遥反。袩，奴葉反。袼之高下，可以運肘。鄭以「肘不能出入，袼，衣袂當掖之縫也」。孔曰：「袼謂當臂之處，袂中高下宜稍寬大，可以運動其肘，袂二尺二寸，是云運肘也[一]。」案：鄭云袼當掖縫，而孔云當臂之處，失其義也。蓋爲掖下稍寬，容肘出入耳。袼，音各。袂之長短，反詘之及肘。鄭曰：「袂屬幅於衣，詘而至肘，當臂中爲節，臂上下各尺二寸，則袂肘以前尺二寸。」孔曰：「袂長二尺二寸，并緣寸半，爲二尺三寸半，除去其縫之所殺各一寸，餘有二尺一寸半在，從臂至手二尺四寸。今二尺一寸半之袂，得反屈及肘者，以袂屬於衣幅，衣幅闊二尺二寸，身脊至肩，但尺一寸也，從肩覆臂，又尺一寸，是衣幅之畔覆臂將盡，今屬於衿又二尺一寸半，故反屈其袂得及於肘也。」按：袂，即今之所謂袖也。鄭云「屬幅於衣」，謂裨於身旁，未必皆盡一幅二尺二寸也。云「臂上下各尺二寸」者，亦據中人爲率爾。如孔所言，拘泥太甚。況從臂至袂口三尺二寸半，則反屈之過肘矣。經以臂短長、布幅闊狹皆無常准，故但云屈之及肘，謂袖之短長適與手齊，則反屈及肩自然及肘矣。裳有十二幅，交解裁縫。《深衣》曰：「制十有二幅，以應十二月。」鄭曰：「裳六幅，

〔一〕「運」，宋本作「容」。

分之爲上下之殺。」孔曰：「每幅交解爲二，是十二幅也。」此謂二分其幅，狹處占狹處，闊處占闊處，占二交解邪裁，顛倒縫之，使狹處皆在上，闊處皆在下。假使布幅二尺二寸，除裁縫外有一尺八寸，則狹處六寸，闊處一尺二寸是也。其人肥大則幅隨而闊，瘦細則幅隨而狹，要須十二幅下倍於上，不必拘以尺寸。袂微圓，鄭曰：「謂胡下也。」案：牛領下垂者謂之胡。胡下，謂從袖口至掖下，裁令其勢圓如牛胡也。交領方，《深衣》曰：「曲袷如矩以應方。」鄭曰：「袷，交領也。古者方領，如今小兒衣領。」孔曰：「鄭以漢時領皆向下交垂，故云『古者方領』，似今擁咽，故云『如今小兒衣領』，但方折之也。」如孔所言，似三代以前人反如今時服上領衣，但方裁之耳。案：上領衣出朝服，須用結紐乃可服，不知古人果如此否也。鄭注《周禮》：「枚，狀如箸，橫銜之，繣絜於項。」顔師古注《漢書》：「繣者，結礙也；絜，繞也。蓋爲結紐而繞項也。」然則古亦有結紐也。繣，音獲。絜，音頡。漢時小兒衣領既不可見，而《後漢·馬援傳》朱勃「衣方領，能矩步」，注引前書《音義》曰：「頸下施衿，領正方，學者之服也。」如此似於頸下別施一衿，映所交領，使之方正。今朝服有方心曲領，以白羅爲之，方二寸許，綴於圓領之上，以帶於項後結之，或者袷之遺像歟？又今小兒疊方幅繫於頷下，謂之涎衣，亦與鄭説頗相符。然事當闕疑，未敢決從也。《後漢·儒林傳》曰：「服方領，習矩步者，委它乎其中。」注：「方領，直領也。」《春秋傳》叔向曰：「衣有襘。」杜曰：「襘，領會也，二外反。」《曲禮》曰：「視不上於袷。」鄭曰：「袷，交領也。」然則領之交會處自方即謂袷，疑更無他物，今且從之，以就簡易，故以如此論之。

《深衣》又曰：「負繩及踝以應直。」鄭曰：「繩，謂裻與後幅相當之縫也。踝，跟也。」孔曰：「衣之背縫及裳之背縫上下相當，如繩之正，故曰『負繩』，非謂實負繩也。」案：衣之背縫謂之裻，裻，音篤。踝，胡瓦反。

跟，音根。又曰：「齊如權衡以應平。」鄭曰：「齊，緝也。」緣用黑繒，古者具父母、大父母，衣純以繢。具父母，衣純以青。三十以下無父者，純以素。繢，繡文也。今用黑繒，以從簡易。緣廣寸半，謂緣袖口及衣裳之邊，裳之下，表裏共用三寸。袷廣二寸。謂緣領表裏共用四寸。

玄冠〔一〕。玄冠，亦名委貌，如今道士冠而漆之。道士所著，本中國之士服不變改者，其冠與《三禮圖》玄冠頗相仿佛，故取之。幅巾用黑繒，方幅，裂緝其邊。後漢名士多以幅巾爲雅。大帶用白繒，古者天子素帶朱裏，諸侯及大夫素帶，士練帶，居士錦帶，弟子縞帶。案：《説文》：「素，白緻繒也。」縞，繒也。今不能辨此二者之異，於今的爲何物，故但用白繒，乃從簡易。廣四寸，裌縫之，黑繒飾其紳。紳，謂帶之垂者。古者天子、諸侯帶終裨，大夫裨垂，士下裨。裨，謂以繒采飾其側。人君終竟帶身，在要及垂，皆裨以朱緑；大夫裨其紐，及末以玄黄；士裨其末，以緇而已。今既無以分大夫、士，與其僭上，寧爲偪下，故但以黑繒飾其紳之側。紐約用組，廣三寸，長與紳齊。紐，謂帶交結之處。組，今之五采條也。以組約結其紐，所期以爲固也。垂其餘組齊於紳。黑履白緣，複下曰舄，禪下曰履。《周禮》舄履用五色，近世惟有赤黑二舄，赤貴而黑賤，今用黑履白緣，亦從其下者。夏用繒，冬用皮。古者夏葛屨，冬皮屨，今無以葛爲屨者，故從衆。

〔一〕「玄」，底本作「元」，避清聖祖玄燁之諱。以下徑改。

書儀卷三

婚儀上

男子年十六至三十，女子十四至二十，古禮男三十而娶，女二十而嫁。按：《家語》孔子十九娶於宋之亓官氏，一歲而生伯魚，伯魚年五十先孔子卒。然則古人之娶未必皆三十也。禮蓋言其極至者，謂男不過三十，女不過二十耳，過此則爲失時矣。今令文凡男年十五，女年十三以上，並聽婚嫁，蓋以世俗早婚之弊不可猝革，又或孤弱無人可依，故順人情立此制，使不麗於刑耳。若欲參古今之道，酌禮令之中，順天地之理，合人情之宜，則若此之説當矣。身及主婚者無期以上喪，皆可成婚。《士昏禮》請期之辭〔二〕：「惟是三族之不虞。」三族，謂父、己、子之昆弟，是期服皆不可以婚也。《雜記》曰：「大功之末，可以嫁子。」然則大功未葬亦不可以主昏也。今依律文，以從簡易。必先使媒氏往來通言，俟女氏許之，然後遣使者納綵〔三〕。使者，擇家之子弟爲之。凡議婚姻，當先察其壻與婦之性行及家法何如，勿苟慕其富貴。壻苟賢矣，今雖貧賤，安知異時不富

〔二〕「士昏禮」，宋本作「婚禮」。
〔三〕「綵」，宋本同，《四庫》本、學津本作「采」。下並同此。

貴乎？苟爲不肖，今雖富盛，安知異時不貧賤乎？孔子謂南容「邦有道，不廢；邦無道，免於刑戮」，以其兄之子妻之。彼行能必有過人者，故邦有道，不廢也；寡言而慎事，故邦無道，免於刑戮也。擇壻之道，莫善於是矣。婦者，家之所由盛衰也。苟慕一時之富貴而娶之，彼挾其富貴，鮮有不輕其夫而傲其舅姑，養成驕妬之性，異日爲患，庸有極乎？借使因婦財以致富，依婦勢以取貴，苟有丈夫之志氣者，能無愧乎？又世俗好於繦褓童幼之時輕許爲婚，亦有指腹爲婚者，及其既長，或不肖無賴，或身有惡疾，或家貧凍餒，或喪服相仍，或從宦遠方，遂至棄信負約，速獄致訟者多矣。是以先祖太尉嘗曰：「吾之男女，必俟既長，然後議婚。婚既通書，不數月必成婚。」故終身無此悔，乃子孫所當法也。

納綵 納其採擇之禮。

前一日，主人謂壻之祖父若父也，如無則以即日男家長爲之。女家主人准此。以香酒脯醢無脯醢者，止用食一二味可也。先告於影堂。主人北向立，焚香酹酒，俛伏興立。祝懷辭，祝，以家之子弟爲之，後准此。辭爲寫祝文於紙。由主人之左進，東向，搢笏出辭，跪讀之曰：「某壻父名。之子某壻名。敢告。」祝興，主人再拜出，撤闔影堂門，乃命使者如女氏。《士昏禮》無先告廟之文，而六禮皆行之於禰廟。《春秋傳》鄭忽先配而後祖，陳鍼子曰：「是不爲夫婦誣其祖矣。」楚公子圍娶于鄭，曰：「圍布几筵，告於莊、共之廟而來。」然則古之婚姻，皆先告于祖禰也。夫婚姻，家之大事，其義不可不告。女家主人亦告于祖禰曰：「某之女某，將嫁於某氏。」如壻父之儀。

其日，日出，婚禮自請期以上皆用昕，日出時也。使者盛服，執生鴈，左首，飾以繢，用鴈爲贄者，取其順陰陽往來之義。若無生鴈，則刻木爲之，飾以繢，謂以生色繒交絡縛之。止於女氏之門外。門者入告女家，主人盛服出迎，揖讓入門，揖讓升堂。主人立阼階上，西向，賓立西階上稍北，東向。《士昏禮》：「賓升西階，當阿，東面。」注云：「阿，棟也。入堂深，示親親。」今之室堂必不合禮，故稍北而已。賓曰：「吾子有惠，貺室某壻名。也，某壻父名。有先人之禮，使某使者名。請納綵。」主人對曰：「某女父名。之子妹、姪、孫惟其所當。惷愚，又弗能教，吾子命之，某不敢辭。」《儀禮》先使擯往來傳命，別有致命之辭，今從簡。北向再拜。此敬壻父之命，非拜賓也。賓避席立，不答拜。奉使不敢與尊長抗禮。主人、賓皆進，就兩楹間並立，南向。賓授鴈，主人受之，以授執事者。乃交授書，書者，別書納綵、問名之辭於紙，後繫年月日、婚主官位、姓名止，賓主各懷之，既授鴈，因交相授書。壻家書藏女家，女家書藏壻家，以代今之世俗行禮書。納於懷，退各以授執事者。賓降出門，東向立。

問名

主人降階立，俟於門内之東，西向，使擯者出請事。擯者，主人擇子弟爲之。賓曰：「請問名。」擯者入告，主人出延賓。賓執鴈復入門，與主人揖讓升堂，復前位。賓曰：「某使者名。既受命，將加諸卜，敢問女爲誰氏？」對曰：「吾子有命，且以備數而擇之，某不敢辭，女子第幾。」賓授鴈，交授書，降出。主人立於門内如初。擯者出延賓曰：「請醴。」從者對曰：「某既得將事矣，敢辭。」主人曰：「敢固以請。」賓曰：「某辭不得命，敢不從。」遂入與主人揖讓拜起，使者舊拜主人，於此方敘私禮。飲酒三行，或設食以退，如常儀。

納吉歸卜得吉兆，復使使者往告婚姻之事，於是定計。納采之前已卜矣，於此告女家以成六禮也。

納吉，用鴈。賓曰：「吾子有貺，命某壻父名。加諸卜，占曰吉，使某使者名。也敢告。」主人對曰：「某女父名。之子不教，惟恐弗堪，子有吉，我與在，某女父名。不敢辭。」餘如納采禮。

納幣《士婚禮》〔二〕：「納徵玄纁束帛、儷皮，如納吉禮。」注：「徵，成也，使者納幣以成婚禮。用玄纁者，象陰陽備也。束帛，十端。儷，兩也。執束帛以致命，兩皮爲庭實。皮，鹿皮。」

納幣，用雜色繒，五匹爲束，纁既染爲玄纁，則不堪他用，且恐貧家不能辦，故但雜色繒五匹，卷其兩端合爲一束而已。兩鹿皮。使者執束帛，執事者二人執皮，反之，令文在内，左手執前兩足，右手執

〔二〕「士婚禮」，按《儀禮》，應爲「士昏禮」。

後兩足，隨賓入門，及庭三分之一而止，北向，西上。賓與主人揖讓升堂。賓曰：「吾子有嘉命，貺室某使者名。也，請納幣。」主人對曰：「吾子順先典，貺某女父名。重禮，某不敢辭，敢不承命。」於賓之致命也，執皮者釋外足，復之，令文在外；於主人之受幣也，主人之執事者二人，自東來出於執皮者之後，受皮於執皮者之左，逆從東出。餘如納吉禮。

請期夫家卜得吉日，使使者往告之。

請期，用鴈。賓曰：「吾子有賜命，某壻夫名。既申受命矣，使某使者名。也請吉日。」主人曰：「某既前受命矣，惟命是聽。」賓曰：「某壻父名。命某使者名。聽命於吾子。」主人曰：「某固惟命是聽。」賓曰：「某使某受命，吾子不許，某敢不告期曰某日。」主人曰：「某敢不謹須。」餘如納幣禮。

親迎

前期一日，女氏使人張陳其壻之室。俗謂之「鋪房」。古雖無之，然今世俗所用，不可廢也。牀榻、薦席、椅桌之類，壻家當具之；氈褥、帳幔、衾綯之類，女家當具之。所張陳者，但氈褥、帳幔、帷幕之類應用之物，其衣服襪履等不用者皆鎖之篋笥。世俗盡陳之，欲矜誇富多，此乃婢妾小人之態，不足爲也。《文中子》曰：「昏娶而論財，夷虜之道也〔一〕。」夫婚姻者，所以合二姓之好，上以事宗廟，下以繼後世也。今世俗之貪鄙者，將娶婦，先問資裝之厚薄，將嫁女，先問聘財之多少，至於立契約，云某物若干、某物若干以求售某女者，亦有既嫁而復欺紿負約者，是乃駔儈鬻奴賣婢之法，豈得謂之士大夫婚姻哉？其舅姑既被欺紿，則殘虐其婦以攄其怒，由是愛其女者，務厚資裝以悦其舅姑，殊不知彼貪鄙之人不可盈厭，資裝既竭，則安用汝力哉？於是質其女以責貨於女氏，貨有盡而責無窮，故婚姻之家往往終爲仇讎矣。是以世俗生男則喜，生女則戚，至有不舉其女者，因此故也。然則議婚姻有及於財者，皆勿與爲婚姻可也。綯，音陶。駔，祖朗切。儈，工外切。及期，壻具盛饌，古者用牢而食，必殺牲。《開元禮》一品以下用少牢，六品以下用特牲，恐非貧家所便，故止具盛饌而已。設盥盆二於阼階東南，皆有二〔二〕，盥盆中央有勺。設倚卓各二於室中，東西相向，各置盃、匕、箸、蔬菓於卓子上，罩之。《士婚禮》：「媵布席於奥，夫入於室〔三〕，即席，婦尊西南面。」既設饌，御布對席。今室堂之制異於古，故但東西向而已。古者命士以上父子皆異宮，故各有堂室奥阼。今則不然，子舍隘狹，或東西北向皆不可知。今假設南向之室而言之，左爲東，右爲西，前爲南，後爲北。酒壺在東席之後墉下，置合巹一注於其南卓子上。巹，以匏剖而爲二，音謹。又設酒壺於室外，亦一注，有盃。此所以飲從者也。室外隘則於側

〔一〕「娶」，宋本無。「夷虜」，《四庫》本作「鄙俗」。

〔二〕「二」，《四庫》本作「巾」。

〔三〕「夫」字下原有空格，宋本有「人」字，《四庫》本有「婦」字，學津本無空格。按：《士昏禮》作「夫入於室」。

近别室置之，其盃數爲時量人之多少也。又設酒壺、盃注於堂上。

初婚，壻盛服。世俗新壻盛戴花勝，擁蔽其首，殊失丈夫之容體。必不得已，且隨俗戴花一兩枝、勝一兩枚可也。主人亦盛服坐於堂之東序，西向。設壻席於其西北，南向。壻升自西階，立於席西，南向。贊者兩家各擇親戚婦人習於禮者爲之，凡壻及婦行禮，皆贊者相導之。取盃斟酒，執之詣壻席前，北向立。壻再拜升席，南向受盃，跪祭酒，興，就席末坐，啐酒，興，降，西授贊者盃，又再拜。此所謂醮也。進詣父座前，東向跪。父命之曰："往迎爾相，承我宗事，勉率以謹，若則有常。"祖父在則祖父命之也。子曰："諾。惟恐弗堪，不敢忘命。"俛伏，興，再拜出。

乘馬至於女氏之門外，下馬俟於次。女家必先設壻次於外。女家亦設酒壺、盃注於堂上。於壻之將至，女盛飾，姆相其禮，姆，音茂，以乳母或老女僕爲之。奉女立於室户外，南向，姆在其右，從者在後。父坐於東序，西向，母坐於西序，東向。祖父母在則祖父母醮而命之。設婦席於母之東北，南向。贊者醮以酒，如壻父醮子之儀。姆導女出於母左，父少進，命之曰："戒之謹之，夙夜無違爾舅姑之命。"母送女至於西階上，爲之整冠斂帔，命之曰："勉之謹之，夙夜無違爾閨門之禮。"諸母、姑、嫂、姊送於中門之内，爲之整裙衫，申以父母之命曰："謹聽爾父母之言，夙夜無愆。"父既醮女，即先出迎壻於門外，揖讓以入。壻執鴈以從，至於廳事。主人升自阼階立，西向，壻升自西階，北向，跪置鴈於地，主人侍者受之，壻俛伏，興，再拜，主人不答拜。姆奉女出於中門，壻揖之，降自西階以出，婦從後。主人不降送。

壻至婦氈車後之右，舉簾以俟，姆辭曰：「未教，不足與爲禮也。」《士婚禮》：「壻御婦車，授綏，姆辭不受。」注：「壻御者，親而下之。綏，所以引升車者，僕人之禮，必授人綏。」今車無綏，故舉簾以代之。壻乃自車右，由車前過，立於左轅側。姆奉婦登車，下簾。壻右執策，左撫轅，行驅車輪三周，止車以俟。今婦人幸有氈車可乘，而世俗重簷子，輕氈車，借使親迎時暫乘氈車，庸何傷哉？然人亦有性不能乘車，乘之即嘔吐者，如此則自乘簷子。其御輪三周之禮，更無所施，姆亦無所用矣。

壻乘馬在前，婦車在後，亦以二燭前導。男率女，女從男，夫婦剛柔之義自此始也。壻先至廳事，婦下車揖之，遂導以入，婦從之。執事先設香酒脯醢於影堂，無脯醢，量具殽羞一兩味。舅姑盛服立於影堂之上，舅在東，姑在西，相向。贊者導壻與婦至於階下，北向，東上。無階則立於影堂前。主人進，北向立，焚香，跪酹酒，俛伏，興，立。祝懷辭，由主人之左進，東面，搢笏出辭，跪讀之曰：「某壻名。以今月吉日迎婦某婦姓。婚，事見祖禰。」祝懷辭，出笏，興。主人再拜，退復位。壻與婦拜如常儀，出，撤，闔影堂門。古無此禮，今謂之拜先靈，亦不可廢也。贊者導，壻揖婦而先，婦從之，適其室。壻立於南盥之西，婦立於北盥之西，皆東向。婦從者沃壻盥於南，壻從者沃婦盥於北。從者各以其家之女僕爲之，前准此。帨巾畢，揖而行，升自西階。《士婚禮》：「及寢門，揖入，升自西階。媵、御沃盥交。」注：「媵，送也，謂女從者也。御，音訝；御，迎也，謂壻從者也。媵沃壻盥於南洗，御沃婦盥於北洗，夫婦始接，情有廉恥，媵御交導其志。」按：洗在阼階東南，既升階，不云降階，何由復至洗所，故今先盥而升階。婦從者布席於閫，向東方，壻從者布席於西方。壻、婦逾閫，壻立於東席，婦立於西席，婦拜，壻答拜。古者婦人與丈夫爲禮，則俠拜。鄉里舊俗男女相拜，女子先一拜，男子拜女一拜，女子又一拜。蓋由男子以再拜爲禮，女子以四拜爲禮故也。古無壻、婦交拜之儀，今世俗始相見交拜，拜致恭，亦事理之宜，不可廢也。俠，音夾。壻揖婦就坐，壻東，婦西。古者同牢之禮，壻在西，東面，婦在東，西面。蓋古人尚右，故壻在西，尊之也。今人既尚左，且須從俗。壻從者徹冪置饌，壻、婦皆先祭後食。食畢，壻從者啓壺，入酒於注，斟酒，壻揖婦，祭酒，舉飲，置酒，舉殽。殽者，乃今之下酒也。又斟酒，舉飲，不祭，無殽。又取巹分置壻、婦之前，斟酒，舉飲，不祭，無殽。壻出就他室，姆與婦留室中。乃徹饌，置室外。設席，壻從者餕婦之餘，婦從者餕壻之餘。

壻復入室，脱服，婦從者受之；婦脱服，壻從者受之。燭出。古詩云「結髮爲夫婦」，言自稚齒始結髮以來即爲夫婦，猶李廣云「廣結髮與匈奴戰」也。今世俗有結髮之儀，此尤可笑。於壻、婦之適其室也，主人以酒饌禮男賓於外廳，主婦以酒饌禮女賓於中堂，如常儀，古禮，明日舅姑乃享送者，今從俗。不用樂。《曾子問》曰：「取婦之家，三日不舉樂，思嗣親也。」今俗婚禮用樂，殊爲非禮。

書儀卷四

婚儀下

婦見舅姑

婦明日夙興，盛服飾，俟見舅姑。執事者設盥盆於堂阼階下，帨架在北。兄弟姊妹立于盆東，如冠禮。男女異列，男在西，女在東，皆北上。

平明，舅姑坐于堂上，東西相向，各置卓子於前。贊者見婦于舅姑，婦北面拜舅于堂下。古者拜于堂上，今恭也，可從衆。執笲，古笲制度，漢世已不能知，今但取小箱，以帛衣之，皂表緋裏，以代笲可也。實以棗栗，升自西階，進至舅前，北向奠于卓子上。舅撫之。侍者徹去。婦降，又拜舅畢，乃拜姑，别受笲，實以腶脩，腶脩，今之暴脯是也。升，進至姑前，北向奠于卓子上。姑舉之以授侍者。婦降，又拜。執事者設席于姑之北，南向，設酒壺及注、盃、卓子於堂上。婦升，立于席西，南面。贊者醴婦，如父母醮女之儀。婦降西階，就兄弟姊妹之前，其長屬應受拜者少進立，婦乃拜之，無贄。拜畢，長屬退。長屬雖多，共爲一列受拜，以從簡易。幼屬應相拜者，今世俗小郎小姑皆相拜。少進，相拜畢，退，無贄。若有尊屬，則婦往拜於其室，有卑屬，則來拜於婦室。婦退，休於其室。

至食時，行盥饋之禮。婦家具盛饌、酒壺。《士婚禮》：「婦盥饋，特豚，合升，側載。」注：「側載者，右胖載之舅俎，左胖載之姑俎。」今恐貧者不便殺特〔一〕，故但具盛饌而已。婦從者設蔬果、卓子于堂上舅姑之前，設盥盆于阼階東南，帨架在東。婦盥於阼階下，執饌自西階升，凡子婦升降，皆應自西階，惟冢婦受享畢，降自阼階。薦于舅姑，侍立于姑之後。饌有繼至者，侍者傳致于西階，不盡一級，婦往受之，薦于舅姑。侍者徹餘饌，置於旁側別室。舅姑、侍者各置一卓子上，食畢，婦降拜舅，升，洗盃斟酒，置舅卓子上，降，俟舅舉酒飲畢，又拜。遂獻姑，姑受而飲之，餘如獻舅之儀。婦升，徹飯，侍者徹其餘，皆置別室。婦就餕姑之饌畢，婦從者餕舅之餘，壻從者餕婦之餘，舅姑共饗婦於堂上，設席如朝來禮婦之位。婦升，立于席西，南向。贊者取盃斟酒，授婦，皆如朝來禮婦之儀。舅姑先降自西階，婦降自阼階。此謂冢婦也，餘婦則舅姑不降，婦降自西階。古者庶婦不饋，然饋主供養，雖庶婦不可闕也。若舅姑已没，則古有三月廟見之禮，今已拜先靈，更不行。若舅姑止一人，則舅坐于東序，姑坐于西序，席婦于姑坐之北。

〔一〕「特」，《四庫》本作「牲」。

壻見婦之父母

明日，壻往見婦之父母，皆有幣。婦父迎送揖讓，皆如客禮，拜即跪而扶之。入見婦母，婦母闔門左扉，立於門内，壻拜於門外。次見妻黨諸親，拜起皆如俗儀，而無幣。見諸婦女，如見婦母之禮。婦家設酒饌壻如常儀。親迎之夕，不當見婦母及諸親，亦不當行私禮、設酒饌，以婦未見舅姑故也。

居家雜儀

凡爲家長，必謹守禮法，以御羣子弟及家衆。分之以職，謂使之掌倉廩、廄庫、庖廚之類。授之以事，謂朝夕所幹及非常之事。而責其成功。制財用之節，量入以爲出，稱家之有無，以給上下之衣食及吉凶之費，皆有品節，而莫不均壹。裁省冗費，禁止奢華，常須稍存贏餘，以備不虞。

凡諸卑幼，事毋大小，毋得專行〔二〕，必咨稟於家長。《易》曰：「家人有嚴君焉〔三〕，父母之謂也。」安有嚴君在上，而其下敢直行自恣不顧者乎？雖非父母，當時爲家長者，亦當咨稟而行之，則號令出於一人，家政

〔二〕「毋」，《四庫》本作「無」。
〔三〕「人」，宋本無。按：《周易·家人》作「家人有嚴君」。

始可得而治矣。

凡爲子婦者，毋得畜私財，俸禄及田宅所入，盡歸之父母舅姑，當用則請而用之，不敢私假，不敢私與。《内則》曰：「子婦無私貨，無私畜，無私器，不敢私假，不敢私與。婦或賜之飲食、衣服、布帛、佩帨、茝蘭，則受而獻諸舅姑。舅姑受之則喜，如新受賜。若反賜之，則辭不得命。如更受賜，藏之以待乏。」鄭康成曰：「待舅姑之乏也，不得命者，不見許也。」又曰：「婦若有私親兄弟將與之，則必復請其故賜，而後與之。」夫人子之身，父母之身也，身且不敢自有，況敢有私財乎？若父子異財，互相假借，則是有子富而父母貧者，父母饑而子飽者。賈誼所謂「借父耰鉏，慮有德色；母取箕箒，立而誶語」，不孝不義，孰大於此！茝，昌改切。耰，音憂。誶，音碎。

凡父母有過，下氣怡色，柔聲以諫。諫若不入，起敬起孝。説則復諫。不説，與其得罪於鄉黨州閭，寧熟諫。父母怒不説，而撻之流血，不敢疾怨，起敬起孝。

凡爲人子弟者，不敢以富貴加於父兄宗族。加，謂恃其富貴，不率卑幼之禮。

凡爲人子者，出必告，反必面，有賓客不敢坐於正廳，無書院則坐於廳之旁側。升降不敢由東階，上下馬不敢當廳，凡事不敢自擬於其父。

凡父母舅姑有疾，子婦無故不離側，親調嘗藥餌而供之。父母有疾，子色不滿容，不戲笑，不宴遊，捨置餘事，專以迎醫、《顔氏家訓》曰：「父母在疾，子拜醫以求藥。」蓋以醫者親之存亡所繫，豈可傲忽也。檢方、合藥爲務，疾已復初。

凡子事父母，父母所愛亦當愛之，所敬亦當敬之，至於犬馬盡然，而況於人乎？

凡子事父母，樂其心，不違其志，樂其耳目，安其寢處，以其飲食奉養之。幼事長，賤事貴，皆倣此也。

凡子婦未敬未孝，不可遽有憎疾，姑教之；若不可教，然後怒之；若不可怒，然後笞之；屢笞而終不改，子放婦出，然亦不明言其犯禮也。子甚宜其妻，父母不悦，出。子不宜其妻，父母曰〔二〕：「是善事我」，子行夫婦之禮焉，没身不衰。

凡爲宫室，必辨内外。深宫固門，内外不共井，不共浴堂，不共廁。男治外事，女治内事。男子晝無故不處私室，婦人無故不窺中門，有故出中門，必擁蔽其面。如蓋頭面帽之類。男子夜行以燭。男僕非有繕修及有大故，大故，謂水火盜賊之類。亦必以袖遮其面。女僕無故不出中門，蓋小婢亦然。有故出中門，亦必擁蔽其面。鈴下蒼頭，但主通内外之言，傳致内外之物，毋得輒升堂室、入庖廚。

凡卑幼坐而尊長過之，則起。出遇尊長於塗，則下馬。不見尊長經再宿以上，則再拜；五

〔二〕「曰」，宋本作「悦」。

宿以上則四拜；賀冬至、正旦六拜；朔望四拜。凡拜數，或尊長臨時減而止之，則從尊長之命。吾家同居宗族衆多，冬正朔望，宗族聚於堂上，此假設南面之堂，若宅舍異制，臨時從宜。丈夫處左，西上，婦人處右，東上，左右，謂家長之左右。皆北向，共爲一列，各以長幼爲序，婦以夫之長幼爲序，不以身之長幼。共拜家長。畢，長兄立于門之左，長姊立于門之右，皆南向。諸弟妹以次拜訖，各就列。丈夫西上，婦人東上，共受卑幼拜，以宗族多，若人人致拜則不勝煩勞，故同列共受之。受拜訖，先退。後輩立受拜於門東西，如前輩之儀。若卑幼自遠方至見尊長，遇尊長三人以上同處者，先共再拜，敘寒暄，問起居訖，又三再拜而止。晨夜唱喏、萬福、安置，若尊長三人以上同處，亦三而止，皆所以避煩也。

凡受女壻及外甥拜，立而扶，扶，謂搊策。外孫則立而受之可也。

凡節序及非時家宴，上壽於家長，卑幼盛服序立，如朔望之儀。先再拜，子弟之最長者一人進，立於家長之前，幼者一人搢笏，執酒盞立于其左，一人搢笏，執酒注立於其右。長者搢笏，跪斟酒，祝曰：「伏願某官，備膺五福，保族宜家。」授幼者盞注，返其故處。長者出笏，俛伏，興，退與卑幼皆再拜。家長命諸卑幼坐，皆再拜而坐。家長命侍者偏酢諸卑幼，諸卑幼皆起，敘立如前，俱再拜就坐。飲訖，家長命易服，皆退易便服，還復就坐。

凡子始生，若爲之求乳母，必擇良家婦人稍温謹者。乳母不良，非惟敗亂家法，兼令所飼之子性行亦類之。子能食，飼之，教以右手；子能言，教之自名及唱喏、萬福、安置；稍有知，則教之以恭敬尊長。有不識尊卑長幼者則嚴訶禁之。古有胎教，況於已生子？始生未有知，固舉以禮，況於已有知？孔子曰：「幼成若天性，習慣如自然。」《顏氏家訓》曰：「教婦初來，教子嬰孩。」故慎在其始，此其理也。若夫子之幼也，使之不知尊卑長幼之禮，每致侮詈父母，毆擊兄姊，父母不加訶禁，反笑而獎之。彼既未辨好惡，謂禮當然，及其既長，習已成性，乃怒而禁之，不可復制。於是父疾其子，子怨其父，殘忍悖逆，無所不至。此蓋父母無深識遠慮，不能防微杜漸，溺於小慈，養成其惡故也。六歲，教之數謂一十百千萬。與方名，謂東西南北。男子始習書字，女子始習女工之小者。七歲，男女不同席，不共食，始誦《孝經》、《論語》，雖女子亦宜誦之。自七歲以下，謂之孺子，早寢晏起，食無時。八歲，出入門户及即席飲食，必後長者，始教之以謙讓，男子誦《尚書》，女子不出中門。九歲，男子讀《春秋》及諸史，始爲之講解，使曉義理，女子亦爲之講解《論語》、《孝經》及《列女傳》、《女戒》之類，略曉大意。古之賢女，無不觀圖史以自鑒，如曹大家之徒，皆精通經術，論議明正。今人或教女子以作歌詩，執俗樂，殊非所宜也。十歲，男子出就外傅，居宿於外，讀《詩》、《禮》、《傳》，爲之講解，使知仁義禮智信。自是以往，可以讀《孟》、《荀》、《揚子》，博觀羣書。凡所讀書，必擇其精要者而誦之。如《禮記·學記》、《大學》、《中庸》、《樂記》之類，他書倣此。其異端非聖賢之書傳，宜禁之，勿使妄觀，以惑亂其志。觀書皆通始可學文辭。女子則教以婉娩聽從，婉娩，柔順貌。娩，音晚。及女工之大者。女工，謂蠶桑、織績、裁縫及爲飲膳，不惟正是婦人之職，兼欲使之知衣食所來之艱難，不敢恣爲奢麗。至於纂組華巧之物，亦不必習也。

未冠笄者質明而起，總角靧音悔，洗面也。面以見尊長。佐長者供養祭祀，則佐執酒食。若既冠笄，則皆責以成人之禮，不得復言童幼矣。

凡内外僕妾，雞初鳴，咸起，櫛總，盥漱，衣服。男僕灑掃廳事及庭，鈴下蒼頭灑掃中庭，女僕灑掃堂室，設倚卓，陳盥漱櫛靧之具。主父主母既起，則拂牀襞衾，襞，音壁，疊衣也。侍立左右，以備使令。退而具飲食，得間則浣濯紉縫，先公後私。及夜，則復拂牀展衾。當晝内外僕妾惟主人之命，各從其事，以供百役。凡女僕，同輩謂兄弟所使。謂長者爲姊，後輩謂諸子舍所使。謂前輩爲姨，《内則》：「雖婢妾，衣服、飲食必後長者。」鄭康成曰：「人貴賤不可以無禮，故使之序長幼。」務相雍睦。其有鬭爭者，主父主母聞之，即訶禁之，訶禁之不止，即杖之，理曲者杖多。一止、一不止，獨杖不止者。凡男僕，有忠信可任者，重其禄；能幹家事，次之；其專務欺詐、背公徇私、屢爲盗竊、弄權犯上者，逐之。凡女僕，年滿不願留者，縱之；勤舊少過者，資而嫁之；其兩面二舌、構虚造讒、離間骨肉者，逐之；屢爲盗竊者，逐之；放蕩不謹者，逐之；有離叛之志者，逐之。

書儀卷五

喪儀一

初終病甚附

疾病，謂疾甚時也。遷居正寢，内外安靜，以俟氣絶。諠嘩奔走，固病者所惡也；悲哀哭泣，傷病者心；叫呼撼捽，尤爲不可。使病者驚怛揺頓而死，皆未免爲不終天年，故不若安恬靜默，以待其氣息自盡爲最善也。男子不絶於婦人之手，婦人不絶於男子之手。《春秋》書「公薨于路寢」，禮之正也。《士喪禮》：「死於適室。」注：「正寢之室也。」曾子且死，猶易簀曰：「吾得正而斃焉，斯可矣。」近世孫宣公臨薨，遷於外寢，蓋君子慎終，不得不爾也。凡男子疾病，婦人侍疾者，雖至親當處數步之外；婦人疾病，男子亦然。此所謂能以禮自終也。既絶，諸子啼，兄弟親戚侍者皆哭，各盡哀，止哭。《開元禮》於此下即言男女易服布素及坐哭之位。按《喪大記》：「惟哭先復，復然後行死事。」復者，返也，孝子之心猶冀其復生也。又布素之服非始死所有，今並繫之復後。

復立喪主、护喪等附

侍者一人，以死者之上服，按：《雜記》、《喪大記》復衣，諸侯以衮，夫人以揄狄，内子以鞠衣，今從《開元禮》。上服者，有官則公服，無官則襴衫或衫，婦人以大袖或背子，皆常經衣者。左執領，右執腰，就寢庭之南，北面，招以衣，呼曰：「某人復。」《喪大記》曰：「凡復者，男子稱名，婦人稱字。」今但稱官封或依常時所稱可也。凡三呼，畢，卷衣入覆於尸上，復者，招魂復魄也。《檀弓》曰：「復，盡愛之道，有禱祠之心焉。望反諸幽，求諸鬼神之道也。北面，求諸幽之義也。」《士喪禮》：「復者一人，以爵弁服，簪裳于衣，左何之，扱領於帶，升自前東榮，中屋北面，招以衣，曰『皋，某復』三，降衣於前，受用篋，升自阼階，以衣尸。復者降自後西榮。」簪，連也。皋，長聲也。降衣，下之也。受者，受之於庭也。衣尸者，復之若得魂返之也。降，因徹西北扉。《開元禮》亦倣此。今升屋而號，慮其驚衆，故但就寢庭之南面而已。然後行死事，立喪主、凡主人當以長子爲之，無長子則長孫承重。《奔喪》曰：「凡喪，父在父爲主。」注：「與賓客爲禮，宜使尊者。」又曰：「父没，兄弟同居，各主其喪。」注：「各爲妻子之喪爲主也。」又曰：「親同，長者主之。」鄭康成曰：「昆弟之喪，宗子主之。」又曰：「不同，親者主之。」注：「從父昆弟之喪也。」《雜記》曰：「姑姊妹其夫死而夫黨無兄弟，使夫之族人主喪。妻之黨雖親弗主。夫若無族矣，則前後家，東西家，無有則里尹主之。」伯高死于衛，赴於孔子，孔子曰：「夫由賜也見我，哭諸賜氏。」遂命子貢爲之主，曰：「爲爾哭也，來者拜之。」《喪大記》曰：「喪有無後，無無主。若子孫有喪而祖父主之，子孫執喪，祖父拜賓。」主婦、孔穎達《檀弓》「啜主人主婦」正義曰：「主人亡者之子，主婦亡者之妻。若亡者無妻，及母之喪，則以主人之妻爲主婦。」護喪、以家長或子孫能幹事知禮者一人爲之，凡喪事皆稟焉。若主人未成服，不出，則代主人受弔、拜賓，及受賻襚。古禮，初喪，主人常在尸側，惟君命出，出而遇賓則拜。司書、以子弟或吏人能書札者爲之，掌糾書疏之事。司貨。以子弟或吏僕可委信者爲之，掌糾貨賄之事。置曆以謹其出入〔一〕，親賓有賻襚則書於别曆收之，以待喪用。其衣服不以襲斂。

易服

既復，妻子婦妾皆去冠及上服，上服，謂衫帶背子之類。被髪。男子扱上衽，謂插衣前襟之带。徒跣，婦人不徒跣。男子爲人後者爲本生父母及女子已嫁者，皆不被髪徒跣，但去冠及上服。凡齊衰以下，内外有服親，及在喪側給事者，皆釋去華盛之服，謂錦繡緋紅、金玉珠翠之類。著素淡之衣。《問喪》：「親始死，笄纚，徒跣，扱上衽。」注：「親始死去冠，二日先去笄纚，括髪也。上衽，深衣之裳前。」《開元禮》：「初終，男子易以白布衣，披髪，徒跣。婦人易以青縑衣，披髪，不徒跣。爲人後者爲本生父母素冠，不徒跣。女子已嫁者，髽。齊衰以下，丈夫素冠，婦人去首飾，内外皆素服。」按：笄纚，今人平日所不服，被髪，尤哀毁無容，故從《開元禮》。然白布、青縑衣、素冠、素服，皆非始死所能辦，故但釋去華盛之服。本應三

〔一〕「曆」，《四庫》本作「册」。下句同。

年喪者，則去冠及上服；期喪以下，士大夫帽子、皂衫、青黄勒帛；庶人不改常服。禮，男子括髪，婦人多髽，故於始死時，期喪以下但去首飾，易華盛之服而已。世俗多忌諱，或爲父則被左髪，母則被右髪，舅則被後左，姑則被後右，皆非禮，宜全被之。

訃告訃音赴

護喪、司書爲之發書訃告于親戚及僚友。《檀弓》曰：「父兄命赴者。」然則主人不自赴也。若無護喪及司書，則主人自赴親戚，不赴僚友。劉岳《書儀》：「卒哭，然方發外人書疏〔一〕。」蓋以哀痛方深，不暇與人通問故也。然問候慶賀之書居喪誠不當發，必若有事不獲已，須至有聞於人者，雖未卒哭，豈可以不發也。

沐浴　飯含　襲始死之奠、哭泣附

將沐浴，則以帷障卧内。侍者設牀于尸所卧牀前，縱置之，施簀席簟枕，不施氈褥。古者疾病廢牀，人生在地，去牀，庶其生氣反也。將沐浴則復遷尸於牀矣。故《喪大記》曰：「始死，遷尸於牀，幠用斂衾，

〔一〕「方」，宋本同，《四庫》本、學津本作「後」。

去死衣。」或遇暑月，則君設大槃，大夫設夷槃，實以冰；士無冰則並瓦槃實以水，置於牀下，以寒尸。今人既死，乃卧尸於地，訛也。古者沐浴及飯含皆在牖下，今室堂與古異制，故於所卧牀前置之，以從宜也。古者沐浴設牀袒簀。袒簀者，去席，蓋水便也〔一〕，今籍以簟，不設氈褥，亦於沐浴便去〔二〕。遷尸于牀上，南首，覆之以衾。《禮運》曰「死者北首」，謂葬時也。自沐浴至殯，古亦南首，惟朝廟北首。侍者掘坎于屏處潔地，《士喪禮》：「甸人掘坎於階間少西。」今以孝子之心不忍朝夕見親爪髮及沐浴之具，故掘坎於屏處。陳襲衣裳於堂前東北，藉以席，西領南上，幅巾一，古者死人不冠，但以帛裹其首，謂之掩。《士喪禮》：「掩練帛，廣終幅，長五尺，析其末。」注：「掩，裹首也。析其末，謂將結於頤下，又還結於項中。」蓋以襲斂主於保護肌體，貴於柔軟緊實，冠則磊塊難安，況今襆頭以鐵爲腳，長三尺，而帽用漆紗爲之，上有虛簷，置於棺中，何由安帖？莫若襲以常服，上加幅巾、深衣、大帶及屨，既合于古，又便於事。幅巾，所以代掩也，其制如今之暖帽。深衣、帶、屨自有制度，若無深衣、帶、屨，止用衫、勒帛、鞋亦得。其襆頭、公服、腰帶、靴笏，俟葬時置於棺上可也。充耳二，用白纊，以綿爲之，如棗核大，用塞耳中。幎目一，用帛，方尺二寸，所以覆面者也。握手用帛，長尺二寸，廣五寸，所以裹手者也。深衣、大帶、屨，若襚衣有餘則繼陳而不用。謂親戚以衣服來襚者，繼陳於襲衣之下而不用，以襲也，多陳之爲榮，少納之爲貴。又陳飯含、沐浴之具於堂前西壁

〔一〕「蓋」，宋本、《四庫》本同，學津本作「盍」。
〔二〕「去」，《四庫》本無。

下，南上。錢三，實於小箱，《檀弓》曰，古者「飯用米貝，弗忍虛也」。飯用貝，今用錢，猶古用貝也。古禮諸侯飯七貝，大夫五，士三，大夫以上仍有珠玉。錢多既不足貴，又口所不容，珠玉則更爲盜賊之招，故但用三錢而已。米二升，實于盌，古者諸侯飯用粱，大夫用稷，士用稻，今但用鄉土所生，平日所食之米可也。古升小，故用四升，今升大，故用二升。沐巾一、浴巾二，設於笄，浴巾二，上下體各異也。櫛置於卓子上。

侍者汲新水，淅米令精，復實於盌。侍者以沐浴湯入，主人以下皆出，立於帷外，北面。以其裸裎，子孫不可在側故也。侍者沐髮，櫛之，晞之以巾，撮爲髻，舉衾而浴，亦爲其裸裎，故舉衾以障之。拭之以二巾，翦爪如平時。其沐浴餘水及巾櫛，皆棄於坎，遂築而實之。侍者別設襲牀，施薦席、氈褥、枕，如平時。先置大帶、深衣、袍、襖、汗衫、袴、襪、勒帛、裹肚之類於其上，遂舉以入，置浴牀之西，遷尸於其上，悉去病時衣及復衣，易以新衣，但未著幅巾、深衣、屨，移置堂中間。鄭注《喪大記》曰：「正尸，謂遷尸于牖下，南首也。」今室堂既異于古，故置堂中間，取其容男女夾牀哭位也。卑幼則各於其室中間。自餘應在堂者，並倣此。執事者置脯醢酒于卓。《曾子問》：「始死之奠，其餘閣也歟？」注：「不容改新也。」古人常畜脯醢，故始死未暇別具饌，但用脯醢而已。今人或無脯醢，但中見有食物一兩種并酒可也。凡奠，除酒器之外，盡用素器，不用金銀棱裹之物，以生人有哀素之心故也。升自阼階，祝盥手洗盞，斟酒，奠於尸東，當腢，巾之。腢，肩頭也。《士喪禮》：「復者降，楔齒，綴足，即奠脯醢醴酒於尸東。」鄭注：「鬼神無象，設奠以憑依之。」《開元禮》五品以上如士喪禮，六品以下含而後奠。今不以官品高下，沐浴正尸然後設奠，於事爲宜。奠，謂斟酒奉至卓上而不酹也。主人虞祭，然後親奠酹。巾者，以辟塵繩。凡無兩階者，止以階之東偏爲阼階，西偏爲西階。祝選親戚爲之。

主人坐于牀東奠北，衆男應服三年者坐其下，皆西向，南上，藉以稾。同姓男子應服期者坐其後，大功以下又以次坐其後，皆西向，南上。尊行坐於北壁下，南向，西上，藉以席薦，各以服重輕、昭穆長幼爲敘。主婦及衆婦女坐於牀西，藉以稾。同姓女子應服期以下，坐於其後。尊行坐於牀東，北壁下〔二〕，南向，東上，藉以席薦，亦各以服重輕、昭穆、長幼爲敘，如男子之儀。妾婢立於婦女之後。婦以夫之長幼爲敘，不以身之長幼。異姓之親，丈夫坐于帷外之東，北向，西上，此非沐浴之幃，謂設帷於堂裏，所以別内外者也。婦人坐於帷内之西，北向，東上，皆藉以席，有服者在前，無服者在後，各以尊卑、長幼爲敘。若内喪，謂婦人之喪。則同姓丈夫尊卑坐于帷外之東，北向，西上，異姓丈夫坐于帷外之西，北向，東上。《士喪禮》：「主人入坐于牀東，衆主人在其後，西面，婦人俠牀，東面。」鄭注：「衆主人，庶昆弟也。婦人，謂妻妾子姓也，亦嫡妻在前。」又曰：「親者在室。」注：「謂大功以上父、兄、姑、姊、子、侄在此者。」又曰：「衆婦人户外北面，衆兄弟堂下北面。」注：「衆婦人、衆兄弟，小功

〔二〕「東」，宋本、學津本同，《四庫》本作「西」。

以下。」《喪大記》曰：「既正尸，子坐于東方。卿大夫父兄子姓立於東方，有司庶士哭於堂下北面，夫人坐于西方，內命婦姑姊妹子姓立於西方，外命婦率外宗哭於堂上，北面。」注：「世婦爲內命婦，卿大夫之妻爲外命婦。外宗，姑姊妹之女。」又曰：「大夫之喪有命夫、命婦則坐，無則皆立。士之喪皆坐。」《開元禮》：「主人坐于牀東，衆主人在其後，兄弟之子以下又在其後，俱西面，南上；妻坐于牀西，妾及女子在妻之後，兄弟之女以下又在其後，俱東面，南上，藉稾坐。內外之際，南北隔以行帷。祖父以下，于帷東北壁下，南面，西上；祖母以下，于帷西北壁下，南面，東上，皆舒席坐。外姻丈夫于户外之東，北面，西上；婦人於主婦西，南面，東上，皆舒席坐。若內喪則尊行丈夫、外親丈夫席位于前堂。若户外之左右皆南面，宗親户東，西上[一]，外親户西，東上。凡喪位皆以服精粗爲序。」今堂室異制，難一一如古[二]，但倣《開元禮》爲哭位。古者諸侯、卿大夫于其宗族有君臣之義，故其臣不敢坐於君側，今但依士禮，婢妾之外皆坐哭。寒月老病之人有不堪稾及單席者，三年之喪聽坐稾薦，期喪以下聽加白氊于席上，可也。或堂宇狹隘，五服不能各爲一列，則輕服次重服之下，絕席以別之。自既復之後，男女哭擗無數。古者哭有擗踴。擗，拊心也；踴，躍也。《問喪》曰：「惻怛之心，痛疾之意，悲哀志滿氣盛，故袒而踴之，所以動體安心下氣也。婦人不宜袒，故發胸、擊心、爵踊，殷殷田田，如壞牆然，悲哀痛疾之至也。」注：「爵踊，踊不絕地也。」曾申問於曾子曰：「哭父母有常聲乎？」曰：「中路嬰兒失其母焉，何常聲之

[一] 「宗」，宋本作「衆」。
[二] 「一一」，《四庫》本作「云」。

有？」至是始就位而哭，盡哀止。三年之喪，夜則寢於尸旁，藉槀枕塊，羸病者藉以草薦可也。期喪以下，寢於側近，男女異室，外親歸其家可也。主人出，左袒，自面前扱於腰之右，盥手洗盞，執箱以入。侍者一人插匙于米盌，執以從，置於尸西。又一人執巾以從，徹枕，以巾覆面。恐飯之遺落米也。主人就尸東，由足而西，牀上坐，東面，舉巾以匙抄米實於尸口之右，並實一錢，又于左、於中亦如之。主人襲，謂襲所袒之衣也。復位。侍者加幅巾、充耳，設幎目，納屨，乃襲深衣，結大帶，設握手，覆以衾。

銘旌

銘旌，以絳帛爲之，廣終幅。三品以上長九尺，五品以上八尺，六品以下七尺。書曰：「某官某公之柩。」官卑曰某君，某妻曰某封邑某氏，皆無官封即隨其生時所稱。以竹爲杠，長準銘旌，置屋西階上。《士喪禮》：「爲銘各以其物，亡則以緇，長半幅，經末，長終幅，廣三寸，書銘於末曰『某氏某之柩』。」注：「無旗，不命之士也，末爲飾也。」又曰：「竹杠長三尺，置於宇西階上。」注：「杠，銘橦也。」《檀弓》曰：「銘，明旌也，以死者爲不可別已，故以其旗識之。」《開元禮》：「杠之長準其絳，王公以下，杠爲龍首，仍韜杠。」《喪葬令》銘旌長各有尺數。

魂帛 影齋僧附

魂帛，結白絹爲之，設椸于尸南，覆以帕，置倚卓其前，置魂帛於倚上。設香爐、盃、注、酒、果于卓子上，是爲靈座。倚銘旌于倚左。侍者朝夕設櫛頮奉養之具，皆如平生。俟葬畢，有祠板，則埋魂帛潔地。《士喪禮》：「重木，刊鑿之，甸人置重於中庭，三分庭一在南。」注：「木也縣物焉曰重。刊，斲治。鑿之，爲縣簪孔也。」又曰：「夏祝鬻餘飯，用二鬲，於西牆下。」注：「鬻餘飯，以飯尸餘米爲粥也。」又曰：「冪用疏布，久之，繫用靲，縣於重。冪用葦席，北面，左衽。帶用靲，賀之，結於後。」注：「久，謂蓋塞鬲口也。靲，竹䈶也。以席覆重，辟屈而反，兩端交于後。左衽，西端在上。賀，加也。」又曰：「祝取銘旌，置於重。」《檀弓》曰：「重主道也。」注：「始死未作主，以重主其神也。」《士喪禮》：「將葬，甸人抗重出自道，道左倚之。」《雜記》：「重，既虞而埋之。」注：「就所倚處埋之。」《開元禮》重木倣此。今國家亦用之。《喪葬令》：諸重一品柱鬲六，五品以上四，六品已下亦然，士民之家未嘗識也，皆用魂帛，魂帛亦主道也。禮，大夫無主者，束帛依神。今且從俗，貴其簡易。然世俗或用冠帽衣屨裝飾如人狀，此尤鄙俚，不可從也。又世俗皆畫影置於魂帛之後，男子生時有畫像，用之猶無所謂。至於婦人，生時深居閨闥，出則乘輜軿，擁蔽其面，既死，豈可使畫士直入深室〔二〕，揭掩面之帛，執筆望相，畫其容貌？此殊爲非禮，勿可用也。又世俗信浮屠誑誘，於始死及七七日、百日、期年、再期除喪飯僧，設道場或作水陸大會，寫經、造像、修建塔廟，云爲此者滅彌天罪惡，必生天堂，受種種

〔二〕「士」，宋本、學津本同，《四庫》本作「工」。

快樂，不爲者必入地獄，剉燒舂磨，受無邊波吒之苦。殊不知人生含氣血知痛癢，或翦爪剃髮，從而燒斫之，已不知苦，況于死者形神相離，形則入於黄壤，腐朽消滅與木石等，神則飄若風火，不知何之，假使剉燒舂磨，豈復知之？且浮屠所謂天堂地獄者，計亦以勸善而懲惡也，苟不以至公行之，雖鬼可得而治乎？是以唐盧州刺史李丹與妹書曰：「天堂無則已，有則君子登；地獄無則已，有則小人入。」世人親死而禱浮屠，是不以其親爲君子而爲積惡有罪之小人也，何待其親之不厚哉？就使其親實積惡有罪，豈賂浮屠所能免乎？此則中智所共知，而舉世滔滔而信奉之，何其易惑難曉也。甚者至有傾家破産然後已。與其如此，曷若早賣田營基而葬之乎？彼天堂地獄若果有之，當與天地俱生。自佛法未入中國之前，人死而復生者亦有之矣，何故無一人誤入地獄見閻羅等十王者耶？不學者固不足與言，讀書知古者亦可以少悟矣。

弔酹賻襚

凡弔人者，必易去華盛之服，《喪大記》小斂奠，「弔者襲裘，加武，帶絰，與主人拾踊」。孔子羔裘玄冠，不以弔。子游弔人，襲裘帶絰而入。古者弔服有絰，唐人猶著白衫，今人無弔服，故但易去華盛之服，亦不當著公服，若入酹則須具公服靴笏也。作名紙，右卷之，繫以線，題其陰面，凡名紙，吉者左卷之題陽面；凶者反卷之，陽面在左，陰面在右。曰「某郡姓名」。慰同州之人則但云同郡，皆不著官職。先使人通之。主人未成服則護喪爲之出見，賓曰：「竊聞某人薨没，尊官則云「薨没」，或云「捐館」，卑官則云「傾逝」，少年則曰「夭没」，後書倣此。如何不淑。」因再拜。護喪答拜曰：「孤某遭此凶禍，蒙慰問，若有賻襚則並言之。以未成服不敢出見，不勝哀感，使某拜。」又再拜。此爲子孫被髮徒跣者不出，其餘皆出。《喪大記》曰：「未小斂，大夫爲君命，士爲大夫出。」主人升降未敢由阼階，禮也。賓答拜。自餘如常儀。其所賻襚者，則先遣人以書致之，書儀在後。然後往弔。既弔而致之，亦可也。《詩》云：「凡民有喪，匍匐救之。」故古有含、襚、賵、賻之禮。珠玉曰含，衣衾曰襚，車馬曰賵，貨財曰賻，皆所以矜恤喪家，助其斂葬也。今人皆送紙錢，增作諸僞物，焚爲灰燼，何益喪家。不若復賻襚之禮。既不珠玉，則含禮可廢。又今人亦無以車馬助喪者，則賵禮亦不必存也。凡金帛錢穀之類皆可謂之貨財，其多少之數則無常準，繫其家之貧富，親之遠近，情之厚薄，自片衣尺帛、百錢斗粟以上皆可行之，勝於無也。孔子遇舊館人之喪，入而哭之哀，出使子貢説驂而賻之〔二〕，曰：「予惡夫涕之無從也。」蓋君子行禮，情與物必相副，苟弔哭雖哀而無賻襚以將之，亦君子所恥也。前漢王丹友人喪親，河南太守陳遵爲護喪事，賻助甚豐，丹乃懷縑一疋陳之于主人前曰：「如丹此縑，出自機杼。」遵聞而有慙色。然則物豐而誠不副，亦君子所不爲也。古《記》曰：「不以靡没禮，不以菲廢禮。」此之謂也。昔子碩欲以賻布之餘具祭器，子柳不可，曰：「君子不家于喪，請班諸兄弟之貧者。」然則爲人之子孫者，豈可幸其親之喪以利其家耶？彼爲祭器且不可，況實囊橐，增産業乎？故當使司貨別置曆收之〔三〕。古

〔二〕「説」，學津本同，宋本作「乘」，《四庫》本作「脱」。

〔三〕「曆」，《四庫》本作「册」。

者袒而讀賵，賓致命將行，主人之史又讀賵〔一〕，所以存録之。今宜俟其人至則司貨以曆示之〔二〕。知其得達于主人也。其物專供喪用，其餘則班諸戚之貧者。凡賻襚之物，執事者必先執之北面白尸柩，《雜記》曰：「凡將命，鄉殯將命。」蓋含襚賵賻，主爲死者故也。若已葬，則白於靈座。然後白主人，次白護喪，以授司貨，書於別曆而藏以待喪用〔三〕。其同族有服之親，賻襚之物不白主人，以通財故也。

若主人已成服，則衰絰杖而哭〔四〕。禮，受弔不迎賓，而送之。賓進弔，主人曰：「某罪逆深重，禍延某親，蒙賜慰問，不勝哀感。」稽顙而後拜，稽顙，謂以頭觸地。若非三年之喪，則拜後稽顙。賓答拜。自非親戚，雖平日受拜，至是須賓主相拜。主人置杖，坐兀子，不設坐褥，或設白褥，茶湯至則不執托子。賓退，釋杖而送之。此皆俗禮，然亦表哀素之心，故從之。其非三年之喪，未成服則小帽勒帛，既成服則服其服而出，辭云：「私門不幸，某親喪亡，蒙賜慰問，不勝哀感。」拜而後稽顙。餘皆如常儀。

凡弔人者必有慼容，《曲禮》：「臨喪不笑，入臨不翔。」《檀弓》曰：「行弔之日不飲酒食肉。」孔子於是

〔一〕「史」，《四庫》本作「使」。
〔二〕「曆」，《四庫》本作「册」。
〔三〕「曆」，《四庫》本作「册」。
〔四〕「而哭」，原作「哭而」，今據學津本改。

日哭，則不歌。又食於喪者之側，未嘗飽也。若在喪者談笑諧謔，豈弔人之道耶？若賓與亡者爲執友，則入酹。婦人非親友，及與其子爲執友嘗升堂拜母者，則不入酹。名紙既通，喪家於靈座前炷香，澆茶，斟酒，設席褥，家人皆哭。若主人未成服，則護喪出延賓曰：「孤某須矣。」賓入至靈前，哭盡哀。古禮，弔人無不哭者。世人皆以無涕爲僞哭，故恥之，弔酹多不哭。人之性自有少涕淚者，不可必責於人。孔子弔於舊館而出涕，亦鮮矣。若知生而不知死，勿哭可也，若親戚朋友死，安可以不哭哉？乃焚香，再拜，跪酹茶酒，俯伏，興，再拜。主人披髮徒跣，扱上衽，自楄左哭而出。賓東向弔，主人西向稽顙再拜。秦穆公弔公子重耳，重耳稽顙不拜，以未爲後，是故不成拜。今人衆子皆拜，非禮也。然恐難頓改。賓答拜。主人興，進謝曰：「某罪逆深重，禍延某親，蒙賜沃酹，不勝哀感。」又再拜，賓答拜。賓主相向哭盡哀，賓先止，寬釋主人曰：「修短有命，痛毒奈何，望抑損孝思，俯從禮制。」主人官尊則云「伏望」。揖而出，主人不送，哭而反。護喪爲之送賓。若主人已成服，則自出受弔畢，若賓請入酹，則主人命炷香，斟茶酒於靈座前，家人皆哭。主人揖賓，遂導賓，哭而入。賓亦哭而入。至靈座前，主人立于賓東，北向立，哭。賓酹，如上儀。酹畢，主人西向謝賓曰：「已辱臨弔，重煩沃酹，不勝哀感。」稽顙再拜，賓答拜，相向哭，寬釋如上儀。賓出，主人送至聽事，如常儀。

自有三年之喪，則不出弔人。爲其以人之親忘己之親故也。期喪，十一月以後可以出弔。如有服而將往哭之，則服其服而往。謂有服之親死而往哭之，非弔也。服其服，謂服新死者之服也。事見《雜記》。《檀弓》曰：「有殯，聞遠兄弟之喪，雖緦必往，非兄弟，雖鄰不往。」若執友死，雖齊衰亦可以往哭，曾子之哭子張是也。凡弔及送喪葬者，必助其喪事而勿擾也。助，謂問其所乏，分導營辦，貧者爲之執紼、負土之類。擾，謂受其飲食財貨。

小斂

厥明，陳小斂衣於堂東北，下以席。凡斂葬者，孝子愛親之肌體，不欲使爲物所毀傷，故裹之衣衾，盛於棺槨，深藏之於地下。《檀弓》曰：「喪三日而殯，凡附於身者，必誠必信，勿之有悔焉耳矣。三月而葬，凡附於棺者，必誠必信，勿之有悔焉耳矣。」古者，死之明日小斂，又明日大斂，顛倒衣裳，使之正方，束以絞衾，韜以衾冒，皆所以保其肌體也。今世俗有襲而無大小斂，所闕多矣。然古者士襲衣三稱，大夫五稱，諸侯七稱，公九稱。小斂，尊卑通用十九稱。大斂，士三十稱，大夫五十稱，君百稱。此非貧者所辦也。今從簡易，襲用衣一稱，小大斂則據死者所有之衣及親友所襚之衣，隨宜用之，若衣多不必盡用也。夏后氏斂用昏，商人斂用日中，周人斂用日出，今事辦則斂，不拘何時。設卓子於阼階東，用置饌及盃注於其上，冪之以巾，古者小斂之奠用牲，今人所難辦，但如待賓客之食品，味稍多於始死之奠則可也。設盥盆二，帨巾各二於饌，其東有臺，祝所盥；其西無臺，執事者所盥，中各有架。別以卓子設潔滌盆、新拭巾於其東。所以洗盞、拭盞，自此至遺奠皆同。具括髮麻、免布及髽麻。古者主人素冠環絰，視小斂。既而男子括髮，婦人髽，皆有首絰、腰絰。始死，去冠；二日，去笄纚，括髮。男子括髮以麻，婦人髽帶麻。髽者，去纚爲紒也。南宮縚之妻之姑之喪，夫子誨之髽，榛以爲笄，長尺而總八寸。《喪服小記》惡笄終喪。今恐倉卒未能具冠絰，故於小斂訖，男子婦人皆收髮爲髻，先用麻繩撮髻，又以布爲頭巾。斬衰者括髮紐麻爲繩，齊衰以下至同五世祖者皆免，列布或縫絹，廣寸。婦人髽，亦紐麻爲繩，齊衰以下亦用布絹爲免，皆如幧頭之制，自項向前交於額上，卻繞髻〔二〕，如著幧頭也。爲母雖齊衰，亦用麻。婦人惡笄，當用鏍釵，或竹木骨角爲簪。至於鐶釧之類用金銀者，居喪盡當去之。設小斂牀，施薦席氊褥於西階之西，執事者鋪絞、絞以細布或綵爲之〔三〕，一幅析爲三，鋪橫三於下，縱一於上，橫者足以周身相結，縱者上足以掩首，下足以掩足，古者折其末，使可結，然布强而闊，難結，不若於兩端各綴二絹帶，則緊急。複衾小斂衣於牀，或顛或倒，取方而已。斂時平鋪其衣，不復穿袖，又去枕，舒絹或疊衣藉首，卷其兩端，夾首兩旁，以補肩上空虛之處。又卷衣以夾兩脛，然後以餘衣掩尸，裹之以衾，未掩其面，蓋孝子猶俟其復生，欲時見其面故也。及將大斂，則並掩首裹之，束之以絞，使其形正方，適足滿棺，鋪時即依此次敘。上衣不倒。上衣，謂公服襴衫之類，故尊之。執事者舉牀，自西階升堂，設於中間襲牀之南，古者小斂席於户内，設牀第於兩楹之間，既斂，移於堂。今堂室之制異于古，且從簡易，故小斂亦於中間。乃遷襲奠卓子。下闕。

〔二〕「卻」，原作「郤」，形近而訛也。
〔三〕「綵」，《四庫》本作「絹」。

棺槨 原本全文俱闕

大斂殯

原本上文闕[一]。即又揣其空缺之處，卷衣塞之，務令充實，不可搖動，慎勿以金玉珍玩置棺中，啓盜賊心。收衾先掩足，次掩首，次掩左，次掩右，令棺中平滿。主人主婦憑哭盡哀，婦人退入幕下[二]，然後召匠加蓋、下釘，徹小斂牀，役者累墼塗。殯訖，祝取銘旌，設跗，立於賓東，跗，杠足也，其制如人衣架。復設靈座於故處，主人以下皆復位如故。凡動尸舉柩，主人以下哭擗無算。《曲禮》：「在牀曰尸，在棺曰柩。」若無護喪，則主人當輟哭，親視殯斂，務令安固，不可但哭而已。祝帥執事者盥手，舉新饌，自阼階升，置靈座前。祝焚香洗盞斟酒奠之，卑幼再拜哭，皆如小斂奠之儀。《士喪禮》：「卒塗，祝取銘置於肂，主人復位，踊，襲。」注：「爲銘設柎[三]，樹之肂東。」又曰：「乃奠，燭，升自阼階，祝執巾席從，設於奧，東面。」注：「自是不復奠於尸。室中西南隅謂之奧。」《既夕記》：「燕養饋羞湯沐之饋如

[一]「下闕」至「原本上文闕」，宋本无此十八字，「卓子」以下徑接「既又揣其空缺之處」。
[二]「入」下，孫校本加「立」字。
[三]「柎」，學津本同，宋本、《四庫》本作「跗」。

生日。」注：「燕養〔一〕，所用供養也。饋，朝夕食也。羞，四時之珍異。孝子不忍一日廢其事親之禮，於下室日設之，如生也。」又曰：「朔月若薦新，則不饋於下室。」注：「以殷奠有黍稷也。」《開元禮》：「三品以上將奠，執巾、几、席者升自阼階，入設於室之西南隅，東面。贊者以饌升入室，西面，設于席前。六品以下，設於靈座前席。殯于外者施蓋訖，設大斂之奠於殯東。既殯，設靈座於下室西間，東向。施牀、几、案、屏障、服飾，以時上膳羞及湯沐，皆如平生。下室者，謂燕寢，無下室則設靈座於殯東。」按：古者室中牖在西，户在東，故設神座於西南隅，東面，得其宜也。今士大夫家既不可殯於聽事，則正室之外別無燕寢，又朝夕之奠何嘗不用飯，而更設靈座於下室西間東向，兩處饋奠，甚無謂也。又靈座若在殯〔二〕，而奠於殯東亦無禮也，今但設奠於靈座前，庶從簡易。主人以下各歸其次，留婦人兩人守殯，共止代哭者〔三〕。

〔一〕「燕養」下，孫校本加「平常」二字。
〔二〕「殯」下，孫校本加「南」字。
〔三〕「共」，孫校本改作「宫」。

書儀卷六

喪儀二

聞喪　奔喪

始聞親喪，以哭答使者，盡哀。問故，又哭，盡哀。《奔喪》禮注：「親，父母也。問故，問親喪所由也。雖非父母，聞喪而哭，其禮亦然。」裂布爲四脚白布衫，繩帶麻屨，古者未成服者素委貌，深衣，恐非本所有[一]，且非倉猝所辦，今從便。遂行。日行百里，不以夜行。《奔喪》注：「雖有哀慼，猶辟害也。」雖或有親屬皆行，不能日行百里，道中亦不可滯留也。惟父母之喪，見星而行，見星而舍，道中哀至則哭，避市邑喧繁之處，《奔喪》曰：「哭避市朝。」注謂[二]：「驚衆也。」今人奔喪及從柩行者，遇城邑則哭[三]，是有人則爲之，無人則不爲，飾詐之道也。望其州境哭，望其縣境哭，望其城哭，望其家哭。入門，升自西階，至

[一]「本」，孫校本改作「今」。

[二]「謂」，孫校本改作「爲」。

[三]「哭」下，孫校本加「過則止」三字。

殯前再拜，哭盡哀，乃就位〔一〕，方去冠及上服，被髮，扱衽，徒跣，如始死之儀。詣殯東，西面坐，哭盡哀。其未小斂而至者與在家同。乃就東方，袒括髮，又哭盡哀。丈夫婦人之待之也，皆如朝夕哭位，無變也。既哭，奔喪者復著布四腳布衫，拜諸尊長及受諸卑幼拜，皆哭盡哀。明日後日朝夕哭，猶袒括髮，至家四日乃成服而朝哭。有弔賓至，則出見之可也〔二〕。若未得行，須應過三日以上者，則爲位不奠，《奔喪》曰：「聞喪，不得奔喪，乃爲位。」注：「謂以君命有事者。位，有鄰列之處，如其家朝夕哭位矣。」又注：「無君事又無故，而以己私未奔者，父母之喪則不爲位，其哭之不離聞喪之處，齊衰以下更爲位而哭，皆可行乃行。」又曰：「凡爲位不奠。」注：「以其精神不存乎是。」今仕宦他方者始聞喪，比至治裝挈家而歸，鮮有不過三日者，安得不爲位而哭？既無鄰列，當置倚子一枚以代尸柩，左右前後設哭位，皆如在尸柩之旁，而不設朝夕飲食之奠者〔三〕，喪側無子孫，則此中設朝夕奠，如在喪側，道中亦設位，朝奠而行。既就館，至夕設位而奠。鄰，子短切。被髮，扱衽，徒跣，皆如始死之儀。明日，斬衰者袒括髮，齊衰以下袒免，代哭，皆如小斂之儀。聞喪後四日成服而朝哭，皆如在家之儀。道中及至家，惟不去冠及上服，被髮，扱衽，徒跣，袒括髮，其餘皆如未成服之儀。入門至殯前，北面再拜，哭盡哀。拜諸尊

〔一〕「位」下，孫校本加「東」字。
〔二〕「出」，孫校本改作「哭」。
〔三〕「者」，孫校本改作「若」。

長，又受諸卑幼拜〔一〕，皆哭盡哀。悼賓至即出見之。

若奔喪者不及殯，則先之墓。望墓而哭，至墓，北面，哭盡哀，再拜。在家丈夫之待之也，即位于墓左，婦人墓右，皆哭盡哀。未成服者去布四腳及布衫，袒括髮，于墓東南即本位，又哭盡哀。復著布四腳衫，拜尊長及受卑幼拜如上儀。遂歸至家，入門，去布四腳及布衫，袒括髮，至靈座前，北面，哭盡哀。餘如未葬之儀。已成服者不袒括髮，齊衰以下聞喪則爲位而哭。古禮聞父母妻之黨及師友知識之喪，哭皆有處。今寢廟異制，不能如古，但聞尊長之喪則爲位於正堂，卑幼之喪爲位於別室〔二〕，而哭之。今人皆擇日舉哀，凡悲哀之至，在初聞其喪，聞喪則當哭之，何暇擇日？又舉哀、掛服皆於僧舍，蓋以《五服年月敕》不得於州縣公廳内舉哀。若不在州縣公廨〔三〕，何必就僧舍不于本家？蓋由今人多忌諱故也。

若奔喪，則釋去華盛之服，裝辦即行，緩速惟所欲。既至，齊衰望鄉而哭，大功望門而哭，小功以下至門而哭。入門始至殯前，北向，哭盡哀，再拜，乃易所服之服即本位，又哭盡哀。乃見諸尊長及卑幼拜哭，如主人儀。若不奔喪，則齊衰始聞喪，三日中朝夕爲位會哭，四日之朝成

〔一〕「又」，孫校本改作「及」。
〔二〕「爲」上，孫校本加「則」字。
〔三〕「若」，孫校本改作「苟」。

服，又爲位會哭；大功以下，始聞喪，爲位會哭，成服又爲位會哭，自是每月朔爲位會哭。月數既滿，次月朔爲位會哭，遂除服。其聞喪至各哭，固無常準。齊衰以上，自有喪以來親戚未嘗相見者，既除服而相見，不變服，各哭盡哀，然後敘拜。

飲食

凡初喪，諸子三日不食；期、九月之喪，三不食；五月、三月之喪，再不食或一不食。親戚鄰里必爲糜粥以飲食之，尊長勉之强之，亦可少食，足以充虛續氣而已。既斂，諸子食粥，妻妾及期、九月之喪，疏食水飲，不食菜果。五月、三月之喪，既葬，食肉飲酒，不與人樂之。父母之喪，既虞卒哭，疏食水飲，不食菜果；小祥，食菜果；大祥，食肉飲酒。期、九月之喪，既葬，食肉飲酒，不與人樂之。若有疾，雖父母之喪，食肉飲酒，疾止復初。五十不極毀瘠，六十不毀瘠，七十唯衰麻在身，飲酒食肉處於内。《喪服傳》：「斬衰歠粥，朝一溢米，夕一溢米，既虞，疏食水飲，既練，始食菜果，飯素食。」注：「二十兩曰溢，爲米一升二十四分升之一。疏，猶粗也。素，猶故也。謂復平生時食也。」《間傳》：「斬衰三日不食，齊衰二日不食，大功三不食，小功、緦麻再不食，士與斂焉則一不食。父母之喪，既殯，食粥；齊衰，疏食水飲，不食菜果；大功不食醯醬；小功、緦麻不飲醴酒。父母之喪，既虞卒哭，疏食水飲，不食菜果，期而小祥食菜果，又期而大祥有醯醬，中月而禫，禫而飲醴酒。始飲酒者先飲醴酒，始食肉者先食乾肉。」

注：「不忍發御厚味。」《喪大記》：祥而食肉。期之喪，三不食，既葬，食肉飲酒。九月之喪，猶期之喪也，食肉飲酒，不與人樂之。五月、三月之喪，亦一不食、再不食可也，既葬，食肉飲酒，不與人樂之。叔母、世母，食肉飲酒。今參取其中而用之。人食飲多少不同，食粥者取飽而已，不爲限量。凡居喪，雖以毁瘠爲貴，然亦須量力而行之。《孝經》：「三日而食，教民無以死傷生，毁不滅性。」此聖人之政也。滅性，謂毁極失志，變其常性也。《曲禮》曰：「居喪之禮，毁瘠不形，視聽不衰。」注：「謂其廢喪事。形，謂骨見。」又曰：「有疾則飲酒食肉，疾止復初。不勝喪乃比於不慈不孝。五十不致毁，六十不毁，七十唯衰麻在身，飲酒食肉處於内。」注：「所以養衰老。人五十始衰。」曾子謂子思曰：「吾執親之喪也，水漿不入口者三日。」《問喪》曰：「親始死，水漿不入口三日，不舉火，故鄰里爲之糜粥以飲食之。」鄉里舊俗，親鄰有喪，以罌貯粥，就草土中哺之，謂之「飱孝粥」。此乃古禮之尚存者也。《雜記》曰：「喪食雖惡，必充饑，饑而廢事，非禮也；飽而忘哀，亦非禮也。視不明，聽不聰，行不正，不知哀，君子病之。」故强忍致疾，亦非聖人之所許也。人或體羸，不能三日不食者，量食粥可也。粥不能飽者，既殯，食粗飯可也。疏食水飲不能飽者，既葬，食菜茹醯醬可也。《喪大記》曰：「不能食粥，羹之以菜可也。」注：「謂性不能者可食飯菜羹。」彼應食粥也，猶可食菜羹，況既葬應疏食者？至於餅餌亦無傷，但勿食肉飲酒斯可矣。古人居喪，無敢公然食肉飲酒者。漢昌邑王奔昭帝之喪，居道上，不素食，霍光數其罪而廢之。晉阮籍負才放誕，居喪無禮，何曾面質籍于文帝座曰：「卿敗俗之人，不可長也。」因言於帝曰：「公方以孝治天下，而聽阮籍以重哀飲酒食肉於公座，宜擯四裔，無令汙染華夏。」宋廬陵王義真居武帝憂，使左右買魚肉珍羞，於齊内別立廚帳，會長史劉湛入，因命臑酒炙車螯，湛正色曰：「公當今不宜有此設。」義真曰：「旦甚寒。長史事同一

家，望不爲異。」酒至，湛起曰：「既不能以禮自處，又不能以禮處人。」隋煬帝爲太子，居文獻皇后喪，每朝令進二溢米，而私令外取肥肉脯鮓置竹筒中，以蠟閉口，衣襆裹而納之。湖南楚王馬希聲葬其父武穆王之日，猶食雞臛，其官屬潘起譏之曰：「昔阮籍居喪，食蒸肫，何代無賢？」然則五代之時，居喪食肉者人猶以爲異事，是流俗之弊，其來甚近也。《雜記》曰：「有服，人召之食，不往。大功以下，既葬，適人，人食之，其黨也食之，非其黨弗食也。」《喪大記》曰〔一〕：「大夫、父之友食之則食之矣。不避粱肉，若有酒醴則辭。」然則飲酒尤不可也。今之士大夫居喪食肉飲酒，無異平日，又相從宴集，靦然無愧，人亦恬不爲怪，禮俗之壞，習以爲常，悲夫！乃至鄙野之人，或初喪未斂，親賓則齎酒饌往勞之，主人亦自備酒饌，相與飲啜醉飽連日，及葬亦如之。甚者初喪作樂以娱尸，及殯葬則以樂導輀車，而號哭隨之，亦有乘喪即嫁娶者。噫！習俗之難變，愚夫之難曉，乃至此乎！凡居父母之喪者，大祥之前皆未可食肉飲酒。若有疾暫須食飲，疾止亦當復初。必若素食不能下咽，久而羸惫恐成疾者，可以肉汁及脯醢或肉少許助其滋味，不可恣食珍羞盛饌及與人宴樂。是則雖被衰麻，其實不行喪也。唯五十以上，氣血既衰，必資酒肉扶養者，則不必然耳。其居喪聽樂及嫁娶者，國有正法，此不復論。

喪次

中門之外，擇朴陋之室，以爲丈夫喪次。斬衰，寢苫枕塊：苫，謂槁薦；塊，謂墼。不脱絰帶，

〔一〕「喪大記曰」，宋本作「注往而見食之則食之」。

不與人坐焉。非時見乎母也，不入中門。既虞，寢有席，枕木。二十七月，除服而復寢。齊衰，寢有席。大功以下異居者，既殯可以歸其家，猶居宿於外，三月而後復寢。婦人次於中門之内别室，或居殯側，雖斬衰不寢苫，但徹去帷帳衾褥之類華麗者可也。男子無故不入中門，婦人不得輒至男子喪次。《喪服傳》：「斬衰，居倚廬，寢苫枕塊，寢不脱絰帶。既虞，翦屏柱楣，寢有席。既練，舍外寢。」注：「楣，謂之梁柱楣，所謂梁闇也。舍外寢，於中門之外壘墼爲之，不塗墍，所謂堊室也。」《喪大記》曰：「父母之喪，居倚廬，不塗，寢苫枕塊，非喪事不言。君爲廬宫之，大夫、士襢之。」注：「宫，謂圍障之也。襢，謂不障。」「既葬，柱楣塗廬，不於顯者，君、大夫、士皆宫之。」注：「不於顯者，不塗見面。」「既練，居堊室，不與人居。既祥，黝堊。吉祭而復寢。齊衰期、大功九月者，皆三月不入寢。婦人不居廬，不寢苫。喪父母既葬，父不次於子，兄不次於弟。」注：「謂不就其殯宫，爲次而居。」《雜記》曰：「廬堊室之中，不與人坐焉。非時見乎母也，不入門。」又曰：「童子不廬。」《問喪》曰：「成壙而歸，不敢入處室，哀親之在外也。寢苫枕塊，哀親之在土也。」《間傳》曰：「父母之喪，居倚廬，寢苫枕塊，不脱絰帶。齊衰之喪，居堊室，芐翦不納。大功之喪，寢有席。小功、緦麻，牀可也。父母之喪，既虞卒哭，柱楣翦屏，芐翦不納；期而小祥，居堊室，寢有席；又期而大祥，居復寢；中月而禫，禫而牀。」注：「芐，今之蒲蘋也。」《開元禮》：「五品以上喪，爲廬於殯堂東廊下，諸子各一廬。齊衰，于廬南爲堊室，俱北户。大功，於堊室之南張帷。小功、緦麻，于大功之南設牀。婦人次於西房，若殯後，施牀殯堂。無房者，於别室。」楊垂《喪服圖》：「設倚廬於東廊下，無廊於牆下。先以一木横於牆下，去牆五尺卧於地爲楣，即立五椽於上，斜倚東墉，以草苫蓋之。其南北面亦以草屏之，向北開門[二]。一孝一廬，門簾以縗布。廬南爲堊室，以墼壘三面，上至屋。如於牆下，則亦如偏屋，以瓦覆之，西向開門。其堊室及大功以下幕次，不必每人爲之，共處可也。」如此則非富家大第不能備此禮，故但擇朴陋之室不丹雘黝堊者居之。斬衰居一室，齊衰居一室可也。若大寒大暑，雨濕蚊蚋，其羸疾之人有不能堪者，聽施簟席、白氈、布褥、白幬帳可也。晉陳壽遭父喪有疾，使婢丸藥，客往見之，鄉黨以爲貶議，坐是沈滯，坎軻終身。嫌疑之際不可不慎，故男子無事不入中門，婦人不得輒至男子喪次也。苄，户嫁反。

五服制度

斬衰，用極麄生布爲之，不緝。衣縫向外，裳縫向内。裳前三幅，後四幅，每幅作三㡇，音輒。皆屈兩邊相著，空其中。負版方一尺八寸，此尺寸皆用周尺。在背上，綴於領下，垂放之。辟領方四寸，置於負版兩旁，各攙負版一寸，亦綴於領下。衰長六寸，廣四寸，綴於前衿當心。衣長過腰，足以掩裳上際。衽用布三尺五寸，留上一尺正方，不破，旁入六寸，乃向下邪裁之一尺五寸，去下畔亦六寸，横斷之，留下一尺正方，以兩正方左右相沓，綴於衣兩旁，垂之向下，狀如燕尾，

[二]「向北」，宋本作「北向」。

掩裳旁際。冠比衰布稍細，廣三寸，跨頂前後，以紙糊爲材，上裹以布爲三㡇，皆向右縱縫之，兩頭皆在武下，向外反屈之，縫于武。用麻繩一條，從額上約之至頂後，交過前，各至耳，于武上綴之，各垂於頤下，結之。有子麻紐爲首絰，其大一搤，左本在下，五分去一以爲腰絰，兩股相交，兩頭結之，各存麻本，散垂三尺。其交結處，兩旁各綴細白絹帶，繫之使不脱，又以細繩帶繫於其上。爲父截竹爲杖，高齊其心，本在下。著麤麻屨。婦人亦用極麤生布爲大袖及長裙，布頭帣，惡竹髮〔二〕，布蓋頭，麤麻屨。衆妾以背子代大袖。子爲母杖，上圓下方，亦本在下，布帶。婦爲姑亦緝其衣裳。無子，麻爲絰。餘皆如父與舅、餘親。

齊衰，以布稍麤者爲寬袖襴衫，稍細者爲布四腳，其制如幅巾，首碼二大腳，尾碼二小腳，以覆髻，自額前向頂後以大腳繫之。大暑則屈後小腳於髻前繫之，謂之襆頭。布帶，麻屨。婦人以布稍細者爲背子及裙，露髻，生白絹爲頭帣、蓋頭，著白屨。

大功、小功、緦麻，皆用生白絹爲襴衫，繫黑鞓角帶。大功以生白絹爲四腳，婦人以生白絹爲背子及裙〔三〕。大功露髻，以生白絹爲頭帣、蓋頭。小功、緦麻勿著華采之服而已。凡緝者，皆

〔二〕「竹髮」，孫校本改作「笄髽」。
〔三〕「婦人」，《四庫》本同，宋本作「小功」，學津本作「婦上」。

向外撚之。凡齊衰以下，皆當自制其服而往会喪。今人多忌諱，皆仰喪家爲之，喪家若貧，親戚異居者自制而服之，禮也。

三年之喪，既葬家居，非饋祭及見賓客，服白布襴衫，白布四腳，白布帶，麻屨，亦可也。小祥則除首絰、負版及衰。大祥後服皂布衫、垂腳黲紗襆頭〔二〕、脂皮燋鐵或白布裹角帶。

若重喪未滿而遭輕喪，則制輕喪之服而哭之，月朔輒爲位，服而哭之。既畢，返重服。其除之也，亦服輕服。若除重喪而輕未除，則服輕服以終其餘日。《檀弓》曰：「與其不當物也，寧無衰。」注：「不當物，謂精麁、廣狹不應法制。」古者五服皆用布，以升數爲別，每幅二尺二寸，其經以八十縷爲一升，同服之中升數又有異者焉。故《間傳》曰：「斬衰三升，齊衰四升、五升、六升，大功七升、八升、九升，小功十升、十一升、十二升，緦麻十五升去其半。有事其縷，無事其布曰緦。」蓋當時有織此布以供喪用者。布之不論升數久矣。裴茝、劉岳《書儀》：「五服皆用布，衣裳上下異，制度略相同，但以精粗及無負版衰爲異耳。」然則唐五代之際，士大夫家喪服猶如古禮也。近世俗多忌諱，自非子爲父母，婦爲舅姑，妻爲夫，妾爲君之外，莫肯服布，有服之者必爲尊長所不容，衆人所譏誚，此必不可强，此無如之何者也。今且于父母、舅姑、夫君之服粗存古制度，庶幾有好禮者猶能行之。《喪服傳》曰：「斬衰裳，苴絰，杖，絞帶。冠繩纓。菅屨。」注：「麻在首、在腰皆曰絰。

〔二〕「黲」，《四庫》本同，宋本作「慘」。孫校本旁加「幓」字。

首絰象緇布冠之闕項〔二〕，腰絰象大帶。又有絞帶，象革帶。齊衰以下用布。」《傳》曰：「斬者何？不緝也。苴絰者，麻之有蕡者也，苴絰大搹，左本在下。去五分一以爲帶，齊衰之絰，斬衰之帶也。去五分一以爲帶，大功以下皆以是爲差。苴，竹也，削，桐也。杖各齊其心，皆下本。杖者何？爵也。無爵而杖者何？擔主也。非主而杖者何？輔病也。童子何以不杖？不能病也。婦人何以不杖？亦不能病也。絞帶者，繩帶也。冠繩纓條屬右縫。冠六升，外畢，鍛而勿灰。衰三升。菅屨者，菅，菲也，外納。」注：「中人之梔圍九寸。擔，猶假也，無爵者假之以杖，尊其爲主也。屬，猶著也，通屈一條繩爲武，垂下爲纓，著之冠也。小功以下左縫。外畢者，冠前後屈而出縫于武也。」又曰：「妻爲夫，妾爲君，女子子在室爲父，布總，箭笄，髽，衰，三年。」注：「此喪服之異於男子者。總，束髮。謂之總者，既束其本，又束其末。箭笄，篠竹也。髽，露紒也。但言衰不言裳，婦人不殊裳，衰如男子衰，下如深衣，衰無帶，下又無衽。」又曰：「凡衰外削幅，裳内削幅，幅三袧。」注：「削，猶殺也。太古冠布衣布，先知爲上，外殺其幅以便體也。後知爲下，内殺其幅，稍有飾。後世聖人易之，以此爲喪服。袧者，謂辟兩側、空中央也。凡裳前三幅。」又曰：「若齊，裳内衰外。」注：「齊，緝也。凡五服之衰，一斬四緝。緝裳者内展之，緝衰者外展之。」又曰：「負廣出於適寸。」注：「負，在背上者也。適，辟領也。負出於辟領也。負出於辟領外旁一寸。」又曰：「適博四寸，出於衰。」注：「辟領廣四寸，則與闊中八寸也。兩之爲尺六寸也。出於衰者，旁出衰

〔二〕「闕」，《四庫》本同，學津本作「缺」，宋本作「類」。

外。」又曰：「衰長六寸，博四寸〔一〕。」注：「廣袤當心也。前有衰後有負版，左右有辟領，孝子哀戚無所不在。」又曰：「衣帶下尺。」注：「要也廣尺，足以掩裳上際也。」又曰：「衽二尺有五寸。」注：「衽所以掩裳際也。上正一尺，燕尾二尺五寸，凡用布三尺五寸。」世俗五服皆不緝，非也。禮惟斬衰不緝，餘衰皆緝，必外向，所以别其吉服也。下俚之家或不能備此衰裳之制，亦可隨俗且作粗布寬袖襴衫，然冠、絰、帶不可闕也。古者婦人衣服相連，今不相連，故但隨俗作布大袖及裙而已。齊衰之服，其尊則高祖、曾祖父母、伯叔父母，親則衆子兄弟、兄弟之子。而世俗皆服絹，是與緦麻無以異也。宋次道，今之練習禮俗者也。余嘗問以齊衰所宜服，次道曰：「當服布襆頭、布襴衫、布帶。」今從之。大功以下隨俗，且用絹爲之，但以四腳包頭帕額，别其輕重而已。此子思所謂「有其禮，有其財，無其時，君子弗行」者也，以俟後賢庶謂釐正之耳。古者既葬、練、祥、禫皆有受服，變而從輕。今世俗無受服，自成服至大祥，其衰無變，故於既葬，别爲家居之服，是亦受服之意也。

父母之喪，不當出，若爲喪事及有故不得已而出，則乘樸馬，布裹鞍轡。以代古惡車，婦人以布幕車檐。

〔一〕「博」，宋本作「廣」。

五服年月略其詳見五服年月次

斬衰三年

子爲父。女在室同。嫡孫爲祖承重。謂當爲祖後者。父爲嫡長子。亦謂當爲後者。婦爲舅。其夫爲祖後者，妻亦從服。凡婦服夫黨，當喪而出則除之。爲人後者爲所後父。爲父所後祖承重者亦如之。妻爲夫。妾爲君。

齊衰三年

子爲母。嫡孫承重，祖卒爲祖母。母爲嫡長子。婦爲姑。其夫爲祖後者，妻亦從服祖姑。

齊衰杖期

子爲嫁母、出母，報。報，爲母服其子亦同。若爲父後，則無服。夫爲妻。

齊衰不杖期

爲祖父母。女出嫁者亦同。爲伯叔父母。爲兄弟。爲衆子。爲兄弟之子。爲嫡孫。亦謂當爲後者。爲姑姊妹女在室。雖適人，無夫與子者亦同。爲人後者爲其父母，報。女適人者爲父母。《喪服小記》：「未練而出則三年；未練而反則期；既練而反，則遂之。」妾爲嫡妻。爲夫兄弟之子。舅姑爲嫡婦。

齊衰五月

爲曾祖父母。女出嫁者亦同。

齊衰三月

爲高祖父母。女出嫁者亦同。

大功九月此謂成人者也。凡子年十九至十六爲長殤，十五至十二爲中殤，十一至八歲爲下殤。應服期者，長殤服大功九月，中殤服七月，下殤服小功五月，應服大功以下各以次降等。不滿八歲爲無服之殤，哭之易月。生未三月則不哭也。男子已娶女子許嫁，皆不爲殤。

爲從兄弟。爲庶孫。爲女、姑姊妹、兄弟之女適人者。女適人者爲伯叔父母、兄弟、姪。爲人後者爲其兄弟、姑姊妹。凡男爲人後，女適人者爲其私親，大功以下各降一等，准此。爲衆子婦。爲兄弟子之婦。爲夫之祖父母、伯叔父母、兄弟子之婦。

小功五月

爲從祖祖父母。祖之兄弟及妻。爲兄弟之孫。爲從祖父母。父之從父兄弟及妻。爲從兄弟之子。爲從父兄弟之子。爲從祖兄弟、姑姊妹。爲從祖祖姑。祖之姊妹。爲外祖父母。《服問》曰：「母出則爲繼母之黨服，不爲其母之黨服；母死則爲其母之黨服，不爲繼母之黨服。」爲舅。爲從母。母之姊妹。爲甥。爲夫兄弟之孫。爲夫從父兄弟之子。爲夫之姑姊妹。在室、適人等。女爲兄弟、姪之妻，爲娣姒婦，報。爲同異父兄弟姊妹〔二〕。爲兄弟妻。爲夫之兄弟。

緦麻三月

爲三從兄弟。爲曾祖之兄弟姊妹服。爲祖之從父兄弟姊妹服。爲父之再從兄弟姊妹服。爲外孫。爲曾孫、玄孫。爲從母之子。爲姑之子。爲舅之子。爲曾祖兄弟之妻服。爲祖從父兄弟之妻服。爲父再從兄弟之妻服。爲庶孫之婦。爲庶母。父之妾有子者。爲乳母。爲壻。爲

〔二〕「同」下，孫校本加「母」字。

妻之父母。爲夫之曾祖、高祖父母。爲夫之從祖祖兄弟及妻服。爲夫之從兄弟之妻。爲從父兄弟子之婦。爲夫之外祖父母服。爲夫之從父兄弟子之婦。爲父之從父姊〔一〕。在室、適人等。爲夫之舅及從母。爲姊妹子之婦。爲甥之婦。

成服

大斂之明日，《曲禮》曰：「生與來日，死與往日。」鄭曰：「與，數也。生數來日，謂成服杖以死來日數也。死數往日，謂殯斂以死日數也。」今人大斂即成服，是無袒、括髮也。五服之人各服其服，入就位，然後朝夕奠。

朝夕奠〔二〕

自成服之後，朝夕設奠，朝奠日出，夕奠逮日，陰陽交接，庶幾通之。如平日朝餔之食，加酒果。事死如事生。月朔則設饌〔三〕。古謂之殷奠，然亦不可盛於時祭之饋，遇麥禾黍稻熟薦新，亦如朔奠。皆褰帷

〔一〕「姊」下，孫校本加「妹」字。
〔二〕「朝」，原無，今據孫校本補。
〔三〕「饌」上，孫校本加「盛」字。

幔，《雜記》曰：「朝夕哭，不帷。」注：「緣孝子心欲見殯肂也。既出則施其扆，鬼神尚幽闇也。」肂，以二切。扆，克盍切〔二〕。用素器。以主人有哀素之心也。執事者具新饌於阼階東，無阼階則但在靈座東南可也。主人以下各服其服，入就位。尊長坐哭，卑幼立哭。祝帥執事者盥手，徹舊饌，置座西南，乃設新饌於靈座前，止哭。祝洗盞，斟酒奠之，復位。卑幼皆再拜，哭盡哀。歸次。夕奠將至，然後徹朝奠。朝奠之將至〔三〕，然後徹夕奠。各用罩子。若天暑恐臭敗，則設饌如食，頃去之，止留茶酒果，仍罩之。

〔二〕「克」，宋本作「功」；「盍」，宋本作空格。「克盍」，孫校本改作「功闔」。

〔三〕「之」，孫校本圈刪。

書儀卷七

喪儀三

卜宅兆葬日《開元禮》五品以上卜，六品以下筮。今若不曉卜筮，止用杯珓可也〔二〕。若葬于祖塋，則更不卜筮。

既殯，以謀葬事。《檀弓》曰：「既殯，旬而布材與明器。」今但殯畢，則可以謀葬事。既擇地，得數處。《孝經》曰：「卜其宅兆而安厝之。」謂卜地決其吉凶爾，非若今陰陽家相其山崗風水也。國子高曰：「葬者，藏也。」又曰：「死則擇不食之地而葬我焉。」明無地不可葬也。古者天子七月，諸侯五月，大夫三月，士踰月而葬。蓋以會葬者遠近有差，不得不然也。然禮文多云三月而葬，蓋舉其中制而言之。今《五服年月敕》：「王公已下皆三月而葬。」按《春秋》：「己丑，葬敬嬴，雨，不克葬。庚寅，日中而克葬。丁巳，葬定公，雨，不克葬。壬午，日下昃，乃葬。」何嘗擇年月日時也？葬於北方，北首，何嘗擇地也？爲其禍福與今不殊〔三〕。世俗信葬師之說，既擇

〔二〕「杯」，原作「坏」，今據學津本改。
〔三〕「爲」，孫校本塗改作「考」。

年月日時，又擇山水形勢，以爲子孫貧富、貴賤、賢愚、夭壽盡繫於此。又葬師所有之書，人人異同，此以爲吉，彼以爲凶，爭論紛紜，無時可決。其尸柩，或寄僧寺〔二〕，或委遠方，至有終身不葬，或累世不葬，或子孫衰替，忘失處所，遂棄捐不葬者。凡人所貴身後有子孫者，正爲收藏形骸耳。其子孫所爲乃如此，曷若初無子孫，死于道路，猶有仁者見而殣之邪？且彼陰陽家謂人所生年月日時足以定終身禄命，信如此所言，則人之禄命固已定于初生矣，豈因殯葬而可改邪？是二説者自相矛盾，而世俗兩信之，其愚惑可謂甚矣！使殯葬實能致人禍福，爲人子者豈忍使其親臭腐暴露，不殯葬而自求其利耶？悖禮傷義，無過於此。然孝子之心，慮患深遠，恐淺則爲人所汩，深則濕潤速朽，故必擇土厚水深之地而葬之。所擇必數處者，以備卜之不吉故也。或曰：世人久未葬者，非盡以陰陽拘忌之故，亦以家貧未能歸葬故也。予應之曰：子路曰：「傷哉貧也！生無以爲養，死無以爲禮也。」孔子曰：「啜菽飲水，盡其歡，斯之謂孝。斂手足形，還葬而無椁，稱其財，斯之謂禮。」注：「還猶疾也，謂不及其日月。」又子游問喪具，夫子曰：「稱家之有亡。」子游曰：「有亡惡乎齊？」夫子曰：「有亡過禮，苟亡矣，斂手足形，還葬懸棺而窆，人豈有非之者哉？」昔廉范千里負喪，郭原平自賣營墓，豈待豐富然後葬其親哉？近世河中進士周孟家貧，改葬其親，騎驢出城，一僕荷鍤隨之。取其親之骨，掘深坎，埋之而歸。此雖不及於禮，比於不能葬者，猶賢矣。在禮，未葬不變服，食粥，居倚廬，寢苫枕塊，蓋閔親之未有所歸，故寢食不安。奈何捨之出游，食稻衣錦，不知其何以爲心哉！世人又有遊宦没于遠方，子孫火焚其柩，收燼歸葬者。夫孝子愛親之肌體，故斂而

〔二〕「寺」，孫校本塗改作「舍」。

葬之，殘毀他人之尸，在律猶嚴，況子孫乃悖謬如此！其始蓋出於羌胡之俗，浸染中華〔二〕，行之既久，習以爲常，見者恬然，曾莫之怪，豈不哀哉！延陵季子適齊，其子死，葬於嬴博之間，曰：「骨肉復於土〔三〕，命也；魂氣則無不之也。」孔子以爲合禮。必也不能歸葬，葬於所在，可也，不猶愈於焚之哉？汨，音骨。惡，音烏。齊，子細切。窆，彼斂切。 執事者掘兆四隅，外其壤；兆，塋域也。掘中，南其壤。爲葬將北首故也。莅卜或命筮者，擇遠親或賓客爲之。及祝執事者，皆吉冠素服。《雜記》：「大夫卜宅與葬日，有司麻衣、布衰、布帶，因喪屨，緇布冠不蕤。占者皮弁。如筮，則史練冠長衣以筮。占者朝服。」注曰：「麻衣至緇布冠，非純凶也〔三〕。皮弁則純吉之尤者也。長衣練冠，純凶服也。朝服，純吉服也。」今從簡易。依《開元禮》皆非純吉，亦非純凶。素服者，但徹去華采珠玉之飾而已。 執事者布卜筮席于兆南，北向。

主人既朝哭，適兆所，立于席南，當中壤，北向，免首絰，左擁之。莅卜筮者立于主人之右，北向。卜筮者東向，執龜筴，進，南面受命于主人。莅卜者從旁命之，曰：「孤子姓名，爲父某官爲母，則稱「哀子爲母某封〔四〕」。 度茲幽宅，無有後艱。」度，謀也。宅，居也。言謀此以爲幽冥之居，得無將

〔二〕「胡」、「中華」，原作「戎」、「世人」，今據宋本、學津本、孫校本改。
〔三〕「復」下，孫校加「歸」字。
〔三〕「非」下，孫校加「純吉亦非」四字。
〔四〕「哀子」下，孫校加「姓名」二字。

有艱難？謂有非常若崩壞也。卜筮者許諾，右旋，就席，北面坐述命，《士喪禮》「不述命」。既受命而申言之曰述。不述者，士禮略。今從《開元禮》。指中封而卜筮。中封，中央壤也。占既得吉，則執龜筴，東向進，告於莅卜筮者及主人，曰「從」，主人經哭。若不從，更卜筮他所，如初儀。

兆既得吉，執事者於其中壤及四隅各立一標，當南門立兩標。祝帥執事者入，設后土氏神位於中壤之左，南向。古無此，《開元禮》有之。置倚卓、盥盆、帨架、盞、注、脯醢，既不能如此，只常食兩三味〔一〕。皆如常日祭神之儀。但不用紙錢。告者與執事者皆入〔二〕，卜者不入。序立于神位東南，重行，西向，北上。立定，俱再拜。告者盥手洗盞。斟酒進，跪酹於神座前。俛伏，興，少退，北向立，搢笏執詞〔三〕，進於神座之右，東面跪，念之曰〔四〕：「維年月朔日，子某官姓名，敢昭告於后土氏之神。今爲某官姓名主人也〔五〕。營建宅兆，神其保佑，俾無後艱。謹以清酌脯醢〔六〕，祇薦于神。尚饗！」訖，興，復位。告者再拜出，祝及執事者皆西向再拜，徹饌出。主人歸殯前，北

〔一〕「脯醢」至「三味」，孫校於「脯醢」上加「酒」字，又塗改「既」作「恐」，「如此」作「辦」，並於「味」下加「而已」二字。
〔二〕「告者」下，孫校加「亦擇親賓爲之」六字。
〔三〕「詞」下，孫校加「書詞於紙」四字。
〔四〕「念」，孫校塗改作「讀」。
〔五〕「主人」，孫校塗改作「亡者」。
〔六〕「脯醢」下，孫校加「若用他食則云庶羞」八字。

面哭。

卜筮葬日于三月之初。若墓遠，則卜筮於未三月之前，命曰「某月日」。主人先與賓議定可葬日三日〔一〕，謂可以辦具及於事便者。必用三日，備不吉也。執事者布卜筮席於殯門外闑西，北向。主人既朝哭，與衆主人謂亡者諸子。出立於殯門外之東壁下，西向，南上。闔東扉，主婦立于其內。主人進立于門南，乃北向，免首絰，左擁之。莅卜筮者立主人東北，乃西向。卜筮者執龜筴，東向，進受命於莅卜筮者。命之曰：「孤子某，將以今月某日，先卜遠日，不吉，再卜近日〔二〕。卜葬其父某官，考降無有近悔？」考，上也。降，下也。言卜此日葬，魂神上下無得近於咎悔者乎？卜筮者許諾，右旋，就席，西向坐述〔三〕。卜筮不吉，則又興，受命，述命，再卜。占既得吉，興，告于莅卜者及主人，曰「某日從」，主人絰，與衆主人皆哭。又使人告於主婦，主婦亦哭。主人與衆主人入至殯前，北向哭，遂使人告于親戚僚友應會葬者。若孫爲祖後，則莅卜筮者命之，曰：「孤孫某，卜葬某祖某官〔四〕。」夫

〔一〕「葬日」之「日」，孫校塗改作「者」。
〔二〕「卜」下，孫校皆加「筮」，以下本段皆同。又塗改「再」作「則更」。
〔三〕「述」下，孫校加「命」字。
〔四〕「某祖」之「某」，孫校塗改作「其」。

曰：「乃夫某，卜葬其妻某氏。」兄弟及他親爲喪主者，各隨其所稱，曰：「某親某，卜葬某某親某官〔二〕。」

穿壙爲窆具，謂下棺。

葬有二法，有穿地直下爲壙，置柩，以土實之者；有先鑿埏道，旁穿土室，攛柩於其中者，臨時從宜。凡穿地，宜狹而深，壙中宜穿。古之葬者，有折，有抗木，有抗席。折，由展也〔三〕，方鑿連木爲之，如牀，而縮者三，横者五，無簀。窆事畢，加之壙上，以承抗席。抗木，横三縮二。抗，禦也，所以禦止土者。其横與縮，各足横掩，席抗所以禦塵。然則古者皆直下爲壙，而上實以土也。今疏土之鄉，亦直下爲壙，或以石，或以塼爲藏，僅令容柩，以石蓋之。每布土盈尺，實躡之，稍增至五尺以上，然後用杵築之，恐土淺，震動石藏故也。自是布土，每尺築之，至於地平，乃築墳於其上。《喪葬令》：「葬，不得以石爲棺槨及石室。」謂其侈靡如桓司馬者。此但以石禦土耳，非違令也。其堅土之鄉，先鑿埏道，深若干尺，然後旁穿窟室以爲壙，或以塼範之，或但爲土室，以塼數重塞其門，然後築土，實其埏道。然恐歲久終不免崩壞，不若直下穿壙之爲牢實也。凡旁穿之壙，不宜寬大，寬大則崩破尤速，當僅令容柩。葬時先以竹竿布地，稍在壙中，置柩於其上而攛之，既而抽去其竹。其明器、下帳、五穀、牲、酒等物，皆於埏道旁別穿窟室爲便房以貯之。其直下穿壙者，既實土將半，乃於其旁穿

〔二〕「某某親」之上「某」，孫校塗改作「其」。

〔三〕「由展」，孫校塗改作「猶庪」。

便房以貯之。穿地狹，則役者易上下，但且容下柩則可矣，深則盜難近。鄉里土厚水深，太尉嘗有遺命令深葬，自是嘗以三丈三尺爲準。昔晉文公有大功于周襄〔一〕，請隧，而王弗許，曰：「王章也。」然則古者乃天子得爲隧道〔二〕，自餘皆懸棺而窆。今民間往往爲隧道，非禮也，宜懸棺以窆。屐〔三〕，舉綺切，閣藏食物之名。挽土宜用兩轆轤，重物上下，宜用革車，其制用大木四根，交股縛而埋之，謂之夜叉木。架大木於其上爲梁，梁須圓直之木。夜叉交爲月口，梁之加於月口者，圍徑須同。一麄一細，則諸絙之轉或長或短而偏矣。于梁兩端各設十二輻，搭絙于梁一邊。其垂絙之地，當中央〔四〕，下則使兩人按輻，一一縱之，上則兩人攀輻而挽之〔五〕，匀而無失，勝於鷹架木引索有急緩、欹側之患。或用鷹架木。亦用夜叉木，及大木堅而圓滑者爲梁，然一定無轉。以巨絙繫重物，繞梁一匝，遣數人執其末，上則挽，下則縱之。物尤重則以兩絙交于梁上，各遣數人執其末，立於埏之兩旁，或挽或縱之。人上下，宜用鍬钁板，如常日鍬钁板。絙過人頭，則合爲一，以革車或鷹架木挽之縱之而已。或用兀子。以二絙襀之，高於人頭。繫其兩端於兀子四腳，合兩端於兀子四腳，合兩襀，繫二巨絙於其上。先以三厚板横於埏口，置兀子於其上，交二絙于梁上。每絙各使數人執其末，立於埏之東西。微引兀子令

〔一〕「周襄」下，孫校加「王」字。

〔二〕「乃」，孫校塗改作「惟」。

〔三〕「屐」，孫校塗改作「庪」。

〔四〕「當」下，孫校加「埏」字。

〔五〕「而」，孫校塗改作「一一」。

去板。旁徹板〔一〕，乃緩緩縱之令下，若出，則引之令下，上復以板承之。䙡，區貴切。下板宜用四紼〔二〕。紼，大索也，以新麻爲之，粗如鞦韆索，其長比兀子，深加倍之。每尺以墨畫之，及窆，以二綍繫柩左鐶，樓底結於右鐶。二綍繫右鐶，亦如之。及窆牀，以大木爲之，其制如人家繡牀而仰之。廣長出桄於埏口，兩旁之桄，皆用堅而圓滑之木。置窆牀於埏口，橫施三板，置柩其上。左右各三綍，繞桄一匝，每紼數人執之，如下兀子之法。擊鼓爲節，鼓一聲，執紼者左右手互縱一尺。至底，解去綍。桄，音光。或用鷹架木下之，亦可也。

碑誌

誌石刻文，云：「某官姓名，婦人云「某姓名妻某封某氏」。某州某縣人。考諱某，某官，某氏某封。無官封者，但云姓名或某氏。某年月日生。敘歷官遷次。婦人云年若干，適某氏，敘因夫、子致封邑。無官封者，皆不敘。某年月日終。某年月日葬。丈夫云「娶某氏某人之女，封某邑」。子男某某官，女適某官某人。」若直下穿壙，則寘之便房；若旁穿爲壙，則寘之壙門。墓前更立小碑，可高二三尺許〔三〕，大書曰「某姓名某」，更不書官。古人有大勳德，勒銘鐘鼎，藏之宗廟。其葬則有豐碑，以下棺耳。秦

〔一〕「去」，孫校塗改作「離」；「旁」下，加「人」字。
〔二〕「板」，孫校塗改作「柩」。
〔三〕「二三」，孫校加乙正號作「三二」。

漢以來，始命文士褒贊功德，刻之于石，亦謂之碑。降自南朝〔一〕，復有銘誌，埋之墓中。使其人果大賢邪，則名聞光昭〔二〕，衆所稱頌，乃流今古〔三〕，不可掩蔽，豈待碑誌始爲人知？若其不賢也，乃以巧言麗辭〔四〕，强加采飾，功侔吕望，德比仲尼，徒取譏笑，其誰肯信？碑猶立於墓道，人得見之；誌乃藏於壙中，自非開發，莫之覩也。隋文帝子秦王俊薨，府僚請立碑。帝曰：「欲名〔五〕，一卷史書足矣，何用碑爲？徒與人作鎮石耳。」此實語也。今既不能免俗，其誌文但可直敘鄉里、世家、官簿始終而已。季札墓前有後世稱孔子所篆〔六〕，云「嗚呼！有吴延陵季子之墓」，豈在多言，然後人知其賢邪！今但刻姓名於墓前，他日人自知其賢愚耳。《喪葬令》：一品墳高一丈八尺，每品減二尺，六品以下不得過八尺。又五品以上立碑，螭首龜趺，趺上高不得過九尺。七品以上立碣，圭首方趺，趺上高四尺。其石獸，三品以上六，五品以上四。又曰：「諸喪葬不能備禮者，貴得同賤，賤雖富，不得同貴。」世人好爲高墓大碑，前列石羊、石虎，自誇崇貴，殊不知葬者當爲無窮之規，後世見此等物，安知其中不多藏金玉邪？是皆無益於亡者。若能俱不用，尤善也。漢光武作壽陵，裁令陂池流水而已。南唐司徒李建勳且死，戒家人勿封土立碑，聽人耕種其上，曰：「他日免爲開發之標。」及金陵破，王公貴人之家無不被發者，惟建勳家

〔一〕「自」，孫校塗改作「及」。
〔二〕「光昭」，孫校塗改作「昭顯」。
〔三〕「乃流今」，孫校塗改作「流播終」。
〔四〕「乃」，孫校塗改作「雖」。「辭」，孫校塗改作「詞」。
〔五〕「欲」下，孫校加「求」字。
〔六〕「後」，孫校塗改作「石」。

莫知其處。此皆明哲能深思遠慮者也。

明器　下帳　苞筲　祠版

明器，刻木爲車馬、僕從、侍女，各執奉養之物，象平生而小。多少之數，依官品。《既夕禮》有明器、用器、燕器。孔子曰：「之死而致死之，不仁而不可爲也；之死而致生之，不智而不可爲也。」注：「之，往也。死之、生之，謂無知與有知也。」又曰：「是故竹不成用，瓦不成沫，木不成斲。」注：「成，善也。沫，靧也。」又曰：「其曰明器，神明之也。」又曰：「塗車、芻靈，自古有之。」《喪葬令》：五品、六品，明器許用三十事。非升朝官者，許用十五事，並用器椀楪瓶盂之類通數之。沫，音末。靧，音悔。下帳，爲牀帳、茵席、倚卓之類，皆象平生所用而小也。苞，《既夕禮》：「苞二。」注：「所以裹奠羊豕之肉。」《檀弓》曰：「國君七个，遣車七乘。」《雜記》曰：「遣車視牢具。」或問曾子曰：「君子既食，則裹其餘乎？」曾子曰：「大享，既饗，卷三牲之俎，歸於賓館。父母而賓客之，所以爲哀也。」晉賀循用腐一篋〔一〕，以代所苞牲體。今遣奠既無牲體，又生肉經宿則臭敗，不若用循禮，得事之宜。然遣奠之時，亦當設脯。既奠，苞以蒲篋或箱，或竹掩耳，或席簟之類包之，皆可也。筲，《既夕禮》：「筲三：黍、稷、麥。」今但以竹器或小罌貯五穀各五升，可也。醯、醢罌。《既夕禮》：「甕三：

〔一〕「腐」，孫校塗改作「脯」。

醯、醢、屑。」注：「薑桂之屑也。」今但以小甖二貯醯、醢。以桑木爲祠版。鄭康成以爲卿、大夫、士無神主，大夫束帛依神，士結茅爲菆。徐邈以爲《公羊》「大夫聞君之喪，攝主而往」，重，主道也，埋重而立主，大夫、士有重，亦宜有主。蔡謨以爲今世有祠版，乃禮之廟主也。主亦有題，今版書名號亦是題主之意。安昌公荀氏祠制神版，皆正長尺一寸，博四寸五分，厚五寸八分，大書「某祖考某封之神座」、「夫人某氏之神座」，書訖，蠟油炙令入理，刮拭之。今士大夫家亦有用祠版者，而長及博、厚不能盡如荀氏之制，題云「某官府君之神座」、「某封邑夫人郡縣君某氏之神座」，續加封贈，則先告貼以黃羅而改題。無官，則題「處士府君之神座」。版下有趺，韜之以囊，籍之以褥。府君、夫人只爲一匣，今從之。禮，虞主用桑，練主用栗。祠版，主道也，故于虞亦用桑，將小祥，則更以栗木爲之。

啓殯

啓殯之日，墓近則於葬前一日啓殯，墓遠則於發引前一日啓殯。夙興，執事者縱置席於影堂前階上及聽事中央[一]，仍帷其聽事。席，所以藉柩也。帷之，爲有婦人在焉。《既夕禮》：「遷于祖，用軸。」注：「蓋象平生將出，必辭尊者。」《檀弓》曰：「喪之朝也，順死者之孝心也，其哀離其室也，故至於祖考之廟而後行。

[一] 「聽」，諸本同，孫校皆塗改作「廳」，並於頁腳各寫「厂」。

殷，朝而殯于祖；周，朝而遂葬。」《開元禮》無朝廟禮，今從周制。禮又周既載而朝於庭[二]，今人既載遂行，無祖于庭，難施哭位，故但祖於聽事。喪事有進而無退，無聽事者，但向外之屋可置柩者，皆可也。備功布，長三尺。以新布稍細者爲之，祝御柩，執此以指麾役者也。五服之親皆來會，各服其服，入就位哭。《喪服小記》：「男子冠而婦人笄，男子免而婦人髽。」又曰：「緦、小功，虞、卒哭則免。」注：「棺柩已藏，嫌恩輕可以不免也。言『則免』者，則既殯先啓之間，雖有事不免。」又曰：「既葬而不報虞，則雖主人皆冠。及虞，則皆免。」注：「有故不得疾虞，雖主人皆冠，不可久無飾也。皆免，自主人至緦麻。」《開元禮》主人及諸子皆去冠絰，以邪巾帕頭。按：自啓殯至於卒哭，日數甚多。今已成服，若使五服之親皆不冠而袒免，恐其驚俗，故但各服其服而已。

執事者遷靈座及椸於旁側，爲將啓殯。祝凶服，無服者，則去華盛之服。執功布，止哭者。北向立於柩前，抗聲三，告曰：「謹以吉辰啓殯。」既告，内外皆哭，盡哀止。《既夕禮》：「商祝袒免，執功布入，升自西階，盡階，不升堂，聲三，啓三，命哭泣。」功布，灰治之布也，執之以接神，爲有拂㧍也[三]。聲三，三有聲，存神也。啓三，三言啓，告神也。舊説以爲「聲噫興也」，《開元禮》「祝三聲噫嘻」，今恐驚俗，但用其辭。拂，芳味切。㧍，芳丈切。婦人退避於他所，爲役者將入。主人及衆主人輯杖立，視啓殯。《喪大記》：「大

[二]「禮又周」，學津本同，宋本作「禮又庭」，《四庫》本作「又《周禮》」。

[三]「有」下，孫校加「所」字。

夫、士哭殯則杖，哭柩則輯杖。」注：「哭殯，謂既塗也。哭柩，謂啓殯後也。」輯，斂也，謂舉之不以柱地也。天子、諸侯之子，杖不入公門〔一〕。祝取銘旌置靈座之側，役者入，徹殯塗及墼，掃地潔之。祝以功布拂去棺上塵，覆以裌衾。《既夕禮》祝取銘置於重，今以魂帛代重，故置於靈座側。役者出，婦人出，就位，立哭。執事者復設椸及靈座於故處，乃徹宿奠，置新奠，《既夕禮》：「遷于祖，正柩於兩楹間，席升，設於柩西。奠設如初。」注：「奠設如初，東面也。不統於柩，神不西面也。不設柩東，東非神位也。」《開元禮》不朝祖，徹殯，設席於柩東，奠之，謂之啓奠。如常日朝夕奠之儀。

朝祖

役者入，婦人退避，主人立視，如啓殯。役者舉柩，詣影堂前。祝以箱奉魂帛在前，執事者奉奠及倚卓次之，銘旌次之，柩次之。未明，則柩前後皆用二燭照之。主人以下皆從哭，男子由右，婦人由左，重服在前，輕服在後，各以昭穆、長幼爲敘。侍者在末。無服之親，男居男之右，女居女之左，不與主人、主婦並行。婦人皆蓋頭。爲有役者在前故也。役者出則出蓋頭。至影堂前，置柩于席，北首。役者出，祝帥執事者設靈座及奠於柩西，東向。若影堂前迫隘，則置靈座及奠於旁近，從

〔一〕「公」，孫校塗改作「廟」。

地之宜。主人以下就位，位在柩之左右前後，如在殯宫。立哭，盡哀止。役者入，婦人避退〔一〕。祝奉魂帛導柩，右旋，主人以下哭從如前。詣聽事，置席上，南首，設靈座及奠于柩前，南向，餘如朝祖。主人以下就位，坐於柩側，藉以薦席，如在殯宫。乃代哭，如未殯之前。

親賓奠世俗謂之祭　賻贈

賓客欲致奠於其家者，以飯牀設茶果酒饌於其庭，暑則覆之以幄。將命者入白主人，主人絰，杖，降自西階，待於阼階下，西向。賓入，家人皆哭。賓敘立于饌南，北向，東上。置卓子於賓北，炷香澆茶，實酒於注，洗盞，斟酒於其上。上賓進燒香，退復位，與衆賓皆再拜。上賓進，跪酹茶、酒，俛伏，興。賓祝執祝辭出〔二〕，於上賓之右西向讀之，曰：「維年月日，某官某，謹以清酌庶羞，致祭於某官之靈。中間辭，臨時請文士爲之。尚饗！」祝興，凡吉祭，祝出於左，東向；凶祭，出於右，西向。賓再拜，應哭者哭。進詣主人前，東向，北上。上賓止主人哭，主人稽顙再拜，賓答拜，主人哭而入。護喪延賓，坐於他所，茶湯送出，如常儀。祝納酒饌及祝辭於喪家〔三〕。

〔一〕「避退」，宋本、學津本同，《四庫》本作「退避」。
〔二〕「賓祝」下，孫校加「一作史」三字。
〔三〕上「祝」下，孫校加「史」字。

若奠於轝所經過者，設酒饌於道左右，或有幄，或無幄。《附令敕》：「諸喪葬之家，只許祭於塋所，不得於街衢致祭。」然親賓祭於喪家大門之内及郭門之外，亦非街衢也。望柩將至，賓燒香，酹茶、酒，祝拜哭。柩至，少駐，主人詣奠所，拜賓，哭，從柩而行。餘如上儀。奠於墓所，皆如在其家之儀。《既夕禮》：「殯者出請〔一〕。若奠，入告出，以賓入，將命如初。士受羊如受馬。」然則古者但致奠具而已。漢氏以來，必設酒食沃酹。徐穉每爲諸公所辟，雖不就，有死喪，負笈赴弔。常於家豫炙雞一隻，以一兩綿絮漬酒中，暴乾，以裹雞。徑到所赴冢隧外，以水漬絮，使有酒氣，汁米飯，白茅爲籍，以雞置前。醊酒畢，留謁則去，不見喪主。然則奠貴哀誠，酒食不必豐腆也。自唐室中葉，藩鎮强盛，不遵法度，競其侈靡。始縛祭幄，至高數丈，廣數十步；作鳥獸、花木、輿馬、僕從、侍女，衣以繒綺，轜車過則盡焚之；祭食至百餘品，染以紅緑，實不可食。流及民間，遞相誇尚，有費錢數百緡者。曷若留以遺喪家爲賻贈哉！

其親賓賻贈，皆如始死之儀，而不襚。《士喪禮》：始死，有弔，有襚。將葬，有賵，有奠，有賻贈〔二〕。知死者贈，知生者賻，賻、贈皆用財貨，但將命之辭異耳。《春秋傳》譏「贈死不及尸」，尸，謂未葬時也。然則自始死至葬，賻贈之禮皆可行也。

〔一〕「殯」，宋本、學津本同，《四庫》本作「儐」，孫校塗改作「擯」。

〔二〕「贈」上，孫校加「有」字。

書儀卷八

喪儀四

陳器

轝夫陳器於門外，方相在前，《喪葬令》：「四品以上用方相，七品以上用魌頭。」方相四目，魌頭兩目，載以車。魌，音欺。次誌石，次槨，二物已在墓所，則不陳。次明器，次下帳，次上服，有官則公服，靴笏；無官則襴衫。皆有襆頭、腰帶。次苞，但陳所用之苞，其脯俟遣奠畢始苞之。次筲，次醯、醢，次酒，一斗盛以瓶。以上並以小牀舁舉之。次銘旌，去跗，使人執之，入壙則去杠〔一〕，覆於柩上。次靈舁，葬日，置魂帛於上，炷香其前，藏祠版於箱篋，置其後。返則祠版于前，藏魂帛於箱篋，亦以小舁牀舉之。《開元禮》靈輿在方相前，今置柩前。次大轝。載柩者也。宜用輕堅木爲格，僅能容柩。上施鱉甲蓋。轝竿則宜强壯，多用新組纏

〔一〕「壙」，宋本作「以」，孫校塗改作「窆」。

束，巨組數道，撮角樓底縛於竿上，則可保無虞。《喪大記》〔二〕：「飾棺，君龍帷，三池，振容，黼荒，火三列，黼黻三列，素錦褚，加帷荒，纁戴六，纁披六。」大夫、士以是爲差。注：「飾棺者，以華道路及壙中，不欲衆惡其親也。荒，蒙也。在旁曰帷，在上曰荒。黼荒，緣邊爲黼文，火、黻爲列於其中爾。褚以襯覆棺，乃加帷荒於其上。紐，所以結連帷荒者也。池，竹爲之，如小車笭，衣以青布。柳，象宮室，縣池於荒之爪端，若承霤然云。君、大夫以銅魚縣于池下。齊，象車蓋蕤，縫合雜采爲之，形如瓜分然，綴貝絡其上及旁。戴之言值也，所以連繫棺束與柳材，使相植，因而結前後披也。」正義：「振，動也。以絞繒爲之，長丈餘，如幡。畫幡上爲雉，縣于池下爲容飾，車行則幡動，故曰『振容』。齊者，謂鱉甲上當中央，形圓如車蓋，高三尺，徑二尺。五貝者，連貝爲五行，交絡齊上。魚在振容間。」此等制度，今既難備，略設帷荒、花頭等，不必繁華高大。若柩遠行，則多以柿單覆籍轝之上下四旁，以禦雨濕。繞以畫布帷，龍虎翣，更無它飾。今世俗信轝夫之言，多以大木爲轝，務高盛大其華飾，至不能出入大門。紙爲幡花，繽紛塞路，徒欲誇示觀者。殊不知轝重，大門多觸礙，難進退，遇峻隘有傾覆〔三〕。彼轝夫但欲用人多，取厚直，豈顧喪家之利害耶？大轝旁有翣，貴賤有數。《開元禮》：一品引四，披六，鐸左右各八，黼翣二，黻翣二，畫翣二。二品、三品引、披四，鐸左右各六，黻翣二，畫翣二。四品、五品引二，披二，鐸左右各四，黼翣二，畫翣二。六品以下引二，披二，鐸、畫翣各二。凡引者，挽輀車索也。披者，繫於旁，執之以備傾

〔二〕「喪大記」，按下引文，當作「喪服大記」。
〔三〕「有」，孫校塗改作「則」。

覆也。鐸，所以節挽者。翣，以木爲筐，廣二尺，高二尺四寸，其形方，兩角高，衣以白布，柄長五尺。黼翣、黻翣，畫黼黻文於翣之内緣，畫以雲氣。畫翣者，内外四緣皆畫雲氣。庶人皆無之。《喪葬令》三品以上六翣，挽歌六行，三十六人。四品至九品各有差。按：今人不以車載柩而用轝，則引、披無所施矣。轝夫集衆乃爲行止之節，多用鉦鼓，可以代鐸。《禮》「望柩不歌，里有殯，不巷歌」，豈可身挽柩車而更歌乎？況又歌者復非挽柩之人也。此謂葬日行器之敘，若柩自他所歸鄉里，則銘旌、靈轝、龍虎轝之外，皆不用也。

祖奠

執事者具祖奠酒饌，如殷奠。其日餔時，《禮》「祖用日昃」，謂日過中時。今宜比夕奠差早，用餔時可也。主人以下，卑幼皆立哭。祝帥執事者設酒饌于靈前，祝奠訖，退，北面跪，告曰：「永遷之禮，靈辰不留。謹奉柩車，式遵祖道。」俛伏，興。餘如朝夕奠儀。主人以下復位坐，代哭，以至於發引。

遣奠

厥明，執事者具遣奠，亦如殷奠。轝夫納大轝於聽事前中庭〔二〕。執事者徹祖奠，祝奉遷靈座，

〔二〕「聽」，宋本、《四庫》本同，學津本作「廳」，孫校皆塗改作「廳」。

置旁側。祝北面，告曰：「今遷柩就輿，敢告。」婦人避退。召轝夫遷柩，乃載。載，謂升柩於轝也。以新組左右束柩於轝，乃以横木楔柩足兩旁，使不動摇。男子從柩哭，降，視載，婦人猶哭於帷中。載畢，祝帥執事遷靈座于柩前，南向，乃設遣奠，惟婦人不在，餘如朝夕奠之儀。執事者徹所奠之脯[一]，置舁牀上。史執賻、贈、歷，立于柩左，當肩，西向。祝在史右，南向。哭者相止，跪讀賻、贈、歷，畢，與祝皆退。《既夕禮》：「書賵于方。」注：「方，版也。」又曰：「主人之史請讀賵，執算，從柩東，當前束，西面。不命毋哭，哭者相止也，惟主人、主婦哭。祝在右，南面，讀書，釋算則坐。」注：「必釋算者，榮其多。」執事者徹遣奠，若柩自他所將歸葬鄉里，則但設酒果或脯醢。朝哭而行，至葬日之朝，乃行遣奠及讀賻禮。祝奉魂帛，升靈舁，焚香。《既夕禮》：「祖，還車，不還器。祝取銘，置於茵，二人還重，左還。厥明，奠者出。甸人抗重，出自道，道左倚之。既葬，還，埋重於所倚之處。」《開元禮》：「將行，祝以腰輿詣靈座前，昭告。少頃，腰輿出，詣靈車後。少頃，輿退。掌事者先於宿所張吉凶二帷，凶帷在西，吉帷在東，南向[二]，設靈座于吉帷下。至宿處，進酒脯之奠於柩東，又進常食於靈座。厥明，又進朝奠，然後行。」今兼取二禮。婦人蓋頭出帷，降階，立哭。有守家不送葬者，哭於柩前，盡哀而歸。卑幼則再拜辭。

[一]「之」，孫校圈删，「脯」下加「豚苞筲」三字。
[二]「南」上，孫校加「俱」字。

在塗

柩行，自方相等皆前導，主人以下，男女哭步從，如從柩朝祖之敘。出門，以白幕夾鄣之，尊長乘車馬在其後，無服之親又在其後，賓客又在其後，皆乘車馬。無服之親及賓客，或先待於墓及祭所。出郭，不送至墓者，皆辭於柩前。卑幼亦乘車馬。若郭門遠，則步從三里所，可乘車馬。塗中遇哀則哭，無常準。若墓遠，經宿以上，則每舍設靈座於柩前，設酒果脯醢，爲夕哭之奠。夜必有親戚宿其旁守衛之。明旦將行，朝奠亦如之。館舍迫隘，則設靈座於柩之旁側，隨地之宜。

及墓

掌事者先張靈幄於墓道西，設倚卓，又設親戚賓客之次，男女各異。又於羨道之西設婦人幄，蔽以簾帷。柩將及墓，親戚皆下車馬，步進靈帷前〔二〕。祝奉祠版箱及魂帛，置倚上，設酒果脯醢之奠於其前，巾之。大轝至墓道，轝夫下柩，舉之趣壙。主人以下哭步從。掌事者設席于羨道南，轝夫置柩于席上北〔三〕，乃退。掌事者陳明器、下帳、上服、苞、筲、醯、醢、酒、用飯牀於壙

〔二〕「靈」上，孫校加「靈舁至」三字。

〔三〕「北」下，孫校加「首」字。

東南，北上，銘旌施於柩上。賓客送至墓者，皆拜辭先歸。至是，上下可以具食。既食而窆。主人拜賓客，賓客答拜。

下棺

主人及諸丈夫立於埏道東，西向；主婦及諸婦人立於埏道西幄内，東向。皆北上，以服之重輕及尊卑、長幼爲敘，立哭。轝夫束棺，乃窆。諸子輟哭，視窆。既窆，掌事者置上服、銘旌於柩上，慎勿以金玉珍玩入壙中，爲亡者之累。主人贈用制幣、玄纁束置柩旁，再拜稽顙，在位者皆哭盡哀。《既夕禮》注：「丈八尺曰制，二制合之，束。十制五合。」疏：「玄纁之率，玄居三，纁居二。」或家貧不能備玄纁束，則隨家所有之帛爲贈，幣雖一制可也。匠以塼塞壙門，在位者皆還次。掌事者設誌石，藏明器、下帳、苞、筲、醯、醢、酒於便房，以版塞其門，遂寔土。親戚一人監視之，至於成墳。

祭后土

《既夕禮》無之。《檀弓》曰：「有司以几筵舍奠于墓左。」注：「爲父母形體在此，禮其神也。」今從《開元禮》。

掌事者先于墓左除地爲祭所，置倚卓、祭具等。既塞壙門，告者吉服，亦擇親賓爲之。與祝及執事者俱入行事，惟改祝辭「某官姓名，營建宅兆」爲「某官封謚，亡者也。窆兹幽宅〔二〕」，餘皆如初卜宅兆祭后土之儀。

題虞主

執事者置卓子，設香爐、酒盞注於靈座前，置盥盆、帨巾於靈座西南，又置卓子於靈座東南，西向，設筆、硯、墨于其上。主人立于靈座前，北向。祝盥手，出祠版，卧置硯卓子上〔三〕，藉以褥，使善書者西向立題之。祝奉祠版立，置靈座魂帛前，籍以褥。祝炷香，斟酒酹之，訖，執辭，跪於靈座東南，西向，讀之曰：「孤子某，妣曰「哀子」。敢昭告於先考某官。妣曰「先妣某封」。形歸窀穸，神返室堂。虞主既成，伏惟尊靈，舍舊從新，是憑是依。」懷辭，興，復位。主人再拜哭，盡哀止。祝藏魂帛於箱篋靈舁上，乃奉祠版，韜藉匣之，置其前，炷香。執事者徹靈座，遂行。

〔二〕「窆」，宋本作「定」。
〔三〕「硯」上，孫校加「筆」字。

反哭

靈舁發行，親戚以敘從哭，如來儀。出墓門，尊長乘車馬；去墓百步許，卑幼亦乘車馬，徐行，勿疾驅。《既夕禮》：「卒窆而歸，不驅。」注：「孝子往如慕，返如疑，爲親之在彼。」哀至則哭，及家，望門俱哭。掌事者先設靈座於殯宮，靈轝至，祝奉祠版置匣前，藉以褥[一]。主人以下及門，下車馬，哭入，至聽事。主人升自西階，丈夫從升，如柩在聽事之位，立哭，盡哀止。《既夕禮》：「反哭，入升自西階，東面；衆主人堂下東面，北上。」注：「西階東面，反諸其所作也。反哭者，於其祖廟。不於阼階西面，西方神位。」又曰：「婦人入，丈夫踊，升自阼階。」注：「辟主人也。」又曰：「主婦入於室，踊，出即位，及丈夫拾踊三。」注：「於室，反諸其所養也。出即位，堂上西面也。拾，更也。」古今堂室異制，又祖載不在廟中，故但反哭於聽事，如昨日柩在聽事之位，反諸其所作也。婦人先入，立哭於堂，如在殯之位，盡哀止。亦反諸其所養也。執事者徹簾帷。婦人已入故也。賓客有弔者，此謂不弔於墓所者。《檀弓》曰：「反哭之弔也，哀之至也。反而亡焉，失之矣，於是爲甚。殷，既封而弔[二]；周，反哭而弔。」孔子從周。賓客有親密者，既窆，先歸，待反哭而弔。主人拜之，賓客答拜，主人入詣靈座，與親戚皆立哭，如在殯之位，盡哀止。《開元禮》主人以下到第，從靈輿入，即哭於靈座。今從《既夕禮》。宗族，小功以下可以歸，大功異居者，亦可

[一]「置匣」，孫校加乙正號，「藉以褥」側加「靈座出祠版置」六字。
[二]「封」，宋本作「窆」。按：《檀弓》作「封」。

以歸。

虞祭虞，安也。骨肉歸於土，魂氣無所不之，孝子爲其彷徨，三祭以安之。《雜記》：「士三月而葬，是月也卒哭。大夫三月而葬，五月而卒哭。諸侯五月而葬，七月而卒哭。士三虞，大夫五，諸侯七。」今《五服年月敕》自王公以下，皆三月而葬，三虞而卒哭。

柩既入壙，掌事者先歸，具虞饌。如朔奠。是日虞，《檀弓》曰：「日中而虞，葬日虞，弗忍一日離也。」注：「弗忍無所歸矣〔一〕。」或墓遠不能及日中，但不出葬日，皆可也。主人以下皆沐浴。或已晚，不暇沐浴，但略自澡潔可也。執事者設盥盆、帨巾各二於西階西南，東上。帨，手巾也。東盆有臺，帨巾有架，在盆北，主人以下親戚所盥也；其西無臺、架，執事者所盥也〔二〕。設酒一瓶於靈座東南，置開酒刀子、拭布於旁。旁置卓子上，設注子及盞一，别置卓子於靈座前，設蔬果、匕筯、茶酒盞、醬楪、香爐。

主人及諸子倚杖於堂門外，與有服之親皆入，尊長坐哭，如反哭位，卑幼立哭於靈座前。斬

〔一〕「弗忍」下，孫校加「其」字。

〔二〕「東盆」上，孫校加「其」字，「帨巾」圈删。又於頁眉處批注云：「『其東』至『盥也』卅字，宋本《三家冠婚喪祭禮》至『帨手巾也』俱小字注，此誤作大字。又脱一『其』字。又『帨巾』二字，宋本無，疑宋本脱。」

衰爲一列，最在前；齊衰以下，以次各爲一列；無服之親，又爲一列。丈夫處左，西上；婦人處右，東上。各以昭穆、長幼爲敘，皆北向。婢、妾在婦人之後。

頃之，祝止哭者。主人降自西階，盥手，帨手，詣靈座前焚香，再拜，退復位。及執事者皆盥手帨手，執事者一人升，開酒，拭瓶口，實酒於注，取盞斟酒，西向酹之。祝帥餘執事者奉饌，設於靈座前。主人進詣酒注所，北向，執事者一人取靈座前酒盞，立于主人之左。主人左執盞，右執注，斟酒，授執事者，置靈座前。主人進詣靈座前〔一〕，執事者取酒盞授主人，主人跪酹，執事者受盞〔二〕，俛伏，興，少退，立。祝執辭〔三〕，出主人之右，西向，跪讀之，曰：「維年月日朔日〔四〕，孤子孫曰「孤孫」，爲母及祖母，稱「哀子」、「哀孫」。某，敢昭告於先考某官，祖、考同，妣則曰「某封某氏」。日月不居，奄及初虞。夙興夜處，哀慕不寧。謹以潔牲柔毛，豕曰剛鬣。嘉薦、普淖，明齊溲酒，哀薦祫事。尚饗！」《士虞礼》：始虞用柔日，葬用丁亥，是柔日。《開元禮》「間日再虞」。然則古人葬皆用柔日乎？今不拘剛柔，葬日即虞，後遇剛日即再虞，不須間日也。《士虞禮》祝曰：「哀子某，哀顯相，夙興夜處不寧。

〔一〕「前」下，孫校加「北向」二字。
〔二〕「酹」下，孫校加「訖授」二字，「受」字圈删。
〔三〕「辭」下，孫校加「書辭於紙」四字。
〔四〕「朔日」，孫校圈删，加「子」大字、「子謂六十甲子」六小字。

敢用潔牲剛鬣，嘉薦、普淖，明齊溲酒，哀薦祫事，適爾皇祖某甫。饗！」注：「喪祭稱哀。顯相，助祭名也〔一〕。顯，明也。相，助也。不寧，悲思不安。嘉薦，菹醢也。普淖，黍稷也。明齊，新水也，言以新水溲釀此酒也。始虞謂之祫事者，主欲其祫先祖也，以與先祖合爲安。皇，君也。某甫，皇祖字也。饗，勸强之也。」今參用《開元禮》祝詞。淖，女孝切。齊，才計切。溲，所求切。祝興，主人哭，再拜，退，復位，哭止。主婦亞獻，親戚一人，或男或女，終獻，不焚香，不讀祝，婦人不跪，既酹，四拜，此其異於丈夫。餘皆如初獻之儀。《士虞禮》：「主人洗廢爵，酌酳尸。」注：「爵無足曰廢爵。酳，安食也。」又曰：「主婦洗足爵，酌，亞獻尸。賓長洗繶爵，三獻。」注：「繶爵，口足之間有瑑文，彌飾。」《開元禮》止有主人一獻，今從古。酳，音胤。繶，於力切。

畢，執事者別斟酒滿，瀝去茶清，以湯斟之。主人以下皆出，祝闔門。主人立於門左，卑幼丈夫在其後〔二〕，主婦立于門右，卑幼婦人在其後，皆東向。尊長休於他所。卑幼亦可更代休於他所，常留一二人在門左右。如食間，祝立于門外，北向，告啓門三，乃啓門，主人以下皆入就位。祝立于主人之右，西向，告利成，斂祠版，韜藉匣之，置靈座。主人以下皆哭，應拜者再拜，盡哀止，出就次。執事者徹饌，《士虞禮》：「祝反，入徹，設於西北隅，如其設也。几在南，厞用席。」注：「改設饌者，不知鬼神之節，改設之，庶幾歆饗，所以爲厭飫也。厞，隱也，於厞隱之處，從其幽闇。」又曰：「贊闔牖户。」注：

〔一〕「名」，宋本作「者」，孫校塗改作「者」。按：《士虞禮·記》鄭注作「者」。
〔二〕「後」下，孫校加「皆西向」三字。

「鬼神常居幽闇，或者遠人乎？贊，佐食者。」又曰：「無尸，則禮及薦饌皆如初。主人哭，出復位，祝闔牖户。如食間。祝升，止哭，聲三，啓户。」注：「聲，噫歆也。將啓户，驚覺神也〔二〕。」又曰：「祝出户，西面告利成，皆哭。」注：「利，猶養也。成，畢也，言養禮畢也。」厞，扶未切。祝取魂帛，帥執事者埋於屏處潔地。《既夕禮》：「甸人抗重，出自道，之左倚之〔三〕。」《雜記》：「重，既虞而埋之。」注：「所倚處埋之。」今魂帛以代重，故虞有主亦埋之。

遇柔日，再虞。質明，祝出祠版，置靈座，主人以下行禮，改祝詞云「奄及再虞，哀薦虞事」，餘皆如初虞之儀。《士虞禮》：再虞用柔日，三虞、卒哭用剛日。注：丁日葬，則己日再虞，庚日三虞，壬日卒哭。葬用丁亥，是柔日，然則古人皆用柔日邪？今葬日既不拘剛柔日，但於葬日即虞後，遇柔日再虞，又遇剛日即卒哭，三虞又遇剛日，即甲、丙、戊、庚、壬爲剛日，乙、丁、己、辛、癸爲柔日。遇剛日，三虞，改祝詞云「奄及三虞」，又云「哀薦成事」，餘如再虞。

卒哭

三虞後，遇剛日，設卒哭祭。其日夙興，執事者具饌，如時祭，陳之于盥、帨之東，用卓子，蔬

〔二〕「聲」下，孫校加「者」字，「驚」塗改作「警」。

〔三〕上「之」字，孫校塗改作「道」。

果各五品，膾、今紅生。炙、今炙肉。羹、今炒肉。殽、今骨頭。軒、今白肉。脯、今乾脯。醢、今肉醬。庶羞，謂豕、羊及其他異味。麪食、如薄餅、油餅、胡餅、蒸餅、棗餻、環餅、捻頭、餺飥〔一〕。米食，謂黍、稷、稻、粱、粟所謂飯及粢餻、團粽子之類〔二〕。共不过十五品。若家貧，或鄉土異宜，或一時所無，不能辦此，則各隨所有，蔬果、肉、麪、米食，不拘數品〔三〕，可也。器用平日飲食器。雖有金銀，無用。設玄酒一瓶，以井花水充之。於酒瓶之西。主人既焚香，帥衆丈夫降自西階，衆丈夫盥手帨手，以次奉肉食，升設靈座前蔬果之北。主婦帥衆婦女降自西階，盥手帨手，以次奉麪食、米食，設于肉食之北。主人既初獻，祝出主人之左，東向，跪讀祝詞，改虞祭祝詞，云「奄及卒哭」，又云「哀薦成事，來日躋祔於祖考某官」。妣云「祖妣某封某氏〔四〕」。既啓門，祝立于西階上，東向，告利成，餘皆如三虞之儀。《既夕禮》「始虞」之下云：「猶朝夕哭，不奠。三虞，卒哭。」注：「卒哭，三虞之後祭名。始朝夕之間，哀至則哭，至此祭止也，朝夕哭而已。」《檀弓》曰：「是日也，以虞易奠。」然則既虞斯不奠矣。今人或有猶朝夕饋食者，各從其家法。至小祥，止朝夕哭，惟朔望未除服者饋食會哭。大祥而外無哭者，禫而內無哭者。《檀弓》又曰：「卒哭曰成事。

〔一〕「餺飥」下，孫校加「之類皆是」四字。
〔二〕「團粽」下，孫校加「餳」字，又於「之類」下加「皆是」二字。
〔三〕「不拘」，孫校塗改作「各得」。
〔四〕「祖妣」之「妣」，孫校塗改作「姑」。

是日也，以吉祭易喪祭。」如讀祝於主人之左之類〔一〕，是漸之吉祭也。

祔《檀弓》曰：「商人練而祔，周卒哭而祔。孔子善商。」注：「期而神之，人情。」《開元禮》既禫而祔。按：

　《士虞禮》始虞祝詞云「適爾皇祖某甫」，告之以適皇祖，所以安之，故置於此。

卒哭之來日，祔于曾祖考。此則祔于曾祖〔二〕。《喪服小記》曰：「士大夫不得祔于諸侯，祔于諸祖父之爲士大夫者。其妻祔于諸祖姑，妾祔于妾祖姑。亡，則中一以上而祔，祔必以其昭穆。」注：「中，謂中間也。」曾祖考、曾祖姑皆以主人言之。內外夙興，掌事者具饌三分，妣則具饌二分。《雜記》曰：「男子祔于王父，則配；女子祔于王母，則不配。」注：「謂若祭王母，不配，則不祭王父也。有事于尊者，可以及卑；有事於卑者，不敢援尊〔三〕。祭饌如一，祝詞異，不言『以某妃配某氏』耳。」如時祭。設曾祖考、妣坐于影堂，南向；影堂窄，則設坐於他所。妣則但設祖妣坐。設死者坐于其東南〔四〕，西向，各有倚卓。設盥盆、帨巾於西階

〔一〕「如」之上下，孫校分別加「今具饌」二字、「時祭」二字。
〔二〕「祖」下，宋本有「始」字。孫校「此」塗改作「妣」，「祖」下加「姑」字，則宋本「始」疑爲「姑」之訛。
〔三〕「若」，宋本作「中」，孫校塗改作「并」，「謂」上又加「配」，「援尊」下加「配與不配」四字。按：《雜記》鄭注同孫校。
〔四〕「死」，宋本作「士」，孫校塗改作「亡」。

下[一]。設承版卓子于西方[二]，火爐、湯缾、火筯在其東。其日夙興，設玄酒、酒缾、盞注卓子於東方，設香卓於中央[三]，置香爐、炷香於其上。

質明，主人以下各服其服，哭於靈座前，奉曾祖考、妣祠版匣，置承祠版卓子上，出祠版，置於坐，藉以褥。次詣靈座，奉祠版匣詣影堂。主人以下哭從，如從柩之敘。至影堂前，止哭，祝奉祠版置於坐，藉以褥。主人及諸子倚杖於階下，與有服之親尊長卑幼皆立於庭，曾祖考、妣在焉，故尊長不敢坐。前無庭，則立于曾祖考位前。以服重輕爲列。丈夫處左，西上；婦人處右，東上，左、右皆據曾祖考、妣言之。各以昭穆、長幼爲敘，皆北向。婢妾在婦人之後。位定，俱再拜。參曾祖考、妣。

其進饌，先詣曾祖考、妣前設之，次詣亡者前設之。主人先詣曾祖考、妣前，北向，跪酹酒，俛伏。興，少退，立。祝奉辭出主人之左[四]，東向跪，讀曰：「惟某年月日，子曾孫某，敢以柔毛，嘉薦、普淖，明齊溲酒，適於曾祖考某官，不言「以某封某氏配」。若妣祔于祖妣，則云「適於祖妣某封氏」。

[一]「帨」右側，孫校加「手」字。
[二]「承」下，孫校加「祠」字。
[三]「卓」下，孫校加「子」字。
[四]「辭」，宋本作「祠」。孫校「奉辭」塗改作「執詞」。

隮祔孫某官。妣云「隮祔孫婦某封某氏」。尚饗！」祝興，主人再拜，不哭。次詣亡者前，東向，跪酹酒，俛伏。興，少退，立。祝讀曰〔一〕：「惟年月日〔二〕，孝子某，敢用柔毛，嘉薦、普淖，明齊溲酒，哀薦祔事於先考某官，妣云「先妣某封」。適祖考某官。尚饗！」祝興，降位〔三〕。主人再拜，不哭，降復位。

亞獻、終獻，皆如主人儀，惟不讀祝。祝闔門，主人以下出，侍立於門左右，不哭。如食間，祝告啓門三，及啓門〔四〕，主人以下各就位，祝東向告利成，主人以下不哭，皆再拜辭神。祝先納曾祖考、妣祠版於匣，奉置故處〔五〕；次納亡者祠版於匣，奉之還靈座。主人以下哭從，如來儀。至靈座，置之，哭，盡哀止。

〔一〕「祝讀」之間，孫校加「執詞出主人之左，南向跪」十字。
〔二〕「日」下，孫校加「子」字。
〔三〕「降位」之間，孫校加「復」字。
〔四〕「及」，孫校塗改作「乃」。
〔五〕「置」下，孫校加「於」字。

書儀卷九

喪儀五

小祥

將及期年，先以栗木爲祠版并趺，皆如桑板之制。考以紫囊，妣以緋囊盛之，各有藉褥，貯於漆匣。於十一月之末，主人設香爐、炷香，卜筮日於影堂外，西向〔一〕。先擇日於來月下旬，卜筮之，不吉，次擇中旬，不吉，次擇上旬。既得吉日，主人焚香于靈座前，北向立。祝執辭出於主人之左，東向〔二〕，讀曰：「孝子某，將以來月某日，祗薦常事於先考某官。妣言「某封」〔三〕。占既得吉，敢告。」既讀，卷詞懷之，興，復位。主人再拜，退。或不卜，則從初忌日〔四〕。

〔一〕「西向」下，孫校加「不能卜筮則以环珓代之」十字。

〔二〕「東向」下，孫校加「跪」字。

〔三〕「言」，孫校圈刪，加「曰先妣」三字。

〔四〕「卜」下，孫校加「筮」、「筮日」；「從」，塗改作「止用」。

小祥前一日，主人及諸子俱沐浴、櫛髮、翦爪，衆丈夫灑掃滌濯，主婦帥衆婦滌釜鼎，具祭饌，如時祭。主人、主婦縱不能親爲，亦須監視，務極精潔。丈夫、婦人各設次於别所，置練服於其中。《禮》：既虞、卒哭，則有受服，《間傳》：「期而小祥，男子除乎首，婦人除乎帶。」今人無受服及練服，小祥，則男子除首絰及負版、辟領、衰，婦人截長裙，不令曳地而已。應服期者，及小祥皆改吉服，然猶盡其月，不服金珠錦繡紅紫。執事者置卓子，設香爐、酒盞注於靈座前；置盥盆、帨巾於靈座西南，别設座於靈座前卓子之右，東向；别置卓子於靈座東南，西向，置栗版匣及筆硯墨于其上。主人立于靈座前，北向，使善書者西向立，題栗版畢，以蠟塗炙令入理，刮拭之，復納于匣。祝盥手，奉桑板，置於東向之座，次奉栗版〔一〕，置於靈座舊位。出之，藉以褥，主人盥手焚香，斟酒酹之，退少立。祝執辭出〔二〕，讀曰：「年月日〔三〕，孝子某，《開元禮》小祥祝文猶稱「孤哀子」。按：《士虞禮》祔祭已稱孝子，吉祭而已〔四〕。敢昭告於先考某官。妣言某氏〔五〕。來日小祥，栗主既成，伏惟尊靈，舍舊從新，是憑是依。」祝興，主人再拜，哭盡哀。

〔一〕「版」下，孫校加「匣」字。
〔二〕「出」下，孫校加「主人之左東向跪」七字。
〔三〕「日」下，孫校加「子」字。
〔四〕「吉祭而已」上，孫校加「如」字，下加「則祥禮可知」五字。
〔五〕「言」，孫校塗改作「曰先妣」；「氏」，塗改作「封」。

明日夙興，執事者設玄酒一瓶，酒一缾，刀子、拭布、酒盞注于卓子上，在東階之上，西向。設香卓子於靈前堂中央，置香爐、香合、香匙於其上。裝灰缾〔一〕，設火爐、湯瓶、火筯於西階上。對酒瓶，設盥盆二於西階下，一盆有臺，供親戚，一盆供執事者。各有帨，東上。乃具饌陳於堂門外之東。

質明，主人倚杖于門外，《喪服小記》：「虞，杖不入於室；祔，杖不升於堂。」注：「然則練杖不入門，明矣。」入，與期親各服其服，坐立哭於靈前，如虞祭之位，若大功已下有來預祭者，釋去華盛之服，同敘坐、立亦如虞祭之位。大祥、禫准此。哭盡哀。主人及期親出就次，易練服及吉服，復入，就位哭。頃之，祝止哭者。主人盥手焚香〔二〕，如虞祭，帥衆丈夫設肉食，主婦帥衆婦女設麪食、米食，如卒哭。執事者開酒，主人斟、酹酒，如虞祭。祝執辭〔三〕，讀曰：「年月日〔四〕，孝子某，敢昭告於先考某官。妣云「某封」。日月不居，奄及小祥。夙興夜處，小心畏忌。不惰其身，哀慕不寧。敢用柔

〔一〕「灰」，孫校塗改作「炭」。
〔二〕「主人」下，孫校加「降」字。
〔三〕「辭」下，孫校加「出主人之左東向跪」八字。
〔四〕「日」下，孫校加「子」字。

毛，嘉薦、普淖，明齊溲酒，薦此常事於先考某官。妣如前。尚饗！」祝興，主人再拜〔一〕，退復位，哭止。亞、終獻闔門、啓門，復入就位，皆如虞祭。祝東向，告利成，如卒哭。祝斂栗版，韜藉匣之，置靈座，主人以下哭拜，出就次。執事者徹饌，如虞祭。祝取桑版匣，帥執事者徹東向坐，埋桑主匣於屏處絜地〔二〕。

大祥

再期而大祥。於二十三月之末，主人卜〔三〕，如小祥禮。丈夫、婦人各設次於別所，置禫服其中。今世丈夫禫服，垂腳黲紗襆頭，皂布衫，脂皮爁鐵帶，或布裏角帶〔四〕。未大祥間，出詣人家，亦假而服之。婦人可以冠梳假髻，以鵝黃、青碧、皂、白爲衣履，其金銀珠玉紅繡皆不可用〔五〕。《開元禮》云「備内外受服，禫祭」，云「仍祥服」，又云「著禫服」。按：世俗無受服，謂大祥爲除服，即著禫服。今從衆。其日夙興，執事者

〔一〕「主人」下，孫校加「哭」字。
〔二〕「坐」，孫校塗改作「座」。「絜」，諸本同，《四庫》本作「潔」，孫校塗改作「潔」。
〔三〕「卜」下，孫校加「筮日」二字。
〔四〕二「帶」字上，孫校皆加「腰」字。
〔五〕「紅」右側，孫校加「錦」字。

設酒饌、香火、盥器〔一〕，皆如小祥。

質明，主人與未除服者入，就位於靈前〔二〕，立哭盡哀，已除服者若來預祭，亦哭於故位，如小祥。出就次，易禫服，復入，就位哭。頃之，祝止哭者。主人降，盥手焚香，如虞祭，帥衆男設肉食，主婦帥衆婦女設麵、米食〔三〕，如卒哭。執事者開酒，主人斟、酹酒，如虞祭。改小祥祝詞，云「奄及大祥」，又曰「薦此祥事」，惟不改題栗主、埋桑主外，其餘如小祥之儀。祭畢，遷影堂及祠匣於影堂〔四〕，徹靈座，斷杖棄之屏處。

禫祭

大祥後，間一月，禫祭。《士虞禮》：「中月而禫。」鄭注云：「猶間也。禫，祭名也。自喪至此，凡二十七月。」按：魯人有朝祥而暮歌者，子路笑之，夫子曰：「踰月則其善也。」孔子既祥五日，彈琴而不成聲，十日而

〔一〕「盥器」之間，孫校加「滌」字。
〔二〕「前」下，孫校加「後坐」二字。
〔三〕「麵」下，孫校加「食」字。
〔四〕「祠匣」之間，孫校加「版」字。

成笙歌。《檀弓》曰：「祥而縞。」注：「縞，冠素紕也。」又曰：「禫〔一〕，徙月樂。」《三年問》曰：「三年之喪，二十五月而畢。」然則所謂「中月而禫」者，蓋禫祭在祥月之中也。歷代多從鄭説。今律敕三年之喪皆二十七月而除，不可違也。紕，避支切。是月之中，隨便擇一日，設亡者一位於中堂。祝奉祠版匣，置於座，出之，藉以褥。主人以下不改服，入就位，俱立哭。祝止哭〔二〕，主人降，盥手焚香，如虞祭，帥衆設食，亦同卒哭禮〔三〕。執事開酒，主人斟〔四〕，亦如虞祭禮。拜，不哭，改大祥祝詞，云「奄及禫祭」，又云「祇薦禫事」。亞、終獻闔門、啓門〔五〕，復入就位，皆如虞祭，而不哭。祝東向，告利成，主人以下應拜者再拜〔六〕，哭盡哀。祝匣祠版，奉之還于影堂，主人以下從至影堂，不哭，退。執事者徹饌。

居喪雜儀

《檀弓》曰：「始死，充充如有窮；既殯，瞿瞿如有求而弗得；既葬，皇皇如有望而弗至。練

〔一〕「禫」上，孫校加「是月」二字。
〔二〕「祝」上，孫校加「頃之」二字。
〔三〕「亦同」，孫校圈刪，加「主婦帥衆婦女設麵食米食如」十二字。
〔四〕「執事」下，加「者」字；「主人斟」下，加「酹酒」二字。
〔五〕「亞」下，孫校加「獻」字。
〔六〕「再拜」上，孫校加「皆」字。

而慨然，祥而廓然。」又顏丁居喪，「始死，皇皇焉如有求而弗得；及殯，望望焉如有從而弗及；既葬，慨焉如有不及其反而息」。《雜記》：「孔子曰：『大連、少連善居喪，三日而不怠，三月不解，期悲哀，三年憂。』」《喪服四制》曰：「仁者可以觀其愛焉，知者可以觀其理焉，强者可以觀其志焉。禮以治之，義以正之，孝子、弟弟、正婦〔二〕，皆可得而察焉。」《曲禮》曰：「居喪未葬，讀喪禮；既葬，讀祭禮；喪復常，讀樂章。」《檀弓》：「大功廢業。或曰：大功誦，可也。」居喪但勿讀樂章可也〔三〕。《雜記》：「三年之喪，言而勿語，對而不問。」言，言己事也。爲人說爲語。《喪大記》：「父母之喪，非喪事不言。既葬，與人立，君言王事，不言國事；大夫、士言公事，不言家事。」《檀弓》：「高子皋執親之喪，未嘗見齒。」言笑之微。《雜記》：「疏衰之喪，既葬，人請見之則見，不請見人；小功，請見人可也。」

又凡喪，小功以上，非虞、祔、練、祥，無沐浴。《曲禮》：「頭有瘡則沐，身有瘍則浴。」《喪服四制》：「百官備，百物具，不言而事行者，扶而起；言而後事行者，杖而起；身自執事而後行者，面垢而已。」凡此皆古禮，今之賢孝君子必有能盡之者。自餘相時量力而行之，可也。

〔二〕「正」右側，孫校加「貞」字。
〔三〕「居」上，孫校加「今」字。

訃告書

尊卑長幼，如常日書儀。粗生紙直書其事，勿爲文飾。

致賻襚狀

具位姓某，某物若干，右謹專送上某人靈筵，聊備賻儀。財物曰「賻儀」，衣服曰「襚儀」，香酒曰「奠儀」。伏惟　歆納，謹狀。年月日、具位，依常式。

封皮狀上某官靈筵，具位某謹封。此是亡者官尊，其儀乃如此。若平交及降等，即狀内無「年」，封皮用面簽，題曰「某人靈筵」，下云「狀謹封」。

謝賻襚書

今三年之喪，未卒哭，不發書，多令姪、孫及其餘親發謝書。

具位某，某物若干。　右伏蒙　尊慈以某發書者名。某親違世，大官云「薨没」。特賜賻儀。襚、奠隨事。下誠不任哀感之至。謹具狀上　謝。謹狀。　年月　日。具位　某　狀　上　某位。

某謹封。此與尊儀也。如平交即改「尊慈」爲「仁」，「特賜」爲「貺」，去下「誠」字，後云「謹奉陳謝，謹狀」，無「年」，封皮用面簽，餘如前。

慰大官門狀

某位姓某。　右某謹詣　門屏，祇　慰　某位，伏聽　處分。謹狀。　年月　日。具位　某狀。

慰平交

某位姓某。　右某祇　慰　某官。謹狀。　月　日。具位。姓　某　狀。

慰人名紙

形如常，但題其陰面，云「某郡姓名慰」。此與平交已下用之。若平交已下期喪，亦用慰狀；大功已下，用起居狀。相面而見慰。

慰人父母亡疏狀鄭《儀》書止一紙，云「月日名頓首」，末云「謹奉疏，慘愴不次。姓名頓首」。裴《儀》看前人稍尊，即作複書，一紙「月日名頓首」，一紙無月日，末云「謹奉疏，慘愴不次，郡姓名頓首」。封時取月日者向上，如敵體，即此單書。劉《儀》短疏、覆疏、長疏三幅，書凡六紙。考其詞理，重複如一。

今參取三本，但尊卑之間，語言輕重差異耳。若别有情事，自當更作手簡，别幅述之。若慰嫡孫承重者，如父母法。

某頓首再拜言。不意凶變，　先某位奄棄　榮養。承　訃告，驚怛不能已已。伏惟　孝心純至，思慕號絶，何以堪居？此上尊官也。平交已下，止云「頓首」。亡者官尊，改「不意凶變」爲「邦國不幸」；無官，有素契，改「先某位」爲「先丈」，無素契，爲「先府君」。母亡，云「先太夫人」、「先太君」；無封邑者，止云「先夫人」。亡者官尊，即改「奄棄侍養」爲「奄捐館舍」；無官，止云「奄違色養」。平交，云「恭惟」；降等，「緬維」。下倣此。日月流速，遽踰旬朔。或云「流邁」，或云「不居」，或云「遽及孟、仲、季春」。若已葬，則云「遽經安厝」。卒哭，則云「遽及卒哭」。小祥、大祥、禫祭，各隨其時。哀痛奈何！罔極奈何！不審自罹荼毒，父在母亡，即云「憂苦」。氣力何如？伏乞平交云「伏願」，降等云「惟冀」。强加餰粥，已葬，則云「蔬食」。俯從　禮制。某事役所縻，在官，即云「職業有守」。未由奔　慰，其於憂戀，無任下誠。平交已下，但云「未由奉慰，悲慘增深」。謹奉疏，平交已下，改爲「狀」。伏惟　鑒察。降等，不用此。不備。謹疏。平交已下，云「不宣」。鄭、裴用「不次」，自非有喪，恐不當稱。月日，具位姓某疏上平交已下，可稱郡望，并改「疏」爲「狀上」。某位大孝苫前。日月遠，云「哀前」；平交已下，云「哀次」。劉岳《書儀》：「百日内，「苫前」；百日外，云『服次』、『服前』。」

封皮疏上某位苫前。具位姓某謹封。平交已下，用面簽，云「某位苫次」。稍尊，用粗銜；平交已下，用「郡望姓名狀謹封」。

重封疏上某所某位。尊長，以小紙帖姓；平交已下，直書姓、某官。具位某謹封。

父母亡答人狀於所尊稱「疏」，於平交已下稱「狀」。

某稽顙再拜言。平交已下，只去「言」字，蓋稽顙而後拜，三年之禮也。古者受弔必拜之，不問幼賤。某罪逆深重，不自死滅，禍延先考。母云「先妣」，承重祖父云「先祖考」，祖母云「先祖妣」。攀號擗踊，五内分崩，叩地叫天，無所逮及。日月不居，奄踰旬朔。或云「遽及孟、仲、季」，安厝、卒哭、大小祥、禫除，隨時。酷罰罪苦，父在母亡，即曰「偏罰罪深」；父先亡，則母與父同。無望生全。即日蒙恩，稍尊云「免」，平交去此二字。祗奉几筵，苟存視息。伏承　尊慈，俯賜　慰問，哀感之至，不任下誠。平交云「仰承仁恩，特垂慰問。哀感之情，言不能盡」；降等云「遠蒙眷私，曲加慰問。哀感之深，非言可論」。凡遭父母喪，知舊不以書來弔問，是無相恤閔之心，於禮不當先發書。若不得已，須至先發，當删此四句。餘親，彼雖無書弔問，已因書亦當言之，但不特發書耳。末由號訴，不勝隕絶。謹扶力奉疏，荒迷不次。謹疏。　月日，孤子姓某疏上平交已下，云「奉狀謹狀」。父在母亡，稱「哀子」；父先亡，母與父同。承重者稱「孤孫」，女云「孤女」。平交云「狀上」。某位座前、閣下，並如常。謹空。平交無此。

封皮疏上某位。孤子姓某謹封。餘如前平交者封皮。重封亦如内封皮。

與居憂人啓狀

某啓。日月流邁，奄踰旬朔。安厝、卒哭、大祥、禫除，隨時。伏惟平交已下，同前。孝心追慕，沈痛難居。孟春猶寒，隨時。起居支福。支者，言其毀瘠，僅及支梧也。稱尊，云「動止支勝」；平交，云「所履」；降等，云「支宜」。「支福」、「支和」，重；「支祐」，小重；「支宜」、「支適」，小輕；「支立」，大輕。某即日蒙恩，稱尊，云「免」。伏乞平交已下，同前。節哀順變，俯從　禮制。某事役所縻，在官，如前。未由拜　慰。稱尊，云「造」；平交，云「奉」，或云「展」；降等，云「敍」。其於憂戀，無任下誠。平交已下，但云「悲慘增深」。謹奉狀，伏惟　鑒察。降等，即不用此二句。不備。稱尊已下，云「不宣」。謹狀。

月　日，具位姓某狀上某位服前。餘皆如前。

居憂中與人疏狀

某叩頭泣血言。稱尊已下，改「言」爲「啓」。日月流速，屢更晦朔。奄及大小祥、禫，隨時。攀慕號絶，不自勝堪。孟春猶寒，伏惟某位尊體起居萬福。降等，無「尊體」字，但云「動止」，餘如前。某酷罰罪苦，父在母亡，則云「偏罰罪深」。無復生理，即日蒙恩，稱尊云「免」，平交無此二字。祇奉　几筵。苟存視息，未由號訴，隕咽倍深。謹扶力奉疏。云云。餘如前式。

慰人父母在、祖父母亡啓狀若已慰其父，則更不慰其子可也。

某啓。禍無故常，　尊祖考　某位，無官，有契即云「幾丈」，無契即云「尊祖考府君」。祖母云「尊祖妣某封」，無封云「尊祖妣夫人」。奄忽違世，亡者官尊，云「奄捐館舍」。承　訃驚怛，不能已已。伏惟恭、緬如前。孝心純至，哀慟摧裂，何可勝任！孟春猶寒，未審　尊體何似？平交已下，云「所履」。伏乞　深自寬抑，以慰慈念。某事役所縻，在官，如前。未由趍慰。其於憂想，無任下誠。平交，如前。謹奉狀。云云，如前式。若其人父母已亡，則此慰祖父母狀改「痛毒罔極」爲「痛苦」，改「荼毒憂苦」爲「凶變」，改「强加餰粥」爲「深自抑割」，去「大孝」、「至孝」字，改「苫前」爲「座前謹空」，「苫次」爲「足下」。

祖父母亡答人啓狀

某啓。不圖凶禍，　先祖考奄忽棄背。祖母云「先祖妣」。痛苦摧裂，不自勝堪。專介臨門，伏蒙　尊慈，特賜　書尺慰問，哀感之至，不任下誠。仁恩、眷私，隨等。孟春猶寒，亦隨時。伏惟　某位尊體起居萬福。平交如前。某即日　侍奉，幸免他苦，未由詣左右展浼，徒增哽塞。謹奉狀上　謝。不宣。極尊云「不備」。謹狀。

慰人伯叔父母、姑亡

某啓。不意凶變，尊伯父某位，伯母、叔父母、姑隨時。降等，改「尊」爲「賢」。奄忽傾逝。亡者官尊，云「奄捐館舍」。承訃驚怛，不能已已。伏惟親愛敦隆，哀慟沈痛，何可堪勝！孟春猶寒，尊體何如？伏乞深自寬抑，以慰遠誠。某事役云云，如前式。

伯叔父母、姑亡答人慰

某啓。家門不幸，幾伯父伯叔母准此，姑曰「幾家姑」，不言封。奄忽棄背。摧痛酸楚，不自堪忍。伏蒙尊慈云云，如前式。無父母者，不云「侍奉」。

慰人兄弟姊妹亡

比「慰人伯叔父母亡」啓狀，但改「尊伯父」爲「尊兄」，亦曰「令兄」〔一〕，弟曰「令弟」，姊曰「令姊」，妹曰「令妹」。平交已下，改爲「賢」。若彼有兄弟姊妹數人，須言行第或官封。姊妹無封者，稱其夫姓，云「某宅令姊妹」。「親愛」爲「友愛」。餘並同。

〔一〕「亦」，宋本、《四庫》本同，學津本作「兄」。

兄弟姊妹亡答人慰

比「伯父母亡答人」狀，但改「幾伯父」爲「家兄」，弟曰「舍弟」，姊曰「家姊」，妹曰「小妹」。有數人者，須言行第，不必言封。改「棄背」爲「喪逝」。餘並同。

慰人妻亡

比「慰人伯叔父母亡」狀，但改「尊伯父」爲「夫人郡縣君」，無封即云「賢閫」。即改「傾逝」爲「薨逝」，改「驚怛」爲「驚愕」，改「親愛敦隆」爲「伉儷伉音亢，儷音麗。義重」，改「哀慟」爲「悲悼」。餘並同。

妻亡答人

比「伯叔父母亡答人」，但改「家門」爲「私家」，「幾伯父奄忽棄背」爲「室人奄忽喪逝」，「摧痛」爲「悲悼」。餘並同。

慰人子、姪、孫亡

某啓。伏承平交已下，爲「切承」。令子某位，姪曰「令姪」，孫曰「令孫」。平交已下，爲「賢」。無官者，稱秀才。若有數人，須言行第。遽爾夭没，不勝驚怛。伏惟恭、緬，同前。慈愛隆深，悲慟沈痛，何可堪勝！餘並同「慰人伯叔父母」狀，改「寬抑」爲「抑割」。

子孫亡答人狀

比「妻亡答人慰」啓，但改「私家」爲「私門」，「室人奄忽喪逝」爲「小子某亡者名也。姪曰「少姪」，孫曰「幼孫」。遽爾夭折」，改「悲悼」曰「悲念」。餘並同。自伯叔父母已下，今人多只用平時往來狀，止於小簡言之。雖亦可行，但裴、鄭有此式，古人風義敦篤，當如此。裴、鄭又有慰外祖父母、舅、姨、妻父母、外甥、三殤及僧尼，并親戚相弔等書，今並删去。

書儀卷十

喪儀六

祭

凡祭，用仲月。《王制》：「大夫、士有田則祭，無田則薦。」注：「祭以首時，薦以仲月。」今國家惟享太廟孟月，自周六廟、濮王廟皆用仲月，以此私家不敢用孟月。主人即日在此男家長也。《曲禮》：「支子不祭。」《曾子問》：「宗子爲士，庶子爲大夫，以上牲祭于宗子之家。」古者諸侯、卿大夫宗族聚于一國，故可以如是。今兄弟仕宦，散之四方，雖支子亦四時念親，安得不祭也？及弟、子、孫皆盛服親臨，筮日於影堂外。《少牢饋食禮》：「日用丁、己」，又「主人曰『來日丁亥』」，注：「丁未必亥也，直舉一日以言之耳。禘於太廟禮曰：『日用丁亥。不得丁亥，則己亥、辛亥亦用之。無，則苟有亥焉可也。』」孟説《家祭儀》用二至二分，然今仕宦者職業殊繁，但時至事暇，可以祭，則卜筮，亦不必亥日及分、至也。若不暇卜日，則止依孟《儀》用分、至，於事亦便也。仁宗時，嘗有詔聽太子少保以上皆立家廟，而有司終不爲之定制度，惟文潞公立廟於西京，他人皆莫之立，故今但以影堂言之。主人西向立，衆男在其後，共爲一列，以長幼爲敘，皆北上。置卓子于主人之前，設香爐、香合及蓍于其上。主人搢笏進，焚香熏而命之，曰：「某將以某日，諏此歲事，適其祖考。尚饗！」乃退立，以蓍授筮者，令西向筮。不吉，則更命日。或無能筮者，則以杯珓代之〔一〕。既得吉日，乃入影堂，主人北向，子孫在其後，如門外之位，西上。主人搢笏，進焚香，退立。祝懷辭，書辭於紙。出於主人之左，東向，搢笏，出辭，跪讀之，曰：「孝孫具官無官，則但稱名。某，將以某日祗薦歲事於先祖考妣。占既得吉，敢告。」卷辭懷之，執笏興，復位。主人再拜，皆出。古者四時之祭，習以爲常，故筮日、宿尸、賓而不告祖考。今始變時俗，筮日而祭，故不得不告，蓋人情當然。

前期三日，主人帥諸丈夫致齊于外，男十歲以上，皆居宿於外。主婦帥諸婦女致齊於內。雖得飲酒，而不至亂，亂，謂改其常度。食肉不茹葷，葷，謂葱、韭、蒜之類有臭氣之物。不弔喪，不聽樂。凡凶穢之事，皆不得預，專致思於祭祀。《祭義》曰：「齊之日，思其居處，思其笑語，思其志意，思其所樂，思其所嗜。齊三日，乃見所爲齊者。」

前期一日，主人帥衆丈夫及執事者灑掃祭所，影堂迫隘，則擇廳堂寬潔之處以爲祭所。滌濯祭器，主人縱不親滌，亦須監視，務令蠲潔。設倚卓，考妣並位，皆南向，西上。古者祭於室中，故神坐東向。自後漢以來，公私廟皆同堂異室，南向西上。所以西上者，神道向右故也。主婦主人之妻也。禮，舅没則姑老，

〔一〕「杯」，原作「环」，今據學津本改。

不與於祭。主人、主婦必使長男及婦爲之。若或自欲預祭，則特位於主婦之前。參神畢，升立於酒壺之北，監視禮儀。或老疾不能久立，則休於他所，俟受胙，復來受胙辭神而已。帥衆婦女滌釜鼎，具祭饌，往歲士大夫家婦女皆親造祭饌，近日婦女驕倨，鮮肯入庖廚。凡事父母、舅姑，雖有使令之人，必身親之，所以致其孝恭之心。今縱不能親執刀匕，亦須監視庖廚，務令精潔。未祭之物，勿令人先食之，及爲貓、犬及鼠所盜汙。《開元禮》六品以下，祭亦有省牲、陳祭器等儀。按：士大夫家祭其先者，未必皆殺牲。又簠簋、籩豆、鼎俎、罍洗，皆非私家所有，今但能別置椀楪等器，專供祭祀，平時收貯，勿供他用，已善矣。時蔬、時菓各五品，膾、今紅生。炙、今炙肉。羹、今炒肉。殽、今骨頭。軒、今白肉，音獻。脯、今乾脯。醢、今肉醬。庶羞、豬羊之外，珍異之味。麪食、如薄餅、油餅、胡餅、蒸餅、棗餻、環餅、捻頭、餺飥之類是也。米食，謂黍、稷、稻、粱、粟所爲飯，及粢、餻、團、粽、餳之類皆是也。共不過十五品。若家貧，或鄉土異宜，或一時所無，不能辦此，則各隨其所有，蔬、果、肉、麪、米食各數品，可也。執事者設盥盆，有臺於阼階東南，帨巾有架，在其北。盥，濯手也。帨，手巾也。此主人以下親戚所盥。無阼階，則以階之東偏爲阼階，西偏爲西階。又設盥盆、帨巾無臺架者於其東。此執事者所盥。《少牢饋食禮》：「設洗於阼階東南。設罍水於洗東，有枓。設篚於洗西，南肆。」《開元禮》倣此。又云：「贊禮者引主人詣罍洗，執罍者酌水，執洗者取盤承水。主人盥手，執篚者受巾。遂進爵，主人詣酒樽所，執樽者舉冪。」私家乏人，恐難備。今但設盥盆、帨巾，使自盥手、帨手，以從簡易。

明日夙興，主人以下皆盛服，丈夫有官者，具公服靴笏；無官者，襆頭衫帶。婦人大袖裙帔，各隨其所應服之盛者。主人、主婦帥執事者詣祭所，於每位設蔬果，各于卓子南端；酒盞、匕筯、茶盞托、醬楪，實以醬、鹽、醯。于卓子北端。禮，主婦薦籩豆，設黍稷；主人舉鼎，設俎。今使主婦帥婦女薦蔬果、粢盛，主人帥衆男薦肉，亦倣此。執事者设玄酒一瓶，其日，取井華水充。酒一瓶，于東階上，西上。别以卓子設酒注、酒盞、刀子、拭布于其東，設香卓于堂中央，置香爐、香合于其上。裝灰鉼，設火爐、湯瓶、香匙、火箸于西方。對鉼，實水于盥盆。

質明，庖者告饌具，主人、主婦共詣影堂。二執事者舉祠版笥，主人前導主婦，主婦從後。衆丈夫在左，衆婦女在右，從至祭所，置于西階上火爐之西向。主人、主婦盥手帨手，各奉祠版，置于其位先考、妣後。主人帥衆丈夫共爲一列，長幼以敘，立于東階下，北向西上；主婦帥衆婦女，如衆丈夫之敘，婦以夫之長幼，不以身之長幼。立于西階下，北向東上。執事者立于其後，共爲一列，亦西上。位定，俱再拜。此參神也。《少牢饋食禮》：「將祭，主人朝服，即位于阼階東，西面。祝告利成，主人立于阼階上，西面。尸出入，主人降，立于阼階東，西面。」此皆主人之正位也。「卒胥，祝盥於洗，升自西階。主人盥，升自阼階。祝先入，南面，主人從，户内西面。祝酌奠，主人西面，再拜稽首。」皆爲几筵之在西也。「尸升筵，主人西面，立於户内，拜妥尸。尸醋主人，主人西面，奠爵拜。」皆爲尸之在西也。《開元禮》贊禮者設主人之位于東階下，西面。亞獻、終獻位于主人東南，掌事者位終獻東南，俱重行，西向北上。設子孫之位于庭，重行，北面西上。設贊唱者位于終獻西南。西南享曰參神，皆就此位。按：今民間祠祭，必向神位而拜，無神在此而西向拜者，故此皆北向，向神而立及拜。胥，諸應切。醋，音胙。

主人升自阼階，立于香卓之南，搢笏，焚香，古之祭者不知神之所在，故灌用鬱鬯，臭陰達於淵泉；蕭合黍稷，臭陽達於牆屋，所以廣求其神也。今此禮既難行於士民之家，故但焚香、酹酒以代之。再拜，降復位。祝及執事者皆盥手帨手。執事者一人升，開酒，拭瓶口，實酒於注子，取盞斟酒，西向酹。庖人先用飯牀陳饌於盥帨之東，衆丈夫盥手帨手，主人帥之，脱笏，奉肉食。主人升自阼階，衆丈夫升自西階，以設次於曾祖考妣、祖考妣、考妣神座前蔬果之北。降，執笏，復位。衆婦女盥手帨手，主婦帥之，奉麪食，升自西階，以次設於肉食之北。降，奉米食，升自西階，以次設於麪食之北，降復位。主人升自阼階，詣酒注所，西向立。執事者一人，左手奉曾祖考酒盞，右手奉曾祖妣酒盞。一人奉祖考、妣酒盞，一人奉考、妣酒盞，皆如曾祖考、妣之次，就主人所。主人搢笏，執注，以次斟酒。執事者奉之徐行，反置故處。主人出笏，詣曾祖考、妣神座前，北向。執事者一人奉曾祖考酒盞，立于主人之左；一人奉曾祖妣酒盞，立于主人之右。主人搢笏，跪取曾祖考酒，酹之，授執事者盞，返故處。主人出笏，俛伏，興，少退立。祝懷辭，出主人之左，東向，搢笏出辭，跪讀之，曰：「維年月日，孝子曾孫具位某，敢用柔毛，牲用彘，則曰「剛鬣」。嘉薦、普淖，用薦歲事於曾祖考某官府君，曾祖妣某封某氏配。尚饗！」祝卷辭懷之，執笏興，主人再拜。次詣祖考妣、考妣神座，皆如曾祖考妣之儀。祝辭之異者，祖曰「孝孫薦歲事于祖考妣」，父曰

「孝子薦歲事於考妣」。獻畢，祝及主人皆降位。次亞獻、終獻以主婦或近親爲之。盥手帨手，若已嘗盥手者，更不盥。升自西階，斟酒、酹酒皆如上儀，惟不讀祝。

既徧，主人升自東階，脱笏，執注子，徧就斟酒盞，皆滿。執笏退，立于香卓東南，北向。主婦升自西階，執匕扱黍中，西柄，扱，初洽切。正筯，立于香卓西南，北向。主人再拜，主婦四拜。《少牢饋食禮》：七飯，「尸告飽，祝西面於主人之南，獨侑不拜。侑曰：『皇尸未實。』」侑，勸也。又曰：「尸又食，上佐食，舉肩。尸不飯，告飽。主人不言，拜侑。」注：「祝言而不拜，主人不言而拜，親疏之宜。」今主人斟酒，主婦扱匕、正筯而拜，亦不言侑食之意也。執事者一人執器，瀝去茶清，一人隨以湯斟之，皆自西始，畢，皆出。祝闔門，主人立于門東，西向，衆丈夫在其後；主婦立於門西，東向，衆婦皆在其後。《特牲饋食》曰「尸謖」，注：「謖，起也。」又曰：「佐食徹尸薦俎敦，設於西北隅，几在南，厞用筵，納一尊。佐食闔牖户，降。」注：「厞，隱也。不知神之所在，或遠諸人乎？尸謖而改饌爲幽闇，所以爲厭飫。此所謂當室之白爲陽厭，尸未入之前爲陰厭。」《祭義》曰：「祭之日，入室，僾然必有見乎其位；周旋出户，肅然必有聞乎其容聲；出户而聽，愾然必有聞乎歎息之聲。」鄭曰：「無尸者闔户，若食間。」此則孝子廣求其親，庶或享之，忠愛之至也。今既無尸，故須設此儀。若老弱羸疾不能久立，則更休他所。當留親者一兩人，侍立於門外，可也。謖，所六切。敦，音對。厞，扶米切。僾，音愛。愾，開大切。

如食間，祝升，當门外，北向，告啓门，三。《士虞禮》：「祝聲三，啓户。」注：「聲者，噫歆也。將啓户，驚覺神也。」乃啓门，执事者席於玄酒之北，主人入就席，西向立。祝升自西階，就曾祖位前，搢笏，舉酒徐行，詣主人之右，南向授主人，搢笏跪授，祭酒啐酒。執事者授祝以器，祝受器，取匕抄諸位之黍各少許，置器中。祝執黍行，詣主人之左，北向，嘏于主人，曰：「祖考命工祝，承致多福于汝孝孫。來汝孝孫！使汝受禄於天，宜稼於田，眉壽永年。勿替引之。」主人置酒于席前，執笏，俛伏，興，再拜。搢笏，跪受黍，嘗之，實于左袂。執事者一人立于主人之右，主人授執事者器，挂袂于手指，取酒卒飲。執事者一人立于主人之右，受盞，置酒注。旁一人立于主人之左，執盤，置於地，主人寫袂中之黍於盤，執事者授以出。主人執笏，俛伏，興，立于東階上，西向。于主人之受黍也，祝執笏，退立于西階上，東向。主人既就位，祝告利成，降復位。於是在位者皆再拜，主人不拜。此受胙也。主人降，與在位者皆再拜。此辭神也。主人、主婦皆升，奉祠版納于櫝笥，妣先考後。執事者二人舉之，導從歸于影堂，如來儀。主婦還，監徹，酒盞不酹者，及注中餘酒，皆入於壺，封之，所謂「福酒」。執事者徹祭饌，返於廚，傳於宴器。主婦監滌祭器，藏之。主人監分祭饌，爲胙盤，品取少許，同置于合，并福酒皆緘之。貴於神餘，不貴豐腆。遣僕執書，歸胙于親友之好禮者。書辭在後。

執事者設餕席，男女異座，主人與衆丈夫坐於堂，主婦與衆婦女坐於室。設倚卓、蔬果、醢醢、醬、酒盞、匕筯畢，入酒於注。庖者温祭饌。男尊長就坐，衆男獻壽，若主人、主婦之上更有尊長，則主人帥衆男、主婦帥婦女以獻壽。敘立向尊長，如祭所之位，而男女皆以右爲上。如尊長南向，則以東爲上，是也。衆丈夫以長者或弟或子。少進，執事者一人執酒注，立於右，一人執酒盞，立於左。長男即衆丈夫之長也。搢笏跪，右手執注，左手執盞，斟酒，祝曰：「祀事既成，祖考嘉饗。伏願備膺五福，保族宜家。」執注者退，執盞者置酒於尊長之前。長男俛伏，興，退復位，與衆丈夫俱再拜，興立。尊長命執事者取酒注及長男酒盞，置於前，自斟之。祝曰：「祀事克成，五福之慶，與汝曹共之。」執事者以盞致於長男，長男搢笏跪受，以授執事者，置其位，俛伏，興立。尊者命執事者偏斟衆丈夫酒，畢，長男及衆丈夫皆再拜，尊者命坐，乃就坐。衆女獻女尊長於室，女尊長酢衆婦女，立斟，立授，不跪，餘皆如衆丈夫之儀。飲畢，執事者獻肉食畢，衆婦女詣堂，獻男尊長壽。婦女執事不能祝者，默斟而已。及尊長酢長女，或妹或女。長女立斟，立受，不跪。婦長，則使執事者就酢。餘皆如衆丈夫之儀。衆丈夫詣室獻女尊長壽，如堂上之儀。執事者薦麵食，衆執事者獻男女尊長壽，如婦女，而不酢。執事者薦米食，時候泛行酒，間以祭饌，盞數惟尊長之命。禮，祭事既畢，兄弟及賓迭相獻酬，有無算爵，所以因其接會，使之交恩定好，優勸之。今亦取此儀。

凡歸胙及餕，若酒不足，則和以他酒；饌不足，則繼以他饌。既罷，據所酒饌，主人頒胙于外僕，主婦頒胙於內執事者，徧及微賤，其日皆盡。孔子祭於公，不宿肉，不敢留神惠也。

凡祭，主於盡愛敬之誠而已。疾則量筋力而行之，少壯者自當如儀。

影堂雜儀

主人以下皆盛服，男女左右敘立，如常儀。主人、主婦親出祖考，置於位，焚香，主人以下俱再拜。執事者斟祖考前茶酒，以授主人。主人搢笏跪，酹茶、酒，，執笏，俛伏，興，帥男女俱再拜。次酹祖妣以下，皆徧。納祠版，出徹。月望，不設食，不出祠版，餘如朔儀。影堂門無事常閉。每旦，子孫詣影堂前唱喏，出外歸亦然。出外再宿以上，歸則入影堂，每位各再拜。將遠適及遷官大事，則盥手焚香，以其事告，退，各再拜。有時新之物，則先薦於影堂。遇水火盜賊，則先救先公遺文，次祠版，次影，然後救家財。

歸胙於所尊書

某惶恐啓。今月某日，有事於祖考，謹遣歸　胙於執事。伏惟　尊慈俯賜　容納。某惶恐再拜　某人執事。

復書

某咨。吾子孝享祖考，不專有其　福，施及老夫，感慰良深。某咨　某人。

平交書

某啓。今月某日，有事於祖考，謹遣歸　胙。伏惟　留納。某再拜　某人左右。

復書

某啓。伏承某人孝享祖考，不專有其　福，施及賤交，不勝感戢。　某再拜　某人左右。

降等書

某咨。今月某日，有事於祖考，今遣致　胙。某咨　某人。

復書

某惶恐啓。伏承　某人孝享祖考，欲廣　其福，辱及賤子，過蒙　恩私，不勝感戴之至。　某惶恐再拜　某人執事。

封皮如常日啓狀儀。

汪郊跋

言禮家有圖與儀注，予所見宋聶氏崇義、楊氏復、苗氏昌言諸圖，率鉅細畢舉。若儀注善本，文公《家禮》外，必數温公《書儀》無論。劉氏岳以坐鞍事貽譏，其他可知，并翼之《吉凶書儀》，似亦不逮。即當時程氏、張氏、吕氏、高氏、韓氏，並與此書參用。《家禮》中獨一家之酌古斟今，悠然見朱子言外，宜展讀一過，洵若古服古器之可寶歟？家嚴以雕本既罕，命伯兄校正付梓，將使與《家禮》並陳，宛若玉佩參錯紳韠，左光照右，右光照左，或亦言禮家所許也。雍正甲辰二月朔日，後學汪郊謹書。

汪祁跋

《書儀》乃温公考諸《儀禮》，通以後世可行者。文公定《家禮》，於冠禮多取之，婚與喪、祭參用不一，觀信齋楊氏之言可見。若夫禮，莫大於婚、喪，《通考》所載，疑温公以婦入門已拜先靈，去三月之廟見，及祔用卒哭、不用練。祁按：《士昏禮》：「舅姑既没，婦入，三月乃奠菜。」《曾子問》：「三月廟見，稱來婦也。」崔靈恩謂：「舅姑偏有存没，厥明，盥饋存者，三月廟見亡者。」是謂温公去三月之見未合可已。今改三月爲三日，猶是用婦入門時也。《檀弓》：「殷練而祔，周卒哭而祔。孔子善殷」，而云「周已戚」。夫周之祔，有《儀禮》自始死以後之節文度數，至此可祔，非殷之比。温公雖知孔子善殷，卒從周制，亦謂喪禮敬爲上也。况祔而遷者，是主高、曾、祖、考之宗子，身死而致四世蒸嘗久缺，庶惟卒哭之祔，有以體死者之不安祔祭爲不敢緩。衛正叔謂不若且從《儀禮》，温公有以也。適梓是書，而繹《通考》條列陳氏、朱子諸説，附識之。

雍正甲辰上巳日，後學汪祁謹跋。

中庸大學廣義

张九思 —— 點校

整理説明

在經學的重心從「五經」向「四書」轉變，尤其是《中庸》、《大學》從《禮記》中别出單行的過程中，司馬光是非常關鍵的人物。有宋之單獨予《中庸》、《大學》以疏解，當自司馬光始。據蘇軾所撰《行狀》稱，司馬光撰有「《大學中庸義》一卷」，《直齋書録解題》卷二則作「《中庸大學廣義》一卷。司馬光撰」，《文獻通考·經籍考八》同。《宋史·藝文志一》先著録「司馬光等六家《中庸大學解義》一卷」，又有「司馬光《中庸大學廣義》一卷」。此中疑問有二，一則《中庸》、《大學》何者居前？二則温公所撰，究是一書抑或二書？惜史闕有間，已難確攷。

司馬光原書已佚，南宋衛湜《禮記集説》中多有引用，今據以輯録，以中華再造善本影印宋嘉熙四年新定郡齋刻本爲底本，校以通志堂經解本、摛藻堂四庫全書薈要本（簡稱「四庫薈要本」）。其書名，以《禮記》中《中庸》在先，則從《直齋書録解題》；正文於《中庸廣義》與《大學廣義》分列。雖無以見温公書之原貌，庶幾可窺其解《中庸》、《大學》之心得。

整理者

中庸大學廣義目録

中庸大學廣義

中庸大學廣義

中庸廣義

天命之謂性，率性之謂道，脩道之謂教。

涑水司馬氏曰：性者，物之所稟於天以生者也。命者，令也。天不言而無私，豈有命令付與於人哉？正以陰陽相推，八卦相盪，五行周流，四時運行，消息錯綜，變化無窮。庶物稟之以生，各正性命，其品萬殊。人爲萬物之靈，得五行之秀氣，故皆有仁義禮智信，與身俱生。木爲仁，金爲義，火爲禮，水爲智，土爲信。五常之本既稟之於天，則不得不謂之天命也。水火金木，非土無依，仁義禮智，非信無成。孟子言四端苟無誠信，則非仁義禮智矣。夫人稟五行而生，無問賢愚，其五常之性必具，顧其少多厚薄則不同矣。或相倍蓰，或相什百，或厚於此而薄於彼，或厚於彼而薄於此。多且厚者爲聖賢，少且薄者爲庸愚。故曰「天命之謂性」。（卷一百二十三）

喜怒哀樂之未發謂之中，發而皆中節謂之和。中也者，天下之大本也；和也者，天下之達道也。致中和，天地位焉，萬物育焉。

涑水司馬氏曰：喜怒哀樂，聖人所不免，其異於衆人者，未嘗須臾離道。平居無事，則心常存乎中庸，及其既發，則以中庸裁之，喜不失節，怒不過分，哀不傷生，樂不極欲。中者，君子之所常守也，故曰「大本」。和者，君子之所常行也，故曰「達道」。（卷一百二十四）

子路問强。子曰：「南方之强與？北方之强與？抑而强與？寬柔以教，不報無道，南方之强也，君子居之。衽金革死而不厭，北方之强也，而强者居之。故君子和而不流，强哉矯，中立而不倚，强哉矯。國有道，不變塞焉，强哉矯。國無道，至死不變，强哉矯。」

涑水司馬氏曰：南方之强，不及强者也；北方之强，過强者也；而强者，汝之所當强者也。南方，中國；北方，狄也。以北對南，故中國所以言南也。矯者，矯其偏以就中也。矯之爲言，猶揉木也。塞，未達也。君子當天下有道，其身必達，不變乎未達之所守，故曰「不變塞」也。（卷一百二十六）

子曰：「素隱行怪，後世有述焉，吾弗爲之矣。君子遵道而行，半塗而廢，吾弗能已矣。君

子依乎中庸，遯世不見知而不悔，唯聖者能之。」

涑水司馬氏曰：素隱行怪，謂處心發論，務趣幽隱，使人難知，力行譎怪，使人難及，皆非中庸。中庸貴於能久，故孔子弗爲。（卷一百二十六）

子曰：「道不遠人。人之爲道而遠人，不可以爲道。《詩》云：『伐柯伐柯，其則不遠。』執柯以伐柯，睨而視之，猶以爲遠，故君子以人治人，改而止。忠恕違道不遠，施諸己而不願，亦勿施於人。君子之道四，丘未能一焉。所求乎子以事父，未能也；所求乎臣以事君，未能也；所求乎弟以事兄，未能也；所求乎朋友先施之，未能也。庸德之行，庸言之謹，有所不足，不敢不勉，有餘，不敢盡。言顧行，行顧言，君子胡不慥慥爾。」

涑水司馬氏曰：伐柯，猶須睨而視之。至於求道，只在己心。（卷一百二十七）

君子之道，譬如行遠必自邇，譬如登高必自卑。《詩》曰：「妻子好合，如鼓瑟琴。兄弟既翕，和樂且耽。宜爾室家，樂爾妻帑。」子曰：「父母其順矣乎！」

涑水司馬氏曰：行遠必自邇，自家以達國也。登高必自卑，由人以之天也。（卷一百二十八）

子曰：「無憂者，其唯文王乎？以王季爲父，以武王爲子，父作之，子述之。武王纘大王、王季、文王之緒，壹戎衣而有天下，身不失天下之顯名，尊爲天子，富有四海之内，宗廟饗之，子孫保之。武王末受命，周公成文武之德，追王大王、王季，上祀先公，以天子之禮。斯禮也，達乎諸侯大夫及士庶人。父爲大夫，子爲士，葬以大夫，祭以士。父爲士，子爲大夫，葬以士，祭以大夫。期之喪，達乎大夫；三年之喪，達乎天子。父母之喪，無貴賤一也。」

涑水司馬氏曰：壹戎衣而有天下，蓋言武王取天下之易耳。豈得以孟津還師爲嫌，改易舊文，以「衣」爲「殷」乎？禮，大夫、士皆三月而葬。已而其子升爲大夫，受禄多，故祭以大夫，豈有因追王而改葬乎？（卷一百二十九）

子曰：「武王、周公，其達孝矣乎！夫孝者，善繼人之志，善述人之事者也。春秋脩其祖廟，陳其宗器，設其裳衣，薦其時食。宗廟之禮，所以序昭穆也；序爵，所以辨貴賤也；序事，所以辨賢也；旅酬下爲上，所以逮賤也；燕毛，所以序齒也。踐其位，行其禮，奏其樂，敬其所尊，愛其所親，事死如事生，事亡如事存，孝之至也。郊社之禮，所以事上帝也；宗廟之禮，所以祀乎其先也。明乎郊社之禮，禘嘗之義，治國其如示諸掌乎？」

涑水司馬氏曰：凡設官分職，所以待賢者，非以禄不肖也。人君擇賢而授之官，則宗廟之

中執事者皆賢人也。鄭氏謂羞牛共雞牲，烏足以别所能乎？（卷一百二十九）

哀公問政。子曰：「文武之政，布在方策。其人存則其政舉，其人亡則其政息。人道敏政，地道敏樹。夫政也者，蒲盧也。故爲政在人，取人以身，脩身以道，脩道以仁。仁者，人也，親親爲大。義者，宜也，尊賢爲大。親親之殺，尊賢之等，禮所生也。在下位不獲乎上，民不可得而治矣。故君子不可以不脩身，思脩身不可以不事親，思事親不可以不知人，思知人不可以不知天。」

涑水司馬氏曰：天子以德教加於百姓、刑于四海爲孝，諸侯以保其社稷爲孝，卿大夫以保其宗廟爲孝，士以保其禄位爲孝。四者非得賢人以爲臣友[一]，不能全也。故思事親，不可以不知人。夫仁義禮智信，皆本於天性，其引而伸之，則在人矣。君子知五常之本於天，有之則爲賢，無之則爲不肖，以此觀人，人焉廋哉？故思知人不可以不知天。（卷一百三十）

凡爲天下國家有九經，曰：脩身也，尊賢也，親親也，敬大臣也，體羣臣也，子庶民也，來百

[一]「臣」，通志堂經解本爲□，四庫薈要本注「闕」。

工也，柔遠人也，懷諸侯也。脩身則道立，尊賢則不惑，親親則諸父昆弟不怨，敬大臣則不眩，體羣臣則士之報禮重，子庶民則百姓勸，來百工則財用足，柔遠人則四方歸之，懷諸侯則天下畏之。齊明盛服，非禮不動，所以脩身也；去讒遠色，賤貨而貴德，所以勸賢也；尊其位，重其禄，同其好惡，所以勸親親也；官盛任使，所以勸大臣也；忠信重禄，所以勸士也；時使薄斂，所以勸百姓也；日省月試，既廩稱事，所以勸百工也；送往迎來，嘉善而矜不能，所以柔遠人也；繼絶世，舉廢國，治亂持危，朝聘以時，厚往而薄來，所以懷諸侯也。凡爲天下國家有九經，所以行之者一也。

涑水司馬氏曰：體者，元首股肱，義猶一體。柔遠人者，馭以寬仁，不强致也。敬大臣者，苟其人不足任大臣之重，則勿寘諸其位；既寘諸位，而復疑之，舍大臣而與小臣謀，則讒慝並興，大臣解體矣。嘉善，謂撫其懷服；矜其不能，謂不責其驕慢。（卷一百三十一）

凡事豫則立，不豫則廢。言前定則不跲，事前定則不困，行前定則不疚，道前定則不窮。

涑水司馬氏曰：言前定，謂擬之而後言也。行前定，謂行無越思也。道前定，謂止於至善也。（卷一百三十一）

自誠明謂之性，自明誠謂之教。誠則明矣，明則誠矣。

涑水司馬氏曰：率由誠心而智識自明，此天授聖人之性也。由智識之明知求道者〔二〕，莫若至誠。故誠心爲善，此賢者脩聖人之教也。所稟賦於天有殊，然苟能盡其誠心，則智識無不明矣。（卷一百三十二）

唯天下至誠爲能盡其性。能盡其性，則能盡人之性；能盡人之性，則能盡物之性；能盡物之性，則可以贊天地之化育；可以贊天地之化育，則可以與天地參矣。

涑水司馬氏曰：人皆有仁義禮智之性，惟聖人能以至誠充之。如能盡其性，然後脩其道以教人，使人人皆盡仁義禮智之性，如此則其道光被四表，格于上下，陰陽和，風雨時，鳥獸蕃滋，草木暢茂，取之有時，用之有節，萬物莫不遂其性，豈非可以贊天地之化育，而功德參於天地哉！《易》曰「后以裁成天地之道，輔相天地之宜，以左右民」，此之謂也。（卷一百三十三）

誠者自成也，而道自道也。誠者物之終始，不誠無物。是故君子誠之爲貴。誠者，非自成

〔二〕「知求」，通志堂經解本、四庫薈要本作「求知」。

己而已也，所以成物也。成己，仁也；成物，知也，性之德也，合外内之道也，故時措之宜也。

涑水司馬氏曰：凡物自始至終，誠實有之，乃能爲物。若其不誠，則皆無之。譬如鳥獸草木之類，若刻畫而成，或夢中暫睹，豈其物耶？況於仁義禮智，但以聲音笑貌爲之，豈得爲仁義禮智哉？内則盡己之性，外則化成天下，皆會於仁義禮智信，故曰「合内外之道」。（卷一百三十三）

故至誠無息。不息則久，久則徵，徵則悠遠，悠遠則博厚，博厚則高明。博厚，所以載物也；高明，所以覆物也；悠久，所以成物也。博厚配地，高明配天，悠久無疆。如此者，不見而章，不動而變，無爲而成。天地之道，可壹言而盡也。其爲物不貳，則其生物不測。天地之道，博也，厚也，高也，明也，悠也，久也。今夫天，斯昭昭之多，及其無窮也，日月星辰繫焉，萬物覆焉。今夫地，一撮土之多，及其廣厚，載華嶽而不重，振河海而不洩，萬物載焉。今夫山，一卷石之多，及其廣大，草木生之，禽獸居之，寶藏興焉。今夫水，一勺之多，及其不測，黿鼉、鮫龍、魚鼈生焉，貨財殖焉。《詩》曰「惟天之命，於穆不已」，蓋曰天之所以爲天也。「於乎不顯，文王之德之純」，蓋曰文王之所以爲文也，純亦不已。

涑水司馬氏曰：一言而盡，即爲物不貳也。於穴隙之間窺天，不過昭昭之多；以手撮地，不過撮土之多；初陟山足，不過拳石之多〔二〕；觀水之原，不過一勺之多。及窮其高厚，究其幽遠，然後知其遠大也。猶聖賢盡誠於小善，日新不已，乃至於聖德也。（卷一百三十四）

大哉聖人之道，洋洋乎發育萬物，峻極于天，優優大哉！禮儀三百，威儀三千，待其人然後行。故曰苟不至德，至道不凝焉。故君子尊德性而道問學，致廣大而盡精微，極高明而道中庸，温故而知新，敦厚以崇禮。是故居上不驕，爲下不倍。國有道，其言足以興國；無道，其默足以容。《詩》曰「既明且哲，以保其身」，其此之謂與？

涑水司馬氏曰：君子雖貴尚德性，然必由學乃成。聖賢德至廣大，猶不敢忽細事，智極高明，不爲已甚，必爲其中庸，力學不倦，至誠積德，而折衷於禮。（卷一百三十四）

子曰：「愚而好自用，賤而好自專，生乎今之世，反古之道，如此者，烖及其身者也。」非天子不議禮，不制度，不考文。今天下車同軌，書同文，行同倫。雖有其位，苟無其德，不敢作禮樂焉。雖有其德，苟無其位，亦不敢作禮樂焉。子曰：「吾説夏禮，杞不足徵也。吾學殷禮，有宋

〔二〕「拳」，通志堂經解本、四庫薈要本作「卷」。

存焉。吾學周禮，今用之，吾從周。」

涑水司馬氏曰：愚而好自用，謂無德而作禮樂者也。賤而好自專，謂無位而作禮樂者也。此無德無位之人，生今之世，强欲反古之道，必不爲今人所容，故災必及其身。文，謂聲名文物。軌，謂轍間之廣〔二〕。文，六書之體。倫，善惡之理。徵，謂求訪引證。殷人差近宋人，宋人雖不足徵，而散落差小〔三〕，故曰「有宋存焉」。周禮今所用，其文最備，故吾從周。（卷一百三十五）

王天下有三：重焉，其寡過矣乎？上焉者，雖善無徵，無徵不信，不信民弗從。下焉者，雖善不尊，不尊不信，不信民弗從。故君子之道，本諸身，徵諸庶民，考諸三王而不繆，建諸天地而不悖，質諸鬼神而無疑，百世以俟聖人而不惑。質諸鬼神而無疑，知天也；百世以俟聖人而不惑，知人也。是故君子動而世爲天下道，行而世爲天下法，言而世爲天下則，遠之則有望，近之則不厭。《詩》曰「在彼無惡，在此無射。庶幾夙夜，以永終」，譽君子未有不如此，而蚤有譽於天下者也。

〔二〕「間」，四庫薈要本作「迹」。
〔三〕「小」，通志堂經解本、四庫薈要本作「少」。

涑水司馬氏曰：三王之禮，王天下者所宜重也。上於三王者，謂高論之士，稱引太古以欺惑愚人，然無驗於今，故民莫肯信而從也。下於三王者，謂卑論之士，趣時徇俗，苟求近功，然不爲人所尊尚，故民亦莫肯信而從也。惟中庸之道，內本於身而可行，外施於民而有驗，前考於三王，不差毫釐，後質於來聖，若合符契，大則配天地之高厚[一]，幽則合鬼神之吉凶，知天者窮性命之精微，知人者盡仁義之極致。如此，故天下法而效之，慕而愛之，生榮死哀，令聞長世也。（卷一百三十五）

仲尼祖述堯舜，憲章文武，上律天時，下襲水土。辟如天地之無不持載，無不覆幬；辟如四時之錯行，如日月之代明。萬物並育而不相害，道並行而不相悖。小德川流，大德敦化。此天地之所以爲大也。

涑水司馬氏曰：祖，猶宗也，本也。水土者，地也。小德川流者，言其順序易行，晝夜不息也。大德敦化者，言不肅而成，不言而喻也。（卷一百三十五）

〔一〕「則」下，通志堂經解本、四庫薈要本有「能」字。下句同。

唯天下至聖，爲能聰明叡知，足以有臨也；寬裕温柔，足以有容也；發强剛毅，足以有執也；齊莊中正，足以有敬也；文理密察，足以有别也。溥博淵泉，而時出之。溥博如天，淵泉如淵。見而民莫不敬，言而民莫不信，行而民莫不説。是以聲名洋溢乎中國，施及蠻貊，舟車所至，人力所通，天之所覆，地之所載，日月所照，霜露所隊，凡有血氣者，莫不尊親，故曰配天。

涑水司馬氏曰：此汎言聖人之德。文理密察，足以有别，謂聖人制禮，曲爲之制，事爲之防，可以别嫌明微也。溥博淵泉，謂其心；時出之，謂其言行。（卷一百三十五）

唯天下至誠，爲能經綸天下之大經，立天下之大本，知天地之化育，夫焉有所倚？肫肫其仁，淵淵其淵，浩浩其天。苟不固聰明聖知達天德者，其孰能知之？

涑水司馬氏曰：此以後復論孔子有至誠之德，人莫能知，亦莫能掩。經，猶綱也。删《詩》《書》，定禮樂，作《春秋》，贊《易》道，是能經綸天下之大綱，立天下之大本，知天地之化育也。（卷一百三十六）

《詩》曰「衣錦尚絅」，惡其文之著也。故君子之道，闇然而日章；小人之道，的然而日亡。君子之道，淡而不厭，簡而文，温而理，知遠之近，知風之自，知微之顯，可與入德矣。《詩》云：

「潛雖伏矣，亦孔之昭。」故君子內省不疚，無惡於志。君子所不可及者，其唯人之所不見乎？《詩》云：「相在爾室，尚不愧于屋漏。」故君子不動而敬，不言而信。《詩》曰：「奏假無言，時靡有爭。」是故君子不賞而民勸，不怒而民威於鈇鉞。《詩》曰：「不顯惟德，百辟其刑之。」是故君子篤恭而天下平。《詩》曰：「予懷明德，不大聲以色。」子曰：「聲色之於以化民，末也。」《詩》曰：「德輶如毛，毛猶有倫。上天之載，無聲無臭。」至矣！

涑水司馬氏曰：苟內省不疚，雖謗議沸騰，刑禍交至，亦非其所惡也。（卷一百三十六）

大學廣義

涑水司馬氏曰：夫離章斷句，解疑釋結，此學之小者也；正心脩身，齊家治國，以至盛德著明於天下，此學之大者也。故曰大學。（卷一百四十九）

大學之道，在明明德，在親民，在止於至善。知止而后有定，定而后能靜，靜而后能安，安而后能慮，慮而后能得。物有本末，事有終始，知所先後，則近道矣。

涑水司馬氏曰：明明德，所以脩身也。親民〔一〕，所以治天下國家也。君子學斯二者，必至於盡善然後止，不然不足謂之大學也。定者，能固執於至善也。静者，不爲紛華盛麗之所移奪也。安者，悦而時習之也。慮者，專精致思以求之也。得者，入於聖人之道也。（卷一百四十九）

古之欲明明德於天下者，先治其國；欲治其國者，先齊其家；欲齊其家者，先脩其身；欲脩其身者，先正其心；欲正其心者，先誠其意；欲誠其意者，先致其知；致知在格物。物格而后知至，知至而后意誠，意誠而后心正，心正而后身脩，身脩而后家齊，家齊而后國治，國治而后天下平。自天子以至於庶人，壹是皆以脩身爲本。其本亂而末治者，否矣。其所厚者薄而其所薄者厚，未之有也。此謂知本，此謂知之至也。

涑水司馬氏曰：人之情，莫不好善而惡惡，慕是而羞非。然善且是者蓋寡，惡且非者實多。何哉？皆物誘之也，物迫之也。桀、紂亦知禹、湯之爲聖也，而所爲與之反者，不能勝其欲心故也。盜跖亦知顔、閔之爲賢也，而所爲與之反者，不能勝其利心故也。不軌之民，非不知穿窬探

〔一〕「親」，通志堂經解本、四庫薈要本作「新」。

囊之可羞也，而冒行之，驅於飢寒故也。失節之臣，非不知反君事讎之可愧也，而忍處之，迫於刑禍故也。況於學者，豈不知仁義廉恥之尚哉？斗升之秩、錙銖之利誘於前，則趨之如流水，豈能安展禽之黜、樂顏子之貧乎？動色之怒、毫末之害迫於後，則畏之如烈火，豈能守伯夷之餓、徇比干之死乎？如此，則何暇仁義之思、廉恥之顧哉？不惟不思與不顧也，抑亦莫之知也。譬如逐獸者不見泰山，彈雀不覺露之霑衣，皆物蔽之也。故水誠清矣，泥沙汩之，則俛而不見其影。燭誠明矣，舉掌翳之，則咫尺不辨人眉目。況富貴之汩其志，貧賤之翳其心哉！惟好學君子爲不然。己之道誠善也是也，雖茹之以藜藿如粱肉，臨之以鼎鑊如茵席；誠惡也非也，雖位之以公相如塗泥，賂之以萬金如糞壤。如此，則視天下之事，善惡是非，如數一二，如辨白黑，如日之出無所不照，如風之入無所不通，洞然四達，安有不知者哉！所以然者，物莫之蔽故也。於是依仁以爲宅，遵義以爲路，誠意以行之，正心以處之，修身以帥之，則天下國家何爲而不治哉！《大學》曰：「致知在格物。」格，猶扞也，禦也。能扞禦外物，然後能知至道矣。（卷一百四十九）

所謂誠其意者，毋自欺也。如惡惡臭，如好好色，此之謂自謙。故君子必慎其獨也。小人閒居爲不善，無所不至，見君子而後厭然揜其不善而著其善。人之視己，如見其肺肝然，則何益

矣。此謂誠於中，形於外。故君子必慎其獨也。曾子曰：「十目所視，十手所指，其嚴乎！」富潤屋，德潤身，心廣體胖，故君子必誠其意。

涑水司馬氏曰：慊者，足於心。君子見不善，必去之然後慊；見善，必得之然後慊。（卷一百五十）

是故君子先慎乎德。有德此有人，有人此有土，有土此有財，有財此有用。德者，本也；財者，末也。外本內末，爭民施奪，是故財聚則民散，財散則民聚。是故言悖而出者亦悖而入，貨悖而入者亦悖而出。

涑水司馬氏曰：君有德，則人歸之，人歸之，則其土地且奚去我而適他？言其要在得人心也。（卷一百五十三）

古文孝經指解

趙四方 井良俊——點校

整理說明

《孝經》有今文、古文二本。今文有鄭氏注，古文舊傳有孔安國傳，後者亡於梁亂，隋時曾復得一本。唐開元七年（七一九），唐玄宗詔令羣儒質定今古，後頒行御注，終以今文十八章爲定。於是今文遂行，古文幾廢。及至北宋仁宗皇祐年間，司馬光於館閣董理祕府藏書，得見「鄭氏、明皇及古文三家」《孝經》，其中「古文有經無傳」。據司馬光所作《古文孝經指解序》，祕府所藏本「蓋好事者用孔氏傳本更以古文寫之，其文則非，其語則是」，且因「始藏之時，去聖未遠」，故而司馬光以爲「其書最真」，並據此本「以隸寫古文爲之《指解》」。書成之後，司馬光於仁宗、神宗時兩次進御，並分別上《進古文孝經指解表》和《進孝經指解劄子》。哲宗元祐三年（一〇八八），經筵侍講范祖禹據司馬光《指解》本作《古文孝經說》一卷。在《進古文孝經說劄子》中，范祖禹認爲今、古文《孝經》「雖不同者無幾，然古文實得其正」。於此可見，司馬光、范祖禹皆對古文《孝經》推崇備至。司馬、范二書問世後，古文《孝經》名存實亡的局面爲之一變，尤其是朱熹據古文作《孝經刊誤》之後，對古文《孝經》的推崇一時蔚爲風氣。

北宋以前，古文《孝經》曾多次出現。漢武帝末魯恭王壞孔子宅，曾得古文《孝經》（《漢書・藝文志》)。後世學者云孔安國曾爲之作傳，因梁亂而亡佚。隋時秘書監王劭於京師訪得古文《孝經》孔傳，送至河間劉炫處，後上於朝廷，唐初之人已多疑其僞(《隋書・經籍志》)。至唐大曆時，李士訓從灞上得石函絹素古文《孝經》，爲「科斗」文，李陽冰、韓愈等人皆曾傳習之。據今人舒大剛先生《司馬光指解本〈古文孝經〉的源流與演變》、《論宋代的〈古文孝經〉學》二文的考證，司馬光在館閣所見之古文《孝經》，當爲唐李士訓所得之石函絹素本經文。

今見於著録的司馬光《古文孝經指解》各類傳本均爲合編本。其中，《通志堂經解》康熙十九年(一六八〇)刻本中《孝經注解》(以下簡稱「通志堂本」)刊刻年代最早，故此次校點以之作爲底本。此本曾於同治十二年(一八七三)重刻，基本無異。通志堂本將唐玄宗注、司馬光指解、范祖禹説三書合刻。翁方綱《通志堂經解目録》曾引何焯語，稱通志堂本源出「李中麓本」，則明代李開先之時，司馬、范二書已與唐玄宗注合刻。周中孚《鄭堂讀書記》曾認爲合編「當出於元明間人所爲」，而舒大剛先生在前二文中，將三書合編的最早可能年代上推至南宋寧宗時期，這一觀點當爲近實。

《增訂四庫簡明目録標注》中「古文孝經指解」條下，録有「明覆宋本」，今不見於各館著録，其爲單行本抑或合編本難以確定。

南宋晁公武《郡齋讀書志》、尤袤《遂初堂書目》和陳振孫《直齋書録解題》，諸家皆著録「司馬光指解」、「范祖禹説」各一卷。明初《文淵閣書目》著録「《温公孝經指(揮)〔解〕》一部一册」。表明合編本出現雖早，《古文孝經指解》單行本從南宋直至明初皆有流傳。然而，今已無從得知此種單行本之具體面貌。

就古文《孝經》經文而言，范祖禹書古文《孝經》石刻極具校勘價值。該石刻今仍可見，馬衡先生曾將其全文録入《凡將齋金石叢稿》卷六(中華書局一九七七年版)，並稱其爲「唯一最早之古文本」。古文石刻本凡二十二章，與通志堂本章數雖同，然而分章之處小有出入。古文石刻本第六章「此庶人之孝也」下，即接「故自天子」一段二十三字，又下接「曾子曰」等九字，通爲一章，而通志堂本則將「故自天子」一段别爲第七章，將「曾子曰」等九字屬第八章。古文石刻本「先王見教之可以化民也」以下别爲第八章，通志堂本則將其屬上爲一章。除此之外，取通志堂本與之相比勘，亦可見文字增删、相異之處。

此次校點的另一校本爲臺灣商務印書館影印文淵閣《四庫全書》本。《四庫全書總目》謂：「《古文孝經指解》一卷，不著編輯者名氏，以宋司馬光、范祖禹之説合爲一書。」四庫館臣稱據内府藏本抄録，此内府藏本今已無從得見，唯知該本亦是合編本。該本中第二十章「言之不通也」五字爲大字經文，四庫館臣已發現此誤(今取古文石刻本《孝經》核之，該五字確爲後人誤注入經)，然而一仍舊貌。該本首録唐玄宗序，次録司馬光指解序，次録范祖禹説序。通志堂本則首録司馬光指解序，次録唐玄宗序，次録范祖禹説序。

乾隆元年（一七三六），陳宏謀在雲南刊刻《孝經注解》，跋語稱據通志堂本。道光二十七年（一八四七）二月，諸城李璋煜又取陳宏謀本校以通志堂本刊刻；同年九月，文山李延福重刊李璋煜本，是爲求是軒刻本。此本源出通志堂本，産生過程中雖曾校以通志堂本，然而差別甚大，且多有誤者。國家圖書館所藏清刻本《孝經注解》，亦源出通志堂本。該館將其著録爲南海何氏刻本，從異文來看，與求是軒刻本關係極近。唯求是軒刻本中陳宏謀、何文綺等人跋語位於書首，此本則位於書末，因而其産生年代或稍晚於求是軒刻本。另外，道光十四年（一八三四）福山王德瑛日省吾齋刻《今古文孝經彙刻》本《孝經指解》删去唐玄宗注，序跋皆無，不知所出。

晚清錢塘伊樂堯曾單獨録司馬光指解爲一册，附范説於後。仁和金繩武認爲《指解》「與明皇注及范淳夫説混併爲一，使切要之旨汩於叢冗之中而勿見」，遂於咸豐七年（一八五七）取伊樂堯所録付梓，是爲評花僊館本。該本題《古文孝經指解》一卷，無玄宗注，指解文未冠以「司馬光曰」四字，末附范祖禹説。據金繩武跋語，可知伊樂堯據以改定者亦是合編本，然而究爲何本，未有明言。其後伊樂堯又對評花僊館本進行改編，取司馬光指解、范祖禹説與李光地注合編，將范説、李注散於各章之後，且於《孝經》經文悉舍古從今。桂林朱琦於咸豐十一年（一八六一）取而刻之，題《孝經指解説注》一卷。上述二本皆將「言之不通也」五字以小字刊刻，蓋視之爲司馬光《指解》文，所見良是，與通志堂本之異文又多有當理之處。除卻上述諸本，尚有日本文化刻《通志堂經解》本，未及核校，附識於此。

此次校點，以通志堂本（復旦大學圖書館藏本）爲底本，以古文石刻本（馬衡先生《凡將齋金石叢稿》卷六）、影印文淵閣《四庫全書》本（簡稱「《四庫》本」）、評花僊館本（南京圖書館藏本，簡稱「金本」）爲校本，以日省吾齋刻本（復旦大學圖書館藏本，簡稱「王本」）、求是軒刻本（上海圖書館藏本，簡稱「李本」）、南海何氏刻本（國家圖書館藏本，簡稱「何本」）。又，湖北省圖書館藏羊城拾芥園本《孝經注解》，經校點者查勘，實爲何本後印本）、桂林朱琦咸豐十一年刻本（浙江省圖書館藏本，簡稱「朱本」）、同治重刻通志堂本（復旦大學圖書館藏本）爲參校本。爲保持通志堂本的完整性與獨立性，除少數能斷定底本不通者，只出異文校記而不據以改補底本。各本所題書名不一，今從司馬光原書名，題《古文孝經指解》。限於學力，疏漏難免，尚祈方家不吝指正。

趙四方　井良俊

古文孝經指解目録

古文孝經指解序

朝奉郎守殿中丞充集賢校理史館檢討臣司馬光上進

聖人言則爲經，動則爲法。故孔子與曾參論孝，而門人書之，謂之《孝經》。及傳授滋久，章句寖差，孔氏之人畏其流蕩失真，故取其先世定本，雜虞、夏、商、周之書及《論語》藏諸壁中。苟使人或知之，則旋踵散失，故雖子孫不以告也。遭秦滅學，天下之書埽地無遺。漢興，河閒人顔芝之子得《孝經》十八章，儒者相與傳之，是爲今文。及魯共王壞孔子宅而古文始出，凡二十二章。當是之時，今文之學已盛，故古文排根，不得列於學官。獨孔安國及後漢馬融爲之傳。諸儒黨同疾異，信僞疑真，是以歷載累百而孤學沈厭，人無知者。隋開皇中，祕書學生王逸於陳人處得之，河閒劉炫爲之作《稽疑》一篇，將以興墜起廢，而時人已多譏笑之者。及唐明皇開元中，詔議孔、鄭二家。劉知幾以爲宜行孔廢鄭，於是諸儒爭難蠭起，卒行鄭學。及明皇自注，遂用十八章爲定。先儒皆以爲孔氏避秦禁而藏書，臣竊疑其不然。何則？秦科斗之書廢絶已久〔一〕，又始皇三十四年始下焚書之令，距漢興纔七年耳。孔氏子孫豈容悉無知者，必待共王然後乃出？

〔一〕「秦」下，金本、朱本有「世」字。

蓋始藏之時，去聖未遠，其書最真，與夫他國之人轉相傳授、歷世疏遠者誠不侔矣。且《孝經》與《尚書》俱出壁中，今人皆知《尚書》之真，而疑《孝經》之僞，是何異信膾之可啗，而疑炙之不可食也？嗟乎！真僞之明皦若日月，而歷世爭論不能自伸。雖其中異同不多，然要爲得正，此學者所當重惜也。前世中，《孝經》多者五十餘家，少者亦不減十家。今祕閣所藏止有鄭氏、明皇及古文三家而已。其古文有經無傳，案孔安國以古文時無通者，故以隸體寫《尚書》而傳之。然則《論語》、《孝經》不得獨用古文。此蓋後世好事者用孔氏傳本，更以古文寫之，其文則非，其語則是也。夫聖人之經，高深幽遠，固非一人所能獨了。是以前世並存百家之說，使明者擇焉，所以廣思慮、重經術也。臣愚雖不足以度越前人之胸臆，闚望先聖之藩籬，至於時有所見，亦各言爾志之義，是敢輒以隸寫古文爲之《指解》。其今文舊注有未盡者，引而伸之；其不合者，易而去之。亦未知此之爲是而彼之爲非。然經猶的也，一人射之，不若衆人射之，其爲取中多矣。臣不敢避狂僭之罪，而庶幾於先王之道萬一有所補焉。

今文孝經序

唐玄宗皇帝

朕聞上古，其風朴略，雖因心之孝已萌，而資敬之禮猶簡。及乎仁義既有，親譽益著，聖人知孝之可以教人也，故因嚴以教敬，因親以教愛，於是以順移忠之道昭矣，立身揚名之義彰矣。子曰：「吾志在《春秋》，行在《孝經》。」是知孝者德之本歟。經曰：「昔者明王之以孝治天下也，不敢遺小國之臣，而況於公、侯、伯、子、男乎？」朕嘗三復斯言，景行先哲，雖無德教加於百姓，庶幾廣愛刑于四海。嗟乎！夫子没而微言絶，異端起而大義乖。況泯絶於秦，得之者皆煨燼之末；濫觴於漢，傳之者皆糟粕之餘。故魯史《春秋》，學開五傳；《國風》、《雅》、《頌》，分爲四詩。去聖逾遠，源流益別。近觀《孝經》舊注，踳駁尤甚。至於迹相祖述，殆且百家；業擅專門，猶將十室。希升堂者必自開户牖，攀逸駕者必騁殊軌轍，是以道隱小成，言隱浮僞。且傳以通經爲義，義以必當爲主。至當歸一，精義無二，安得不翦其繁蕪而撮其樞要也？韋昭、王肅，先儒之領袖；虞翻、劉邵，抑又次焉。劉炫明安國之本，陸澄譏康成之注。在理或當，何必求人？今故特舉六家之異同，會五經之旨趣。約文敷暢，義則昭然；

分注錯經〔一〕，理亦條貫。寫之琬琰，庶有補於將來。且夫子談經，志取垂訓，雖五孝之用則別，而百行之源不殊。是以一章之中，凡有數句；一句之内，意有兼明。具載則文繁，略之又義闕，今存於疏，用廣發揮。

〔一〕「分注錯經」，原作「經分注錯」，今據中華書局影印清嘉慶刊《十三經注疏》本《孝經注疏》及李本、何本改。

古文孝經説序

修實録檢討官承議郎祕書省著作郎兼侍講臣范祖禹上進

古文《孝經》二十二章，與《尚書》、《論語》同出於孔氏壁中。歷世諸儒，疑眩莫能明，故不列於學官。今文十八章，自唐明皇爲之注，遂行於世。二書雖大同而小異，然得其真者古文也。臣今竊以古爲據，而申之以訓説，雖不足以明先王之道，庶幾有萬一之補焉。臣謹上。

古文孝經指解

仲尼閒居，今文無「閒」。玄宗曰：仲尼，孔子字。居，謂閒居。曾子侍坐。今文無「坐」。玄宗曰：曾子，孔子弟子。侍，謂侍坐。子曰：「參，先王有至德要道，以順天下，民用和睦，上下無怨。女知之乎？」玄宗曰：孝者，德之至、道之要也。言先代聖德之主，能順天下人心，行此至要之化，則上下臣人〔一〕，和睦無怨。○司馬光曰：聖人之德，無以加於孝，故曰「至德」。可以治天下、通神明，故曰「要道」。天地之經而民是則，非先王强以教民，故曰「以順天下」。孝道既行，則父父、子子、兄兄、弟弟，故民和睦。下以忠順事其上，上不敢侮慢其下，故「上下無怨」。曾子避席，曰：「參不敏，何足以知之？」玄宗曰：參，曾子名也。禮，師有問，避席起答。敏，達也。言參不達，何足以知此至要之義。子曰：「夫孝，德之本，玄宗曰：人之行，莫大於孝，故爲德本。教之所由生。玄宗曰：言教從孝而生。復坐，吾語女。玄宗曰：曾參起對，故使復坐。○司馬光曰：人之修德必始於孝，而後仁義生。先王之教亦始於孝，而後禮樂興。身體髮膚，受之父母，不敢毁傷，孝之始也；玄宗曰：父母全而生之，己當全而歸之，故不敢毁

〔一〕「臣」，原作「神」，今據中華書局影印清嘉慶刊《十三經注疏》本《孝經注疏》改。

傷。○司馬光曰：身體，言其大；髮膚，言其細。細猶愛之，況其大乎？夫聖人之教，所以養民而全其生也。苟使民輕用其身，則違道以求名，乘險以要利，忘生以決忿，如是而生民之類滅矣。故聖人論孝之始，而以愛身爲先。或曰：孔子云「有殺身以成仁」，然則仁者固不孝與？曰：非此之謂也。此之所言，常道也；彼之所論，遭時不得已而爲之也。仁者豈樂殺其身哉？顧不能兩全，則舍生而取仁，非謂輕用其身也。立身行道，揚名於後世，以顯父母，孝之終也。玄宗曰：言能立身行此孝道，自然名揚後世，光顯其親。故行孝以不毀爲先，揚名爲後。○司馬光曰：人之所謂孝者，「有事，弟子服其勞；有酒食，先生饌」。聖人以爲此特養爾，非孝也。所謂孝，「國人稱願然，曰『幸哉，有子如此』」。故君子立身行道，以爲親也。夫孝，始於事親，中於事君，終於立身。玄宗曰：言行孝以事親爲始，事君爲中，忠孝道著，乃能揚名榮親，故曰「終於立身」也。○司馬光曰：明孝非直親而已。《大雅》云：『無念爾祖，聿修厥德。』」玄宗曰：《詩·大雅》也。無念，念也。聿，述也。厥，其也。義取恒念先祖，述修其德。○司馬光曰：毋念，念也。言毋亦念爾之祖乎，而不修德也。引此以證人之修德，皆恐辱先也。○范祖禹曰：聖人之德，無以加於孝，故曰「至德」。治天下之道，莫先於孝，故曰「要道」。因民之性而順之，故曰「順天下」。「民用和睦，上下無怨」，順之至也。上以善道順下，故下無怨；下以愛心順上，故上無怨。人之爲德，必以孝爲本，先王所以治天下，亦本於孝而後教生焉。孝者，五常之本，百行之基也。未有孝而不仁者也，未有孝而不義者也，未有孝而無禮者也，未有孝而不智者也，未有孝而不信者也。以事君則忠，以事兄則悌，以治民則愛，以撫幼則慈。德不本於孝，則非德也；教不生於孝，則非教也。君子之行必本於身。《記》曰：「身也者，親之枝也。」可不敬乎？身體髮膚，受之於親而愛之，則不敢忘其本。不敢忘其本，則不爲不善以辱其親。此所以爲孝之始也。善不積不足以立身，身不立不足以行道。行修於内而名從之矣。故以身爲法於天下，而揚名於後世，以顯其親者，孝之終也。居則事親者，在家之孝也；出則事長者〔二〕，在邦之孝也；立身揚名者，永世之孝也。盡此三道者，君子所以成德也。《記》曰：「必則古昔，稱先王。」故孔子言孝，每以《詩》、《書》明之，言必有稽也。

子曰：「愛親者不敢惡於人，玄宗曰：博愛也。敬親者不敢慢於人。玄宗曰：廣敬也。○司馬光曰：語更端，故以「子曰」起之。不敢惡慢，明出乎此者返乎彼者也。惡慢於人，則人亦惡慢之，如此辱將及親。愛敬盡於事親，而德教加於百姓，刑于四海，玄宗曰：刑，法也。君行博愛、廣敬之道，使人皆不慢惡其親，則德教加被天下，當爲四夷之所法則也。蓋天子之孝。玄宗曰：蓋，猶略也。孝道廣大，此略言之。○司馬光曰：愛恭人者，懼辱親也。然愛人，人亦愛之；恭人，人亦恭之。人愛之，則莫不親；人恭之，則莫不服。以天子而行此道，則德教可以加於百姓，刑于四海矣。刑，法也。言皆以爲法。《甫刑》云：『一人有慶，兆民賴之。』」玄宗曰：《甫刑》，即《尚書·呂刑》也。一人，天子也。慶，善也。十億曰兆。義取天子行孝，兆人皆賴其善。○司馬光曰：慶，善也。一人爲善，而天下賴之，明天子舉動，所及者遠，不可不慎也。○范祖禹曰：天子之孝，始於事親，以及天下。愛親則無不愛也，故不敢惡於人；敬親則無不敬也，故不敢慢於人。天子

〔二〕「長」，金本、朱本作「君」。

之於天下也，不敢有所惡，亦不敢有所慢，則事親之道，極其愛敬矣。刑之爲言法也。德教加於百姓、刑于四海者，皆以天子爲法也。天子者，天下之表也。率天下以視一人，天子愛親，則四海之内無不愛其親者矣；天子敬親，則四海之内無不敬其親者矣。天子者，所以爲法於四海也。《詩》曰：「羣黎百姓，徧爲爾德。」故孝始於一心，而教被於天下；慶在其一身，而億兆無不賴之也。

「在上不驕〔二〕，高而不危；玄宗曰：諸侯，列國之君，貴在人上，可謂高矣，而能不驕，則免危也。○司馬光曰：高而危者，以驕也。制節謹度，滿而不溢。玄宗曰：費用約儉謂之制節，慎行禮法謂之謹度。無禮爲驕，奢泰爲溢。○司馬光曰：滿爲溢者〔三〕，以奢也。制節，制財用之節。謹度，不越法度。高而不危，所以長守貴；滿而不溢，所以長守富。富貴不離其身，然後能保其社稷，而和其民人，玄宗曰：列國皆有社稷，其君主而祭之。言富貴常在其身，則長爲社稷之主，而人自和平也。蓋諸侯之孝。司馬光曰：能保社稷，孝莫大焉。《詩》云：『戰戰兢兢，如臨深淵，如履薄冰。』」玄宗曰：戰戰，恐懼。兢兢，戒慎。臨深恐墮，履薄恐陷，義取爲君恒須戒慎。○司馬光曰：不敢爲驕奢。○范祖禹曰：國君之位可謂高矣，有千乘之國可謂滿矣。在上位而不驕，故雖高而不危；制節而能約，謹度而不過，故雖滿而不溢。貴者易驕，驕則必

〔二〕「在」上，古文石刻本有「子曰」二字。

〔三〕「爲」，金本、朱本作「而」。

危；富者易盈，盈則必覆。故聖人戒之。貴而不驕則能保其貴矣，富而不奢則能保其富矣。國君不可以失其位，惟勤於德，則富貴不離其身，故能保其社稷，和其民人。所受於天子〔二〕、先君者也，能保之則爲孝矣。《詩》云：「戰戰兢兢，如臨深淵，如履薄冰。」言處富貴者持身當如此，戒慎之至也。夫位愈大者守愈約，民愈衆者治愈簡。《中庸》曰：「君子篤恭而天下平。」故天子以事親爲孝，諸侯以守位爲孝。事親而天下莫不孝，守位而後社稷可保，民人乃和。天子者，與天地參，德配天地，富貴不足以言之也。

「非先王之法服不敢服〔三〕，玄宗曰：服者，身之表也。先王制五服，各有等差。言卿大夫遵守禮法，不敢僭上逼下。非先王之法言不敢道，非先王之德行不敢行。玄宗曰：法言，謂禮法之言。德行，謂道德之行。若言非法、行非德，則虧孝道，故不敢也。○司馬光曰：君當制義，臣當奉法，故卿大夫奉法而已。是故非法不言，非道不行。玄宗曰：言必守法，行必遵道。○司馬光曰：謂出於身者也。口無擇言，身無擇行。玄宗曰：言行皆遵法道，所以無可擇也。○司馬光曰：謂接於人者也。擇，謂或是或非，可擇者也。言滿天下無口過，行滿天下無怨惡。玄宗曰：禮法之言，焉有口過？道德之行，自無怨惡。○司馬光曰：謂及於天下者也。言雖遠及於天下，猶無過差，爲人所怨惡。三者備矣，然後能守其宗廟，玄宗曰：三者，服、

〔二〕「所」上，金本、朱本有「社稷民人」四字。
〔三〕「非」上，古文石刻本有「子曰」二字。

言、行也。禮，卿大夫立三廟，以奉先祖。言能備此三者，則能長守宗廟之祀。蓋卿大夫之孝也。司馬光曰：三者，謂出於身、接於人、及於天下。《詩》云：『夙夜匪懈，以事一人。』」玄宗曰：夙，早也。懈，惰也。義取爲卿大夫能早夜不惰，敬事其君也。○司馬光曰：言謹守法度以事君。○范祖禹曰：卿大夫以循法度爲孝。服先王之服，道先王之言，行先王之行，然後可以爲卿大夫。不言非法也，故口無可擇之言；不行非道也，故身無可擇之行。欲言行無可擇者，正心而已矣。心正則無不正之言、不善之行。言日出於口，皆正也；行日出於身，皆善也。雖滿天下，而無口過、怨惡，則可謂孝矣。《易》曰：「言行，君子之所以動天地也。」然則言滿天下亦不必多，行滿天下亦不必著。一言一行，皆足以塞乎天下，其可不慎乎？

「資於事父以事母而愛同〔一〕，司馬光曰：資，取也。取於事父之道以事母，其愛則等矣，而恭有殺焉，以父主義，母主恩故也。資於事父以事君而敬同。玄宗曰：資，取也。言愛父與母同，敬父與君同。○司馬光曰：取於事父之道以事君，恭則等矣，而愛有殺焉，以君臣之際，義勝恩故也。故母取其愛，而君取其敬，兼之者父也。玄宗曰：言事父兼愛與敬也。○司馬光曰：明父者愛恭之至隆。故以孝事君則忠，玄宗曰：移事父孝以事於君，則爲忠矣。以敬事長則順，玄宗曰：移事兄敬以事於長，則爲順矣。忠順不失，

〔一〕「資」上，古文石刻本有「子曰」二字。

以事其上，然後能保其爵禄[一]，而守其祭祀，玄宗曰：能盡忠順以事君長，則常安禄位，永守祭祀。蓋士之孝也[二]。司馬光曰：君言社稷，卿大夫言宗廟，士言祭祀，皆舉其盛者也。禮，庶人薦而不祭。《詩》云：『夙興夜寐，無忝爾所生。』」玄宗曰：忝，辱也。所生，謂父母也。義取早起夜寐，無辱其親也。○司馬光曰：忝，辱也。言當夙夜爲善，毋辱其父母。○范祖禹曰：人莫不有本，父者生之本也。事母之道，取於事父之愛心也；事君之道，取於事父之敬心也。其在母也，愛同於父，非不敬母也，愛勝敬也；其在君也，敬同於父，非不愛君也，敬勝愛也。愛與敬，父則兼之，是以致隆於父，一本故也。致一而後能誠，知本而後能孝。故移孝以事君則爲忠，推敬以事長則爲順。能保其爵禄，守其祭祀，則不辱。

子曰：「因天之道[三]，玄宗曰：春生、夏長、秋收、冬藏，舉事順時，此用天道也。○司馬光曰：春耕秋穫。因地之利，玄宗曰：分别五土，視其高下，各盡所宜，此分地利也。○司馬光曰：高宜黍、稷，下宜稻、麥。謹身節用以養父母。玄宗曰：身恭謹則遠恥辱，用節省則免饑寒。公賦既充，則私養不闕。○司馬光曰：

[一]「爵禄」，古文石刻本作「禄位」。
[二]「也」，金本無。
[三]「因」，金本、朱本作「用」。

謹身則無過，不近兵刑；節用則不乏，以共甘旨〔一〕。能此二者，養道盡矣。此庶人之孝也〔二〕。」玄宗曰：庶人爲孝，唯此而已。○司馬光曰：明自士以上，非直養而已。要當立身揚名，保其家國。○范祖禹曰：因天之道〔三〕，用其時也；因地之利，從其宜也。天有時，地有宜，而財用於是乎滋殖。聖人教民，因之以厚其生。謹身則遠罪，節用則不乏，故能以養父母。此孝之事也。

「故自天子已下，至於庶人，孝無終始，而患不及者，未之有也。」玄宗曰：始自天子，終於庶人。尊卑雖殊，孝道同致，而患不能及者，未之有也。言無此理，故曰「未有」。○司馬光曰：始則事親也，終則立身行道也。患，謂禍敗。言雖有其始而無其終，猶不得免於禍敗，而羞及其親，未足以爲孝也。○范祖禹曰：庶人以養父母爲孝，自士已上則莫不有位。士以守祭祀爲孝，卿大夫以守宗廟爲孝，諸侯以保社稷爲孝。至於愛敬之道，則自天子至於庶人一也。「始於事親，終於立身」者，孝之終始。自天子至於庶人，孝不能有終有始，而禍患不及者，未之有也。天子不能刑四海，諸侯不能保社稷，卿大夫不能守宗廟，士不能守祭祀，庶人不能養父母，未有災不及其身者也。

曾子曰：「甚哉！孝之大也。」玄宗曰：參聞行孝無限高卑，始知孝之爲大也。○司馬光曰：曾子始

〔一〕「共」，《四庫》本、朱本作「供」。
〔二〕「也」，金本無。
〔三〕「因」，金本、朱本作「用」。

者亦謂養親爲孝耳，及聞孔子之言立身治國之道，皆本於孝，乃驚歎其大。子曰：「夫孝，天之經，地之義，民之行。玄宗曰：經，常也。利物爲義。孝爲百行之首，人之恒德，若三辰運天而有常，五土分地而爲義也。天地之經，而民是則之，玄宗曰：天有常明，地有常利。言人法則天地，亦以孝爲常行也。○司馬光曰：經，常也。言孝者天地之常，自然之道，民法之以爲行耳。其爲大，不亦宜乎？因天之明〔一〕，因地之義，以順天下。是以其教不肅而成，其政不嚴而治。玄宗曰：法天明以爲常，因地利以行義，順此以施政教，則不待嚴肅而成理也。○司馬光曰：王者逆於天地之性，則教肅而民不從，政嚴而事不治。今上則天明，下則地義〔二〕，中順民性〔三〕，又何待於嚴肅乎？先王見教之可以化民也〔四〕，玄宗曰：見因天地教化人之易也。○司馬光曰：「教」，當作「孝」，聲之誤也。知孝天地之經，易以化民也。是故先之博愛而民莫遺其親〔五〕，玄宗曰：君愛其親則人化之，無有遺其親者。○司馬光曰：此親謂九族之親，疏且愛之，況於親乎？陳之以德義而民興行，玄宗曰：陳説德義之美，爲衆所慕，則人起心而行之。○司馬光曰：陳，謂陳列以教人。興行，起爲善

〔一〕「因」，古文石刻本、金本、朱本、王本作「則」。
〔二〕「則」，金本、朱本作「因」。
〔三〕「順」，原作「非」，今據《四庫》本、金本、朱本、王本改。李本、何本作「爲」。
〔四〕「先」上，古文石刻本有「子曰」二字。
〔五〕「之」下，古文石刻本、《四庫》本、金本、朱本、王本有「以」字。

行。先之敬讓而民不爭〔二〕，玄宗曰：君行敬讓，則人化而不爭。導之以禮樂而民和睦，玄宗曰：禮以檢其跡，樂以正其心，則和睦矣。○司馬光曰：禮以和外，樂以和内。示之以好惡而民知禁。玄宗曰：示好以引之，示惡以止之。則人知有禁令，不敢犯也。○司馬光曰：君好善而能賞，惡惡而能誅，則下知禁矣。五者皆孝治之具。《詩》云：『赫赫師尹，民具爾瞻。』玄宗曰：赫赫，明盛貌也。尹氏爲太師，周之三公也。義取大臣助君行化，人皆瞻之也。○司馬光曰：赫赫，明盛貌。師尹，周太師尹氏。具，俱也。言上之所爲，下必觀而化之。○范祖禹曰：《易》曰：「大哉乾元，萬物資始。」資始則父道也。又曰：「至哉坤元，萬物資生。」資生則母道也。天施之，萬物莫不本於天，故孝者天之經；地生之，萬物莫不親於地，故孝者地之義。天地之道，順而已矣。經者，順之常也；義者，順之宜也。不順則物不生，天地順萬物，故萬物順天地。民生於天地之閒，爲萬物之靈，故能則天地之經以爲行。在天地則爲順，在人則爲孝，其本一也。則天地以爲行者，民也；則天地以爲道者，王也。故上則因天之明，下則因地之義。教不肅而成，政不嚴而治，皆因人心也。先之博愛者，身先之也。博愛者，無所不愛，況其親族，其可遺之乎？上之所爲，不令而從之，故君能博愛，則民不遺其親矣。陳之以德義，德者，得也；義者，宜也。得於己，宜於人，必可見於天下，則民莫不興行矣。先之以敬讓，爲上者不可不敬，爲國者不可不讓。先之以敬讓，所以教民不爭也。禮者，非玉帛之謂也；樂者，非鐘鼓之謂也。禮所以修外，主於節；樂所以修内，主於和。天敘有典，天秩有禮，五典五禮，所以奉天也。有序則和樂，故樂由是生焉。

〔二〕「之」下，古文石刻本、《四庫》本、金本、朱本、王本有「以」字。

有序而和，未有不親睦者也。導之以禮樂，則民和睦矣。上之所好，不必賞而勸；上之所惡，不必罰而懲。好善而惡惡，則民知所禁，甚於刑賞。故人君爲天下，示其好惡所在而已矣。《詩》云：「赫赫師尹，民具爾瞻。」言民之從於上也。

子曰：「昔者明王以孝治天下也〔一〕，玄宗曰：言先代聖明之王，以至德要道化人，是爲孝理。不敢遺小國之臣，而況於公、侯、伯、子、男乎？玄宗曰：小國之臣，至卑者耳，主尚接之以禮，況於五等諸侯，是廣敬也。○司馬光曰：遺，謂簡忽使之失所。故得萬國之懽心，以事其先王。玄宗曰：萬國，舉其多也。言行孝道以理天下，皆得懽心，則各以其職來助祭也。○司馬光曰：莫不得所欲，故皆有懽心，以之事先王，孝孰大焉。治國者不敢侮於鰥寡，而況於士民乎？玄宗曰：理國，謂諸侯也。鰥寡，國之微者，君尚不敢輕侮，況知禮義之士乎？○司馬光曰：侮，謂輕棄之。士，謂凡在位者。故得百姓之懽心，以事其先君。玄宗曰：諸侯能行孝理，得所統之懽心，則皆恭事助其祭享也。治家者不敢侮於臣妾〔二〕，而況於妻子乎？玄宗曰：理家，謂卿大夫。臣妾，家之賤者。妻子，家之貴者。故得人之懽心，以事其親。玄宗曰：卿大夫位以材進，受祿養親，若能孝理其家，則得小大之懽心，助其奉養。夫然，故生則親安之，祭則鬼享之，玄宗

〔一〕「王」下，古文石刻本、金本、朱本有「之」字。
〔二〕「侮」，古文石刻本作「失」。

曰：夫然者，然上孝理皆得懽心，則存安其榮，没享其祭。○司馬光曰：治天下國家者，苟不用此道，則近於危辱，非孝也。是以天下和平，災害不生，司馬光曰：天道和。禍亂不作。玄宗曰：上敬下懽，存安没享，人用和睦，以致太平，則災害、禍亂無因而起。○司馬光曰：人理平。古文「亂」作「乿」，舊讀作「變」，非。故明王之以孝治天下如此。玄宗曰：言明王以孝爲理，則諸侯以下化而行之，故致如此福應。○司馬光曰：使國以孝治其國，家以孝治其家，以致和平。《詩》云：『有覺德行，四國順之。』」玄宗曰：覺，大也。義取天子有大德行，則四方之國順而行之。○司馬光曰：覺，大也，直也。言王者有大直之德行，謂以孝治天下，故四方之國無敢逆之。○范祖禹曰：天子不敢遺小國之臣，則待公、侯、伯、子、男以禮可知矣。上以禮待下，下以禮事上，而愛敬生焉。愛敬所以得天下之懽心也。以萬國懽心而事先王，此天子孝之大者也。治國者不敢侮鰥寡，則無一夫不獲其所矣。以百姓懽心而事先君，此諸侯孝之大者也。伊尹曰：「匹夫匹婦不獲自盡，民主罔與成厥功。」天子之於天下，諸侯之於一國，有一夫不獲其所，一物不得其養，則於事先王、先君有不至者矣。治家者遇臣妾以道，待妻子以禮，然後可以得人之懽心，而不辱其親矣。自天子至於卿大夫，事親以懽心爲大。天子必得天下之心，諸侯必得一國之心，卿大夫必得人之心，乃可以爲孝矣。夫知幽莫如顯，知死莫如生，能事親則能事神。故生則親安之，祭則鬼享之，其理然也。災害，天之所爲也；禍亂，人之所爲也。夫孝，致之而塞乎天地，溥之而横乎四海。推一人之心，而至於陰陽和、風雨時，故災害不生；禮樂興、刑罰措，故禍亂不作。《詩》云：「有覺德行，四國順之。」以天下之大，而莫不順於一人，惟能孝也。

曾子曰：「敢問聖人之德，其無以加於孝乎？」玄宗曰：參聞明王孝理以致和平，又問聖人德教更有大於孝不。○司馬光曰：言聖人之德，亦止於孝而已邪？子曰：「天地之性人爲貴。玄宗曰：貴其異於萬物也。○司馬光曰：人爲萬物之靈。人之行莫大於孝，玄宗曰：孝者，德之本也。○司馬光曰：孝者，百行之本。孝莫大於嚴父，玄宗曰：萬物資始於乾，人倫資父爲天。故孝行之大，莫過尊嚴其父也。○司馬光曰：嚴，謂尊顯之。嚴父莫大於配天，則周公其人也。玄宗曰：謂父爲天，雖無貴賤，然以父配天之禮，始自周公。故曰「其人」也。○司馬光曰：聖人之孝，無若周公事業著明，故舉以爲説。昔者周公郊祀后稷以配天，玄宗曰：后稷，周之始祖也。郊，謂圜丘祀天也。周公攝政，因行郊天之祭，乃尊始祖以配之也。宗祀文王於明堂以配上帝，玄宗曰：明堂，天子布政之宫也。周公因祀五方上帝於明堂，乃尊文王以配之也。是以四海之内，各以其職來助祭。玄宗曰：君行嚴配之禮，則德教刑於四海。海内諸侯各修其職來助祭也。夫聖人之德又何以加於孝乎？玄宗曰：言無大於孝者。○司馬光曰：武王克商，則后稷、文王固有配天之尊矣。然居位日寡，禮樂未備，政教未洽，其於尊顯之道，猶若有闕。及周公攝政，制禮作樂以致太平，四海之内莫不服從，各率其職以來助祭，然後聖人之孝於斯爲盛。故親生之膝下，以養父母日嚴。玄宗曰：親，猶愛也。膝下，謂孩幼之時也。言親愛之心，生於孩幼，比及年長，漸識義方，則日加尊嚴，能致敬於父母也。○司馬光曰：此下又明聖人以孝德教人之道也。親者，親愛之心。膝下，謂孩幼嬉戲於父母膝下之時也。當是之時，已有親愛之心，而未知嚴恭。及其稍長，則日加嚴恭。明皆出其天性，非聖人强之。「膝」，或作「育」。聖人因嚴以教敬，因親以教愛。玄宗曰：聖人因其親嚴之心，敦以愛敬之教。故出以就傅，趨而過庭，以教敬也；抑搔癢痛，縣衾篋枕，以教愛也。○司馬光曰：嚴親者，因心自然；恭愛者，約之以禮。聖人之教不肅而成，其政不嚴而治。玄宗曰：聖人順羣心以行愛敬，制禮則以施政教，亦不待嚴肅而成理也。其所因者，本也。」玄宗曰：本，謂孝也。○司馬光曰：本，謂天性。○范祖禹曰：天地之生萬物，惟人爲貴。人有天地之貌〔一〕，懷五常之性，故人之行莫大於孝。聖人者，人倫之先也〔二〕，惟孝爲大。嚴父，孝之大者也。天子有配天之理。配天，嚴父之大者也，自周公始行之。故郊祀后稷以配天，宗祀文王以配上帝，四海之内，皆來助祭也。所謂得萬國之懽心，事先王者也。聖人德至以如此〔三〕，惟生於心也。孩提之童，無不知愛其親者，故循其本而言之。親愛之心，生於膝下，此其生知之良心。年既長矣〔四〕，則知養父母，而日加敬矣，此亦其自然之良心也。聖人非能强人以爲善，順其性使明於善而已矣。愛敬之心，人皆有之。故因其有嚴而教之敬，因其有親而教之愛。此所以教不肅而成，政不嚴而治。其治易者〔五〕，因於人之天性故也。

子曰：「父子之道，天性，司馬光曰：不慈不孝，情敗之也。君臣之義。玄宗曰：父子之道，天性之

〔一〕「有」，金本、朱本作「肖」。

〔二〕「先」，金本、朱本作「至」。

〔三〕「以」，金本、朱本作「於」。

〔四〕「年」，原作「親」，今據金本、朱本改。

〔五〕「易」，原作「同」，今據金本、朱本改。

常，加以尊嚴，又有君臣之義〔二〕。○司馬光曰：父君子臣。父母生之，續莫大焉。玄宗曰：父母生子，傳體相續，人倫之道，莫大於斯。○司馬光曰：人之所貴有子孫者，爲續祖父之業故也。「續」，或作「績」。君親臨之，厚莫重焉。」玄宗曰：謂父爲君，以臨於己，恩義之厚，莫重於斯。○司馬光曰：有君之尊，有親之親，恩義之厚，莫此爲重。○范祖禹曰：父慈子孝出於天性〔三〕，非人爲之也。父尊子卑，則君臣之義立矣。故有父子然後有君臣。《中庸》曰：「父母其順矣乎！」父之愛子，子之孝父，皆順其性而已矣。君臣之義，生於父子。人非父不生，非君不治。故有父斯有子，有君斯有臣。天地定位而父子、君臣立矣。父母生之，續其世，莫大焉。有君之尊，有親之親，以臨於己，義之存，莫重焉。能知此，則愛敬隆矣。

子曰：「不愛其親而愛他人者，謂之悖德；不敬其親而敬他人者，謂之悖禮。玄宗曰：言盡愛敬之道，然後施教於人。違此則於德禮爲悖也。○司馬光曰：苟不能恭愛其親，雖恭愛他人，猶不免於悖。以明孝者德之本也。以順則逆，民無則焉。玄宗曰：行教以順人心，今自逆之，則下無所法則也。○司馬光曰：謂之順，則不免於逆，又不可爲法則。不在於善，而皆在於凶德，玄宗曰：善，謂身行愛敬也。凶，謂悖其德禮也。雖得之，君子所不貴。玄宗曰：言悖其德禮，雖得志於人上，君子之所不貴也。○司馬光曰：得

〔二〕「義」，原作「養」，今據《四庫》本、李本、何本、《通志堂經解》同治重刻本改。
〔三〕「出」，原作「者」，今據金本、朱本改。李本、何本作「本」。

之，謂幸而有功利。君子則不然，玄宗曰：不悖於德禮也。言斯可道，行斯可樂，玄宗曰：思可道而後言，人必信也；思可樂而後行，人必悦也。德義可尊〔一〕，作事可法，玄宗曰：立德行義，不違道正，故可尊也。制作事業，動得物宜，故可法也。容止可觀，進退可度，玄宗曰：容止，威儀也，必合規矩則可觀也；進退，動靜也，不越禮法則可度也。以臨其民，是以其民畏而愛之，則而象之。玄宗曰：君行六事，臨撫其人，則下畏其威、愛其德，皆放象於君也。故能成其德教，而行政令。玄宗曰：上正身以率下，下順上而法之，則德教成、政令行也。○司馬光曰：可道，純正可傳道也。容止，容貌動止也。言皆當極其尊美，使民法之，不爲苟得之功利。《詩》云：『淑人君子，其儀不忒。』玄宗曰：淑，善也。忒，差也。義取君子威儀不差，爲人法則。○司馬光曰：淑，善；忒，差也。言善人君子内德既茂，又有威儀，然後民服其教。○范祖禹曰：君子愛親而後愛人，推愛親之心以及人也，夫是之謂順德；敬親而後敬人，推敬親之心以及人也，夫是之謂順禮。若夫有愛心而不知愛親，乃以愛人，是心也，無自而生焉；有敬心而不知敬親，乃以敬人，是心也，亦無自而生焉。無自而生者，無本也。故謂之悖。自内而出者，順也；自外而入者，逆也。不施之親而施之他人，是不知己之所由生也。以爲順則逆，不可以爲法，故民無則焉。失其本心，則日入於惡，故不在於善，皆在於凶德。雖得志於人上，君子不貴也。君子存其心、修其身，爲順而不悖。言斯可道，皆法言也；行斯可樂，皆善行也。德義可尊，作事

〔一〕「尊」，古文石刻本作「遵」。

可法，所以表儀於民。容止可觀，進退可度，德充於内，故禮發於外，美之至也。以此臨民，則民畏其敬而愛其仁，則其儀而象其行。故以德教先民而無不成，以政令率民而無不行。《詩》云：「淑人君子，其儀不忒。」言其德之見於外也。

子曰：「孝子之事親，居則致其敬，玄宗曰：平居必盡其敬。○司馬光曰：恭己之身，不近危辱。養則致其樂，玄宗曰：就養能致其懽。○司馬光曰：樂親之志。病則致其憂，玄宗曰：色不滿容，行不正履。喪則致其哀，玄宗曰：擗踊哭泣，盡其哀情。祭則致其嚴，玄宗曰：齋戒沐浴，明發不寐。○司馬光曰：嚴，猶慕也[一]。五者備矣，然後能事親。玄宗曰：五者闕一，則未爲能。事親者居上不驕，玄宗曰：當莊敬以臨下也。爲下不亂，玄宗曰：當恭謹以奉上也。○司馬光曰：亂者，干犯上之禁令。在醜不爭。玄宗曰：醜，衆也。爭，競也。當和順以從衆也。○司馬光曰：醜，類也，謂己之等夷。居上而驕則亡，爲下而亂則刑，在醜而爭則兵。玄宗曰：謂以兵刃相加。○司馬光曰：爭而不已，必以兵刃相加。此三者不除，雖日用三牲之養，猶爲不孝也。」玄宗曰：三牲，太牢也。孝以不毁爲先，言上三事皆可亡身，而不除之，雖日致太牢之養，固非孝也。○司馬光曰：三牲，牛、羊、豕，太牢也。三者不除，憂將及親，雖日具太牢之養，庸爲孝乎？○范祖禹曰：居則致其敬者，舜夔夔齊慄、文王朝于王季日三是也。養則致其樂者，舜以天下養、曾子養

[一]「慕」，金本、朱本作「恭」。

志是也。病則致其憂者，武王養疾，文王一飯亦一飯，文王再飯亦再飯是也。喪與祭，孝之終也。備此然後能事親。居上不驕，爲下不亂，在醜不爭，皆恐危其親也。居上而驕，則天子不能保四海，諸侯不能保社稷，故亡。爲下而亂，則入刑之道也。在醜而爭，則興兵之道也。孝莫大於寧親，三者不除，災必及親。雖能備物以養，猶爲不孝也。

子曰：「五刑之屬三千，而罪莫大於不孝。玄宗曰：五刑，謂墨、劓、剕、宮、大辟也。條有三千，而罪之大者莫過不孝。○司馬光曰：五刑之屬三千者，異罪同罰，合三千條也。要君者無上，玄宗曰：君者，臣之稟命也，而敢要之，是無上也。○司馬光曰：君令臣行，所謂順也，而以臣要君，故曰「無上」。非聖者無法，玄宗曰：聖人制作禮法，而敢非之，是無法也。○司馬光曰：聖人，道之極、法之原也，而非之，是無法。非孝者無親，玄宗曰：善事父母爲孝，而敢非之，是無親也。○司馬光曰：父母且不能事，而況他人，其誰親之？此大亂之道也。」玄宗曰：言人有上三惡，豈惟不孝，乃是大亂之道。○司馬光曰：無上則統紀絶，非法則規矩滅，無親則本根蹷。三者大亂之所由生也。○范祖禹曰：人之善莫大於孝，其惡莫大於不孝。故聖人制刑，不孝之罪爲大。君者，臣之所稟令也，而要之，是無上。聖人者，法之所自出也，而非之，是無法。人莫不有親，而以孝爲非，則是無其父母。此三者，致天下大亂之道也。聖人制刑以懲夫不孝、要君、非聖之人，所以防天下之亂也。

子曰：「教民親愛，莫善於孝。司馬光曰：親愛，謂和睦。教民禮順，莫善於弟。玄宗曰：言教人親愛、禮順，無加於孝悌也。○司馬光曰：禮順，有禮而順〔一〕。移風易俗，莫善於樂。玄宗曰：風俗移易，先入樂聲，變隨人心，正由君德。正之與變，因樂而彰，故曰「莫善於樂」。○司馬光曰：蕩滌邪心，納之中和。安上治民，莫善於禮。玄宗曰：禮所以正君臣、父子之别，明男女、長幼之序，故可以安上化下也。○司馬光曰：尊卑有序，各安其分，則上安而民治。禮者，敬而已矣。玄宗曰：敬者，禮之本也。○司馬光曰：將明孝而先言禮者，明禮、孝同術而異名。故敬其父則子悦，敬其兄則弟悦，敬其君則臣悦。敬一人而千萬人悦。玄宗曰：居上敬下，盡得懽心，故曰「悦」也。○司馬光曰：天下之父、兄、君，聖人非能偏致其恭，恭一人，則與之同類者千萬人皆悦。所敬者寡而悦者衆，此之謂要道。」司馬光曰：所守者約，所獲者多，非要而何？○范祖禹曰：孝於父則能和於親，弟於兄則能順於長。故欲民親愛、禮順，莫如教以孝弟。樂者，天下之和也；禮者，天下之序也。和，故能移風易俗；序，故能安上治民。夫風俗非政令之所能變也，必至於有樂而後治道成焉。禮則無所不敬而已。天下至大，萬民至衆，聖人非能徧敬之也。敬其所可敬者，而天下莫不悦矣。故敬人之父，則凡爲人子者無不悦矣。敬人之兄，則凡爲人弟者無不悦矣。敬人之君，則凡爲人臣者無不悦矣。敬一人而千萬人悦者，以此道也。聖人執要以御繁，敬寡而服衆，是以不勞而治道成也。

子曰：「君子之教以孝也，非家至而日見之也。玄宗曰：言教不必家到户至，日見而語之，但行孝

〔一〕「順」，原作「非」，今據《四庫》本、金本、朱本、王本改。李本、何本「順」下有「適」字。

於内，其化自流於外。○司馬光曰：在於施得其要而已。教以孝，所以敬天下之爲人父者；教以弟，所以敬天下之爲人兄者；玄宗曰：舉孝悌以爲教，則天下之爲人子弟者，無不敬其父兄也。教以臣，所以敬天下之爲人君者。玄宗曰：舉臣道以爲教，則天下之爲人臣者，無不敬其君也。○司馬光曰：天下之父、兄、君，聖人非能身往恭之。修此三道以教民，使民各自恭其長上，則聖人之德無不徧矣。《詩》云：『愷悌君子，民之父母。』玄宗曰：愷，樂；悌，易也。義取君以樂易之道化人，則爲天下蒼生之父母也。○司馬光曰：愷，樂；悌，易也。樂易，謂不尚威猛而貴惠和也。能以三道教民者，樂易之君子也。三道既行，則尊者安乎上，卑者順乎下，上下相保，禍亂不生。非爲民父母而何？非至德，其孰能順民如此其大者乎？」范祖禹曰：君子所以教天下，非人人而諭之也，推其誠心而已。故教民孝，則爲父者無不敬之。教民弟，則爲兄者無不敬之。教民臣，則爲君者無不敬之矣。君子所謂教者，孝而已。施於兄則謂之弟，施於君則謂之臣，皆出於天性，非由外也。《詩》云：「愷悌君子，民之父母。」愷以强教之，悌以悦安之。爲民父母，惟其職是教也。父母之於子，未有不愛而教之、樂而安之也。至德者，善之極也。聖人無以加焉，故曰「順民」而不曰「治民」。孝者，民之秉彝。先王使民率性而行之，順其天理而已矣，故不曰「治」。

子曰：「昔者明王事父孝，故事天明；事母孝，故事地察。玄宗曰：王者父事天，母事地。言能敬事家廟，則事天地能明察也。○司馬光曰：王者父天母地。事父孝，則知所以事天，故曰「明」；事母孝，則知所以事地，故曰「察」。長幼順，故上下治。玄宗曰：君能尊諸父，先諸兄，則長幼之道順，君人之化理。○司馬光曰：長幼者，言乎其家；上下者，言乎其國。能使家之長幼順，則知所以治國之上下矣。天地明察，神明彰矣。玄宗曰：事天地能明察，則神感至誠而降福祐，故曰「彰」也。○司馬光曰：神明者，天地之所爲也。王者知所以事天地，則神明之道昭彰可見矣。故雖天子必有尊也，言有父也；必有先也，言有兄也。玄宗曰：父謂諸父，兄謂諸兄，皆祖考之胤也。禮，君燕族人，與父兄齒也。宗廟致敬，不忘親也。玄宗曰：言能敬祀宗廟，則不敢忘其親也。修身慎行，恐辱親也〔一〕。玄宗曰：天子雖無上於天下，猶修持其身，謹慎其行，恐辱先祖而毀盛業也。○司馬光曰：天子至尊，繼世居長，宜若無所施其孝弟然，故舉此四者，以明天子之孝弟也。有尊，謂承事天地；有先，謂尊嚴德齒之人也〔二〕。宗廟致敬，鬼神著矣。玄宗曰：事宗廟能盡敬，則祖考來格，享於克誠，故曰「著」矣。○司馬光曰：知所以事宗廟，則自餘事鬼神之道皆可知〔三〕。孝弟之至，通於神明，光於四海，無所不通。玄宗曰：能敬宗廟、順長幼，以極孝悌之心，則至性通於神明，光於四海，故曰「無所不通」。○司馬光曰：通於神明者，鬼神歆其祀而致其福。光於四海者，兆民歸其德而服其教。鬼神至幽，四海至遠，然且不違，况其邇者，烏有不通乎？《詩》云：『自西自東，自南自北，無思不服。』」玄宗曰：義取德教流行，莫不服義從化也。○司馬光曰：道隆德洽，四方之人，無有思爲不服者，言皆服也。○范祖

〔一〕「親」，古文石刻本、金本、朱本作「先」。
〔二〕「德齒」，金本、朱本作「齒德」。
〔三〕「自」，《四庫》本、李本、何本、王本作「其」。

禹曰：王者事父孝，故能事天；事母孝，故能事地。事天以事父之敬，事地以事母之愛。明者，誠之顯也；察者，德之著也。明察，事天地之道盡矣。長幼順者，其家道正也；上下治者，其君臣嚴也。事父母以格天地，正長幼以嚴朝廷，上達乎天，下達乎地，誠之所至，則神明彰矣。天子者，天下之至尊也。承事天地以教天下，則以有父也；貴老敬長以率天下，則以有兄也。宗廟致敬，非祭祀而已也。修身慎行，恐辱及宗廟也。鬼神之爲德，視之而不見，聽之而不聞，爲之宗廟以存之，則可以著見矣。《書》曰：「祖考來格。」又曰：「黍稷非馨，明德惟馨。」孝至於此，則鬼神享其誠而致其福，四海服其德而順其行。格於上下，旁燭幽隱，天之所覆，地之所載，日月所照，霜露所墜，無所不通。四方之人，豈有不思服者乎？

子曰：「君子之事親孝，故忠可移於君。玄宗曰：以孝事君則忠。事兄弟，故順可移於長。玄宗曰：以敬事長則順。○司馬光曰：長，謂卿士大夫凡在己上者也。居家理，故治可移於官。玄宗曰：君子所居則化，故可移於官也。○司馬光曰：《書》云：「孝乎惟孝，友于兄弟，克施有政。」是故行成於内，而名立於後世矣。」玄宗曰：修上三德於内，名自傳於後代。○范祖禹曰：君者父道也，長者兄道也，國者家道也。以事父之心而事君，則忠矣；以事兄之心而事長，則順矣；以正家之禮而正國，則治矣。君子未有孝於親而不忠於君、悌於兄而不順於長、理於家而不治於官者也。故正國之道在治其家，正家之道在修其身，修身之道在順其親。此孝所以爲德之本也。

子曰：「閨門之内，具禮矣乎。司馬光曰：宮中之門，其小者謂之閨。禮者，所以治天下之法也。閨門之內，其治至狹，然而治天下之法，舉在是矣。嚴父嚴兄。司馬光曰：事君事長之禮也。妻子臣妾，猶百姓徒役也。」司馬光曰：徒役，皂牧。妻子猶百姓，臣妾猶皂牧。御之必以其道，然後上下相安。唐明皇時，議者排毁古文，以《閨門》一章爲鄙俗不可行。《易》曰：「正家而天下定。」《詩》云：「刑于寡妻，至于兄弟，以御于家邦。」與此章所言何以異哉？○范祖禹曰：閨門之內，具治天下之禮也。嚴父，則尊君也；嚴兄，則敬長也。妻子猶百姓，臣妾猶徒役。國以民爲本，家以妻子爲本。非民無以爲國，非妻與子無以爲家。待妻子以禮，遇臣妾以道，則猶百姓不可不重，徒役不可不知其勞也。《易》曰：「正家而天下定矣。」《孟子》曰：「天下之本在國，國之本在家，家之本在身。」一家之治猶天下，天下之大猶一家也。善治者正身而已矣。

曾子曰：「若夫慈愛、司馬光曰：謂養致其樂。慈亦愛也。《內則》曰：「慈以旨甘。」恭敬、司馬光曰：謂居致其恭。安親、司馬光曰：不近兵刑。揚名，司馬光曰：立身行道。參聞命矣。司馬光曰：四者包攝上孔子之言。敢問從父之令，可謂孝乎？」玄宗曰：事父有隱無犯，又敬不違，故疑而問之。○司馬光曰：聞令則從，不恤是非。子曰：「是何言與，是何言與？言之不通也[一]。玄宗曰：有非而從，成父不義，理所不可，故再言之。昔者天子有爭臣七人，雖無道不失其天下；司馬光曰：天下至大，萬機至重，故必有能爭者及七人，然後能無失也。諸侯有爭臣五人，雖無道不失其國；大夫有爭臣三人，雖無道

[一]「言之不通也」，古文石刻本無，金本、朱本皆爲小字，蓋以司馬光注文視之。

不失其家。」玄宗曰：降殺以兩，尊卑之差。爭，謂諫也。言雖無道，爲有爭臣，則終不至失天下、亡家國也。士有爭友，則身不離於令名。」玄宗曰：令，善也。益者三友，言受忠告，故不失其善名。○司馬光曰：士無臣，故以友爭。父有爭子，則身不陷於不義。玄宗曰：父失則諫，故免陷於不義。○司馬光曰：通上下而言之。故當不義，則子不可以弗爭於父，臣不可以弗爭於君。玄宗曰：不爭則非忠孝。故當不義則爭之，從父之令，焉得爲孝乎〔一〕？」范祖禹曰：父有過，子不可以不爭，爭所以爲孝也。君有過，臣不可以不爭，爭所以爲忠也。子不爭則陷父於不義，至於亡身。臣不爭則陷君於無道，至於失國。故聖人深戒曾子從父之令「是何言與，是何言與」。古者，天子設四輔及三公、卿、大夫、士，皆有諫職。至於「瞽獻曲，史獻書，師箴，瞍賦，矇誦，百工獻藝，庶人傳言，近臣盡規，親戚補察，耆老教誨」，所以救過防失之道至矣。然而必有爭臣焉。爭者，諫之大者也。諫而不入，則犯顏引義以爭之，不聽則不止。故必有力爭者至於七人，則雖無道，猶可以不失天下。諸侯必有五人，乃可以不失其國。大夫必有三人，乃可以不失其家。言爭臣之不可無也。忠臣之事聖君也，諫於無形而止於未然；事賢君也，諫於已然而防其未來；事亂君也，救其横流而拯其將亡。故有以諫殺身者矣。益戒舜曰：「罔遊于逸，罔淫于樂。」禹戒舜曰：「無若丹朱傲。」以上智之性而戒之如此，惟舜欲聞之。此事聖君者也。傳説之訓高宗，周公之戒成王，救其微失，防其未來。此事賢君也。商以三仁存，亦以三仁亡。此事亂君者也。人君惟能儆戒於無形，受諫於未然，使忠臣不至於爭，則何危亂之有？

〔一〕「焉」上，金本、朱本有「又」字。

子曰：「君子事上，進思盡忠，玄宗曰：上，謂君也。進見於君，則思盡忠節。○司馬光曰：盡忠以諫爭〔一〕。退思補過，玄宗曰：君有過失，則思補過。○司馬光曰：掩上之過惡。將順其美，玄宗曰：將，行也。君有美善，則順而行之。○司馬光曰：將，助也。上有美，則助順而成之。匡救其惡，玄宗曰：匡，正也。救，止也。君有過惡，則正而止之。○司馬光曰：上有惡，則正救之。故上下能相親。玄宗曰：下以忠事上，上以義接下。君臣同德，故能相親。○司馬光曰：凡人事上，進則面從，退有後言。上有美不能助而成也，有惡不能救而止也，激君以自高，謗君以自絜，諫以爲身而不爲君也。是以上下相疾而國家敗矣。《詩》云：『心乎愛矣，遐不謂矣。中心藏之，何日忘之？』」玄宗曰：遐，遠也。義取臣心愛君，雖離左右，不謂爲遠。愛君之志，恒藏心中，無日暫忘也。○司馬光曰：遐，遠也。言臣心愛君，不以君疏遠己而忘其忠。○范祖禹曰：入則父，出則君，父子天性，君臣大倫。以事父之心而事君，則忠矣。故孔子言孝必及於忠，言事君必本於事父。忠孝者，其本一也。未有舍孝而謂之忠，違忠而謂之孝。進思盡忠，退思補過，將順其美，正救其惡，此四者事君之常道也。昔者禹、益、稷、契之事舜也，進則思所以規諫，退則思所以儆戒。頌君之美，而不爲諂，防君之惡，如丹朱傲虐而不爲激。是故君享其安逸，臣預其尊榮，此上下相親之至也。若夫君有大過則諫，諫而不可則去，此豈所欲哉？蓋不得已也。《詩》云：「心乎愛矣，遐不謂矣。中心藏之，何日忘之？」夫君子之愛君，雖在遠猶不

〔一〕「爭」，《四庫》本作「諍」。

忘也，而況於近，可不盡忠益乎？

子曰：「孝子之喪親，玄宗曰：生事已畢，死事未見，故發此章。哭不偯，玄宗曰：氣竭而息，聲不委曲。○司馬光曰：偯，聲餘從容也。禮無容，玄宗曰：觸地無容。言不文，玄宗曰：不爲文飾。○司馬光曰：皆内憂，不暇外飾〔二〕。服美不安，玄宗曰：不安美飾，故服衰麻。聞樂不樂，玄宗曰：悲哀在心，故不樂也。食旨不甘，玄宗曰：旨，美也。不甘美味，故疏食飲水。○司馬光曰：甘，美味也。此哀戚之情。玄宗曰：謂上六句。○司馬光曰：此皆民自有之情，非聖人强之。三日而食，教民無以死傷生，司馬光曰：禮，三年之喪，三日不食。過三日則傷生矣。毁不滅性。司馬光曰：滅性，謂毁極失志，變其常性也。此聖人之政。玄宗曰：不食三日，哀毁過情，滅性而死，皆虧孝道。故聖人制禮施教，不令至於殞滅。○司馬光曰：政者，正也。以正義裁制其情。喪不過三年，示民有終。玄宗曰：三年之喪，天下達禮〔三〕，使不肖企及，賢者俯從。夫孝子有終身之憂，聖人以三年爲制者，使人知有終竟之限也。○司馬光曰：孝子有終身之憂，然而遂之，則是無窮也。故聖人爲之立中制節，以爲子生三年然後免於父母之懷，故以三年爲天下之通喪也。爲之棺椁衣衾而舉之，玄宗曰：周尸爲棺，周棺爲椁。衣謂歛衣。衾，被也。舉，謂舉尸内於棺也。○司馬光曰：舉

〔二〕「暇」，《四庫》本作「假」。
〔三〕「禮」，原作「理」，今據《四庫》本改。

者，舉以納諸棺也。陳其簠簋而哀戚之，玄宗曰：簠簋，祭器也。陳奠素器而不見親，故哀慼也。○司馬光曰：謂朝夕奠之。擗踊哭泣，哀以送之，玄宗曰：男踊女擗，祖載送之。○司馬光曰：謂祖載以之墓也。擗，拊心也。踊，躍也。男踊而女擗。卜其宅兆而安措之〔一〕，玄宗曰：宅，墓穴也。兆，塋域也。葬事大，故卜之。○司馬光曰：宅，冢穴也。兆，墓域也。措，置也。爲之宗廟，以鬼享之，玄宗曰：立廟祔祖之後，則以鬼禮享之。○司馬光曰：送形而往，迎精而返，爲之立主，以存其神。三年喪畢，遷祭於廟，始以鬼禮事之。春秋祭祀，以時思之。玄宗曰：寒暑變移，益用增感。以時祭祀，展其孝思也。○司馬光曰：言春秋則包四時矣。孝子感時之變而思親，故皆有祭。生事愛敬，死事哀戚，生民之本盡矣，死生之義備矣，孝子之事親終矣。」玄宗曰：愛敬、哀戚，孝行之始終也。備陳死生之義，以盡孝子之情。○司馬光曰：夫人之所以能勝物者，以其衆也。所以衆者，聖人以禮養之也。夫幼者非壯則不長，老者非少則不養，死者非生則不藏。人之情莫不愛其親，愛之篤者莫若父子。故聖人因天之性，順人之情，而利導之。教父以慈，教子以孝，使幼者得長，老者得養，死者得藏。是以民不夭折棄捐而咸遂其生，日以繁息而莫能傷。不然，民無爪牙羽毛以自衛，其殄滅也必爲物先矣。故孝者，生民之本也。○范祖禹曰：古者葬之中野，厚衣之以薪，喪期無數。後世聖人爲之中制，中則欲其可繼也，繼則欲其可久也，措之天下而人共守焉。聖人未嘗有心於其間，此法之所以不廢也。

〔一〕「措」，古文石刻本作「厝」。

是故苴衰之服、饘粥之食、顔色之戚、哭泣之哀，皆出於人情，不安於彼而安於此，非聖人强之也。三日而食，三年而除，上取象於天，下取法於地，不以死傷生，毁不滅性，此因人情而爲之節者也。死者，人之大變也。爲之棺椁者，爲使人勿惡也。擗踊哭泣，爲使人勿背也。措之宅兆，爲使人勿褻也。春秋祭祀，爲使人勿忘也。情文盡於此矣，所以常久而不廢也。夫有生者必有死，有始者必有終。生，事之以禮；死，葬之以禮，祭之以禮，則可謂孝矣。事死如事生，事亡如事存者，孝之至也。

圖書在版編目(CIP)數據

易說　書儀　中庸大學廣義　古文孝經指解/(宋)
司馬光撰;鄧秉元等點校. —上海: 上海人民出版社,
2023
(司馬光全集/王水照主編)
ISBN 978-7-208-17994-3

Ⅰ. ①易… Ⅱ. ①司… ②鄧… Ⅲ. ①司馬光(
1019-1086)-學術思想-文集 Ⅳ. ①B244.99-53

中國版本圖書館 CIP 數據核字(2022)第 196396 號

特約編審　李偉國
責任編輯　張鈺翰
封面設計　陳綠競

司馬光全集
易說　書儀　中庸大學廣義　古文孝經指解
(宋)司馬光　撰
鄧秉元　陳　凱　張九思　趙四方　井良俊　點校

出　　版　上海人民出版社
(201101　上海市閔行區號景路 159 弄 C 座)
發　　行　上海人民出版社發行中心
印　　刷　蘇州工業園區美柯樂製版印務有限責任公司
開　　本　890×1240　1/32
印　　張　13
插　　頁　5
字　　數　246,000
版　　次　2023 年 7 月第 1 版
印　　次　2023 年 7 月第 1 次印刷
ISBN 978-7-208-17994-3/K·3248
定　　價　78.00 圓